Aspectos da História da África,
da Diáspora Africana e da Escravidão
sob a Perspectiva do Poder Eurocêntrico

Dados Internacionais de Catalogação na Publicação (CIP)
(Câmara Brasileira do Livro, SP, Brasil)

Bonzatto, Eduardo Antonio
Aspectos da história da África, da diáspora africana e da escravidão sob a perspectiva do poder eurocêntrico / Eduardo Antonio Bonzatto. -- 1. ed. -- São Paulo : Ícone, 2011. --
(Coleção conhecimento e vida / coordenação Diamantino Fernandes Trindade)

Bibliografia.
ISBN 978-85-274-1146-2

1. África - História 2. Diáspora africana 3. Escravidão 4. Eurocentrismo 5. História social I. Título. II. Série.

10-09528 CDD-960

Índices para catálogo sistemático:

1. África : História : Questões epistemológicas, teóricas, metodológicas 960

Eduardo Antonio Bonzatto

Doutor em história social, professor e permacultor

Aspectos da História da África, da Diáspora Africana e da Escravidão

sob a Perspectiva do Poder Eurocêntrico

Coleção Conhecimento e Vida

Coordenação
Diamantino Fernandes Trindade

1ª edição
Brasil – 2011

Ícone editora

© Copyright 2011
Eduardo Antonio Bonzatto
Direitos cedidos à Ícone Editora Ltda.

Coleção Conhecimento e Vida

Coordenação editorial
Diamantino Fernandes Trindade

Design gráfico, capa e miolo
Richard Veiga

Revisão
Juliana Biggi

Proibida a reprodução total ou parcial desta obra, de qualquer forma ou meio eletrônico, mecânico, inclusive através de processos xerográficos, sem permissão expressa do editor (Lei nº 9.610/98).

Todos os direitos reservados pela
ÍCONE EDITORA LTDA.
Rua Anhanguera, 56 – Barra Funda
CEP 01135-000 – São Paulo – SP
Tel./Fax.: (11) 3392-7771
www.iconeeditora.com.br
iconevendas@iconeeditora.com.br

Trago em mim o inconciliável e este é o meu motor. Num universo de sim e não, branco ou negro, eu represento o talvez. Talvez é não para quem quer ouvir sim e significa sim para quem quer ouvir não.

Pepetela, Mayombe, 1993, p. 14

Dedico este livro a meu amigo Salloma Salomão.

ÍNDICE

Questões epistemológicas, teóricas, metodológicas. Fundamentos dialógicos, 11
Sobre a História, 14
Sobre a África, 19
Sobre a Diáspora, 23
Sobre a Escravidão, 25
Para um Conceito de Escravo, 26
Sobre os Livros Didáticos, 30
Dos Documentos, 32
Das Minhas Hipóteses, 33

PARTE I: **HISTÓRIA DA ÁFRICA, 35**

Capítulo 1
Historicidades da Lei 10.639 no conjunto das ações afirmativas e das conveniências políticas, 41

Capítulo 2
Pensadores críticos: Appiah e a denúncia da colonização intelectual africana, 57

Capítulo 3
O mito de Prometeu: a Europa leva os benefícios da sua civilização para a África, **67**

Capítulo 4
A história da África de Joseph Ki-Zerbo, **91**

Capítulo 5
Os registros da primeira chegada do exterior, os portugueses, **117**

Capítulo 6
A grande investida do norte do continente, os muçulmanos, **131**

Capítulo 7
A república moura de Rabat-Salé, costa da Barbaria, **135**

Capítulo 8
Permanências, **139**

Parte II: Diáspora Africana, 147

Capítulo 9
Para um conceito de diáspora, **151**

Capítulo 10
As muitas diásporas, **161**

Capítulo 11
Tumbeiros, **171**

Capítulo 12
Fanon e os desterrados: o Magreb (Marrocos, Argélia, Tunísia, Líbia, Saara Ocidental e Mauritânia) de Rimbaud a Pontecorvo, **177**

Capítulo 13
O caso francês: A invasão dos "africanos": as revoltas em Paris nos anos 2000, ou a diáspora (in)voluntária do pós-colonialismo – o efeito bumerangue e a invasão invertida dos colonizados rumo ao coração das metrópoles, **187**

Capítulo 14
O caso inglês: A paradoxal invasão dos bárbaros, **193**

Capítulo 15
O caso Darfour: A difícil era dos senhores ou a fornalha das almas, **205**

Parte III: **Escravidão,** 215

Capítulo 16
Relações culturais: A Escravidão no Brasil, **217**

Capítulo 17
Relações raciais: da política do branqueamento à construção das identidades étnicas (da raça à cultura), **237**

Capítulo 18
O caso norte-americano: Experiências de segregação e morte, **275**

Capítulo 19
Universidades americanas: Os Cultivadores e os Estivadores da Eugenia, **287**

Capítulo 20
Algumas cidades da África contemporânea e os rituais e experiências no bifronte tradição *versus* modernidade: Cidade do Cabo, Accra, Kigali (muti, haucá, hutu), **321**

Enfim..., 341

Bibliografia e indicações de leitura, 347

O **poder eurocêntrico** (ou "sistema-mundo", traduzido basicamente por termos tão universais quanto desenvolvimento, progresso, direitos, ecologia e que implica efeitos colaterais tão familiares como pobreza, hierarquia, obrigações, destruição do meio ambiente) degenera todas as relações sociais estabelecendo uma "pirâmide de pequenos tiranos" onde quer que se instale: eis a hipótese que norteia este trabalho.

QUESTÕES EPISTEMOLÓGICAS, TEÓRICAS, METODOLÓGICAS. FUNDAMENTOS DIALÓGICOS

A primeira coisa que quero destacar: aqui, o termo "negro" que pressupõe uma parte dos seres humanos que compartilham uma jornada pelo planeta e que, por força do preconceito, se distinguem por distinções expressas pela cor da pele e que de antemão devo recusar embora me utilize dessa designação por força de um hábito e de uma das formulações despótica e fascista da linguagem (Barthes), será apresentado como sujeito da sua história, não como vítima, nem como herói. Como sujeitos da história, as pessoas interagem com os sistemas, fornecendo combustível e azeitando suas engrenagens, o que é mais comum, ou, de vez em quando, destilando areia em seus mecanismos. Todos os seres humanos são exatamente isso: humanos, repletos de imperfeições e de maravilhas. Ademais, neste livro não se edulcorará a história africana, mas se revelarão as estratégias políticas enunciadas em temporalidades demiurgicas em que o poder eurocêntrico lança sobre todos um destino que não sei se podemos recusar. Afinal, as pessoas não precisam que as defendamos de seu passado.

Pois fora das teorias virtuais não existe alienação; são as pessoas que "fazem", que executam, que realizam, com suas contrariedades e desconfortos, suas submissões e adesões, com seus infortúnios, mas também com seus desejos e seus sonhos, com suas vontades e descobertas, com suas possibilidades e prerrogativas, com suas resistências, com suas vantagens precárias e provisórias onde se ocultam as permanências, sujeitas a pressões ou estimuladas por promessas possíveis e impossíveis, animadas por vocações ou por mudanças que um horizonte fornece como uma dádiva, na imediatez de suas conveniências ou na súbita revelação de seus empoderamentos. O comprometimento é a força inerente que enerva os processos. Sem elas, sem as pessoas, os sistemas seriam inertes e inofensivos.

Meus fundamentos epistemológicos, teóricos e metodológicos estão contidos nessa frase do filósofo Jean Baudrillard: "Sou um dissidente da verdade. Desenvolvo uma teoria irônica cujo objetivo é formular hipóteses. Lanço mão de fragmentos e não de textos unificados por uma lógica rigorosa".

Ou seja, epistemologicamente, não acredito numa verdade única, que reduza tudo a uma simplificação e a um único ponto de vista, pois dependendo da perspectiva, outras verdades podem ser capturadas. Minha teoria baseia-se sempre na formulação de hipóteses novas, lançando mão de novos problemas. A metodologia, por sua vez, é conquistada com a utilização de fragmentos em diálogos, sobre os quais podemos interpretar livremente e que sempre "falam" mais do que os textos completos.

Em outras palavras, construí uma maquinaria, uma engenharia de acidentes azeitada pela interpretação. Esses acidentes, farelos de descuidos em que se dizem o indizível, são os fragmentos que recolho.

É pela palavra de outros que induzo o meu texto. Não perco tempo explicando o já dito, pois o leitor deve ter a hipótese[1], como orientação e como guia.

Dessa forma, crio um saudável clima de polêmica, já que me distancio das narrativas consagradas, cujo objetivo fundamental é produzir diálogo entre professores e estudantes.

Esse é, portanto, um texto feito de fragmentos de outros textos, reordenados, reciclados, remontados para que se possa extrair dessa nova construção interpretações fundamentadas em outras problemáticas. Como afirma o irônico Millôr Fernandes, "quem copia um texto comete plágio, quem copia trezentos faz tese".

O fundamento teórico desse exercício é chamado de hermenêutica. Teoria reconhecida como de extrema dificuldade, cujos usuários devem ser inspirados e protegidos de alguma divindade acadêmica, seu significado é oriundo de Hermes, o mensageiro, interprete e tradutor, que leva a palavra de Zeus aos homens e vice-versa. O problema é que ele o faz segundo suas possibilidades e idiossincrasias, e seus interesses. A hermenêutica é um exercício de interpretação profundamente pessoal, segundo as experiências, saberes e conhecimentos de cada um. Não existe uma interpretação que seja a certa. Numa relação dialógica, os múltiplos interpretadores trocam suas percepções e questionam a si e aos outros. Nesse sentido, é uma rede de complexidades, no estrito significado do termo "complexo" = "tecer juntos", que pode ou não modificar a interpretação original de cada um. O resto é centralidade acadêmica, vaidade e medo. Nesse sentido, e como afirma Maria Odila Leite da Silva Dias, a hermenêutica é a negação de categorias universais. Supõe soterrar as balizas epistemológicas tradicionais como o Sujeito Humano Universal, a Verdade, a Razão, que nortearam as Ciências Humanas até então. Nesse sentido, não é substituir uma teoria por outra, mas operar na singularidade dos eventos e na perspectiva sempre mutável em que se encontra o historiador.

---

[1] A hipótese é uma formulação provisória, com intenções de ser posteriormente demonstrada, constituindo uma suposição admissível. Nesse sentido, pode ser considerada como um instrumento de pesquisa que medeia a teoria e a metodologia. Formulada a partir de uma determinada ambiência teórica e diante de um problema científico a ser resolvido, a hipótese implica necessidade de demonstração a partir da metodologia e da pesquisa. Deve-se ter em vista, contudo, que, neste sentido metodológico mais restrito, a hipótese é apenas uma formulação provisória, destinada a colocar a pesquisa em andamento. No decorrer do processo de pesquisa ela pode ser confirmada ou não, o que não desqualifica o papel que terá exercido para impulsionar a pesquisa para a frente.

SOBRE A HISTÓRIA

O que é a História?

É um instrumento político inventado nos séculos XVIII e XIX na Europa ocidental, principalmente em países como Alemanha, França, Inglaterra e Itália, com o objetivo de recompor o passado para legitimar e autenticar a arquitetura do Estado-Nação, elegendo momentos precisos de mudanças (os fatos históricos, por exemplo) e sugerindo permanências e naturalizações (a desigualdade).

O que nos permite estabelecer certas premissas:

A primeira é se existe um movimento das sociedades no tempo que implica mudanças e permanências.

A segunda é se essas mudanças e permanências são, em outras sociedades, similares, ou seja, se o mesmo movimento é encontrado em sociedades diversas com outras culturas e outros arranjos sociais.

A terceira, considerando que as duas primeiras premissas foram reconhecidas como verdadeiras, é se tal movimento é resultado de uma imposição, ou se é uma impressão produzida por uma forma específica de observar, de analisar, de construir um determinado conhecimento sobre esse mesmo movimento.

E aqui estamos já no campo da história, ou seja, de uma forma de "ver" a realidade e de "narrar".

Essa narrativa tem, também ela, uma história.

As diversas formas de narrar os fatos históricos depende de qual teoria se aplica ao conjunto meio caótico de fatos, de tal sorte que o resultado pode ser positivo ou negativo ou, com algum esforço, complexo.

Os fatos históricos são os eventos que, segundo uma determinada tradição, valem a pena ser lembrados.

As escolas históricas quase que exclusivamente construíram uma história narrada a partir da Europa, já que a expansão dessas sociedades e culturas acabaria por acometer a terra toda. A este fenômeno chamou-se eurocentrismo.

Ora, partindo-se desse princípio, poderíamos nos indagar se existiram em outras sociedades, como o Japão, a Índia, a China, a África ou a América, algo ainda que similar ao período medieval europeu.

De certo modo, as diversas narrativas históricas que aqui chamaremos de Escolas Históricas foram produzidas num período muito determinado da história: a formação dos Estados-nação europeus entre o fim do século XVIII e o fim do século XIX.

Em linhas bem gerais, estas Escolas Históricas são o Historicismo, que consiste numa narrativa realizada a partir de documentos históricos; no Positivismo, que incorpora no movimento histórico valores como progresso e evolução; no Marxismo, cuja narrativa propõe um movimento que, embora igualmente positivo, é realizado pela luta entre as classes sociais; a Escola dos Annales, que analisa uma variada gama de documentos materiais e imateriais na ambição de resgatar a mentalidade de outras épocas, trazendo consigo o homem comum para a narrativa histórica.

A rigor, todas essas escolas estão fundamentadas no Quadripartismo Histórico, ou seja, que o movimento da história tem início na Mesopotâmia, passa pela Grécia, por Roma, pela Idade Média, até aportar na modernidade europeia. São as chamadas Idade Antiga, Idade Média, Idade Moderna e Idade Contemporânea.

Segundo esta lógica, a história avança do passado para o presente e deste para o futuro, numa linha reta de tempo.

As outras experiências sociais e históricas foram, por um processo de imperialismo europeu, incorporadas nessa mesma lógica, de tal sorte que, por exemplo, o capitalismo, hoje, é um fenômeno planetário, abarcando todas as sociedades.

Irei propor, aqui, um outro modo de interpretar a história: a hermenêutica, cujo princípio parte de uma recusa de todos os universais, o Homem, a Sociedade, a História, a Mulher, e se debruça sobre singularidades, movimentos muito específicos que não podem ser comparados com nenhum outro e devem ser observados segundo a perspectiva de cada um.

É a interpretação que importa nesse movimento.

Para que possamos interpretar, devemos ter acesso a muitas formas de perceber um determinado fenômeno, quebrando com isso a ideia de uma única perspectiva.

Como o passado pode ser recomposto?

Afinal, o que é a história?

Primeiro é preciso entender que a história não existe desde sempre. Seu nascimento tem uma data, é parte de um acontecimento.

O acontecimento é o aparecimento do Estado-nação e a data de seu aparecimento está intimamente vinculada a três homens históricos: Vico, Herder, Hegel. Vico é o primeiro deles.

Ao tempo de Vico, a história era vista, por homens como Descarte, como uma coletânea de histórias sem elos entre si, desprovida dos critérios de cientificidade que o iluminismo estava impregnando na emergência do conhecimento. Por outro lado, era vista e praticada por historiadores como Grotius e Pufendorf como um elemento da lei natural, cuja validade se estendia a todos os homens e a todos os tempos e lugares, ou seja, seus critérios validavam e assemelhavam todas as experiências.

Já Bossuet entendia a história como um desdobramento do plano divino, muito similar a Leibniz. Hobbes, por sua vez, acreditava que a história tinha os mesmos movimentos da física, de causa e efeito exatos, onde quer que se manifestasse. Spinoza acreditava que somente a razão, distinção de alguns, era capaz de entendê-la. Em todos esses casos, a história, quando muito, era a mestra da vida.

Até aqui, a história consta de um plano divino e os homens respondem a seus estímulos quase como autômatos. Com Vico, a história desce a terra, e os homens agarram seus destinos e decidem seus próprios caminhos.

De Deus ao homem e do homem às forças impessoais como "o povo", "a nação", "a religião". O séc. XIX nasce sob o imperativo dos universais.

Michelet há de incorporar Vico sob esse prisma, mas é Herder o emblema dessa história movida pelos universais, em que a humanidade caminha sob um determinismo marcado por uma sequência de eventos irrecusáveis.

Mas esse determinismo estava vinculado a especificidades que impediam a aceitação de um "homem universal".

Seu universalismo admitia experiências diferenciadoras: os alemães estavam marcados por experiências que os diferenciavam completamente dos franceses, e assim por diante. Todo povo tinha um Volksgeist, um espírito interior próprio. Mas o destino geral da humanidade era, acima de tudo, responsabilidade dessas diferenças colaborativas.

Finalmente Hegel, ao herdar esses fundamentos de Vico e Herder, completa o funcionamento da História ao estabelecer sua peculiar forma de movimento: tese, antítese, síntese. Tudo na história funciona segundo um mecanismo de conflito e esse movimento gera o progresso, da mudança permanente resultante dos opostos (tese e antítese), sendo que a síntese nasce já como tese ou antítese de outro conflito.

Assim, podemos definir a história que praticamos como uma ação de homens segundo suas particularidades coletivas exclusivamente nacionais em permanente conflito com outros homens organizados em entidades nacionais.

Internamente, homens com interesses específicos estão em conflito com outros homens (Marx chamará a esse conflito de "luta de classes") na organização das unidades nacionais.

Esse modo de ver a história, produzido no centro político e cultural da Europa do século XIX, marcará a forma que se entende a história de todo o mundo do século XX em diante.

Isto passará a ser a história e todos os passados serão recompostos a partir desta história.

Claro que todas as narrativas doravante serão submetidas a este arranjo pelo movimento conhecido como eurocentrismo, que consiste num parâmetro único a que todos devem se submeter, já que o colonialismo e o imperialismo serão as ferramentas políticas e policiais de sua expansão para o restante do globo.

Quanto à história da Brasil, pactuo com o autor desse fragmento abaixo, que escreveu um *Guia Politicamente Incorreto da História do Brasil*, considerando ainda as transformações ocorridas no campo da história sujeita a outras indagações e aberta a outros olhares que também se modificam com o tempo:

> Grande parte da história que os brasileiros conhecem hoje, aquela que ainda está na maioria dos livros didáticos, foi criada (ou virou consenso) entre 1960 e 1980. Era um tempo mais tenso do que hoje. A Guerra Fria dividia os países, os governantes e os intelectuais entre comunistas e capitalistas. Na América Latina, as ditaduras militares calavam jornalistas e professores, torturavam e matavam dissidentes. Se no governo dominavam os capitalistas, a direita, nas universidades predominavam as ideias e os métodos de Karl Marx, o pai do comunismo científico. Para se opor à ditadura, era estimulante ressaltar histórias de dependência internacional, em que classes sociais lutavam entre si e que tinham as grandes potências como as vilãs. "Era uma leitura do passado que nos preparava para a revolução", diz o historiador Marco Antonio Villa, da Universidade Federal de São Carlos.
>
> Mas o tempo passou. As ditaduras caíram, assim como o Muro de Berlim e a União Soviética. Aos poucos, os pesquisadores ficaram um pouco mais longe das ideologias e passaram a tirar conclusões sem tanto

medo de aderir a um ou outro lado da política. "A geração anterior foi muito marcada pela luta ideológica, exacerbada durante os governos militares. Divergências eram logo transpostas para o campo político-ideológico, com prejuízo para o diálogo e a qualidade dos trabalhos", diz o historiador José Murilo de Carvalho, professor da UFRJ e um dos imortais da Academia Brasileira de Letras. "A nova geração de historiadores formou-se em ambiente menos tenso e polarizado, com maior liberdade de debate e um ambiente intelectual mais produtivo".

A visão clássica do Brasil colonial nasceu com o intelectual paulista Caio Prado Júnior em 1933. No livro *Evolução Política do Brasil*, ele afirma que a sociedade brasileira era simples e desigual: "Nos constituímos para fornecer açúcar, tabaco, alguns outros gêneros; mais tarde ouro e diamantes; depois, algodão, e em seguida café, para o mercado europeu. Nada mais que isso". Tudo girava em torno do latifundiário, que deixava só miséria por aqui. A teoria de Caio Prado fez um sucesso tremendo nas décadas seguintes.

Até que, nos anos 90, historiadores descobriram dados que não batiam com a teoria. Registros dos portos do Rio de Janeiro e de Salvador mostram que, em épocas de crise econômica europeia, quando os preços de açúcar e algodão desabavam pelo mundo, no Brasil eles mudavam pouco. Mesmo quando as exportações do Rio de Janeiro diminuíram, a compra de farinha e charque do Rio Grande do Sul aumentava. Esses dados sugerem que havia um bom mercado consumidor no Brasil. Além disso, o testamento dos homens mais endinheirados mostrava que a maioria não fez fortuna exportando cana-de-açúcar, mas fabricando ferramentas ou emprestando dinheiro. Eles compravam fazendas só depois de ricos, para ganhar *status* de proprietários de terras e eventuais títulos de nobreza[2].

Também dentro dessa nova historiografia, a relação dura entre as classes foi ultrapassada e os agentes sociais se apresentam não mais como vítimas ou rebeldes somente, mas como sujeitos da história que divergem, compactuam, negociam, aceitam, adaptam-se e usufruem das brechas que as relações sociais necessariamente produzem.

Talvez reste dizer que a história é sempre anacrônica, o que é o mesmo que afirmar que seus temas são escolhidos e trabalhados sob o peso e o assombro do presente e só a ele diz realmente respeito.

---

2 NARLOCH, Leandro. A nova história do Brasil. *Revista Superinteressante*, nº 279, Jun./2010, p. 58-9.

SOBRE A ÁFRICA

O que é a África?

Os pan-africanistas nos forneceriam dados gerais sobre o continente nestes termos:

> A data de 25 de maio faz referência à criação da Organização da Unidade Africana, que ocorreu em 1963, na Etiópia. Nesse ano reuniram-se, de 22 a 25 de maio, 32 países africanos independentes para traçar uma estratégia de unidade do continente. Em 1972, a Organização das Nações Unidas instituiu o 25 de maio como Dia da Libertação Africana e em 2002, em Durban, África do Sul, 53 países instituíram a União Africana (UA).
>
> A África é um continente com aproximadamente 30,27 milhões de quilômetros quadrados de terra. Ao norte é banhado pelo Mar Mediterrâneo, ao leste pelas águas do oceano Índico e a oeste pelo oceano Atlântico. O sul do continente africano é banhado pelo encontro das águas desses dois oceanos.
>
> É o segundo continente mais populoso do Mundo (depois da Ásia), com aproximadamente 800 milhões de habitantes.
>
> É basicamente agrário, pois cerca de 63% da população habita no meio rural, enquanto somente 37% mora em cidades.
>
> O principal bloco econômico é a Comunidade de Desenvolvimento da África Austral (SADC), formada por 14 países, dentre os quais Angola e África do Sul.
>
> O continente foi subdesenvolvido pelas seguidas dominações europeias que ocorreram, tendo sido drenadas de suas terras não só a riqueza de seu solo e subsolo, mas um grande contingente humano.
>
> Os africanos e seus descendentes dispersos pelo mundo formam a diáspora negra e são responsáveis, consciente ou inconscientemente, pela perpetuação da cultura, de hábitos e modos de vida herdados de civilizações ancestrais (como a ideia de energia vital, o axé e a celebração da vida por meio dos ritmos e danças). A África é o continente onde a vida se originou e ali floresceram fantásticas civilizações, como a egípcia, os impérios do Mali, de Gana; a Etiópia, um dos Estados mais antigos do mundo e onde pode ter surgido a espécie *Homo sapiens*.

A tradição oral africana (que tem nos *griots*, contadores de histórias, seu símbolo) não impediu que florescesse uma literatura que teve, inclusive, importante papel nas guerras de libertação africana das décadas de 60 e 70. Em termos de língua portuguesa, por exemplo, há a obra de Agostinho Neto, Pepetela, Jorge Macedo, José Craveirinha, entre outros. Segue um poema de um dos mais importantes escritores de Angola, Jorge Macedo:

POEMA DE AMOR
Adoro-te, África semente,
amor profundo,
nobre fruto do meu eu vivente.
Adoro a calidez das tuas tranças,
manta preta do meu primeiro calafrio.
E o dorso largo em que dormi o sono infantil
e acordei já homem feito[3].

Um continente negro, responderiam outros, manifestando sua opinião de acordo com fundamentos que se debruçam sobre a cor da pele de seus habitantes, imaginando que esse fator determina certa homogeneidade política.

A título de comparação, pensemos numa correspondência com a América. A América é habitada pelos americanos, mas quando assim nos expressamos, sabemos da enorme diversidade que há por aqui. Somos indígenas, negros, brancos, falamos português, espanhol, inglês e um monte de outras línguas nativas que jamais conheceremos e nada nos define de modo universal.

Com a África não ocorre isto. Uniformizamos todo um continente baseados unicamente na cor da pele de seus habitantes.

No entanto, como já disse um teórico, essa África não existe. É apenas um conceito construído com determinados fins que nos convidam a desvendar.

Primeiro, tentarei mostrar como essa leitura homogênea foi construída. Depois, apresentarei alguns exemplos das consequências dessa história.

---

3 http://aruandamundi.ning.com/; entrada em 25/05/2010.

Resgato aqui, todavia, um depoimento sublime das dificuldades enfrentadas pelo olhar europeu no lago vertiginoso das desconcertantes temporalidades africanas:

> Como a cronologia não é uma grande preocupação dos narradores africanos, quer tratem de temas tradicionais ou familiares, nem sempre pude fornecer datas precisas. Há sempre uma margem de diferença de um a dois anos para os acontecimentos, salvo quando fatores externos conhecidos me permitiam situá-los. Nas narrativas africanas, em que o passado é revivido como uma experiência atual de forma quase intemporal, às vezes surge certo caos que incomoda os espíritos ocidentais. Mas nós nos encaixamos perfeitamente nele. Sentimo-nos à vontade como peixes num mar onde as moléculas de água se misturam para formar um todo vivo[4].

Essa história da África, por sua vez, será a história do poder europeu na África, em três momentos-chave para entendermos os seus desdobramentos: a invasão, dada por portugueses e holandeses no século XV e XVI, efetuada por potências marítimas armadas da cruz e da espada; a ocupação, efetuada pelos movimentos imperialistas e colonialistas do século XIX, que solucionavam dois problemas internos à sua própria dominação salvacionista contra os proletariados nacionais; e a colonização definitiva, implementada pelos movimentos emancipatórios e pós-coloniais dos anos 1950 em diante, caracterizados pelo modelo de Estado-nação desenvolvimentista.

É uma história do poder eurocêntrico erradicando experiências e empoderando como legítimas autoridades africanas usurpadoras, em busca do santo graal do desenvolvimento.

Para entendermos todo o estranhamento que termos tipicamente europeus como Estado, Império, Cidade-estado podem causar quando aplicados a uma outra realidade, recorro a um exercício de comparação.

Imagine tudo que você sabe sobre um sultão; agora compare essa imaginação à foto a seguir, que resgata uma experiência concreta, dentre tantas possibilidades, de um sultão de algum lugar da África:

---

4 HAMPÂTÉ BÂ, Amadou. *Amkoullel, o Menino Fula*. São Paulo: Palas Athena, 2003, p. 14.

Filhos do sultão Boukar e seus colegas brincando de guerra com soldados feitos de bolas de esterco. Uma empregada traz um objeto de detritos, que representa o para-sol do sultão. Mora, 4 de janeiro de 1932. (Michel Leiris, *A África Fantasma*, p. 235)

Tanto quanto possível, apresentarei permanências longínquas de sociabilidades comunais e colaborativas.

SOBRE A DIÁSPORA

A diáspora é o movimento que carrega consigo a cultura e a coloca em contato com outras culturas, promovendo um hibridismo, uma modificação que é incorporação e transformação de si e do outro. Nesse sentido, a diáspora caracterizou-se por singularidades de cada contato. E a cultura resultante foi muito diversa de todas as outras.

Tomo três exemplos a título de promessa:

> Em *Peculiaridades de la Esclavitud em Cuba*, Moreno Fraginals informa: "Em 1830, José Antonio Saco se queixava de que os ofícios em Cuba estivessem em mãos de negros e assinalava, como exemplos, pedreiros e cocheiros. Trinta anos mais tarde, todos os cocheiros de Havana eram espanhóis, brancos, e a corporação dos pedreiros não admitia negros. Finalmente, em 1884, adotou-se a solução gordiana: liquidar fisicamente a pequena burguesia negromulata, sob o pretexto de uma sublevação geral dos negros. Milhares de negros livres, que haviam alcançado um determinado nível social, foram executados, encarcerados ou expatriados – e seus bens retidos"[5].

Se não podemos dizer, dos sistemas escravistas do Brasil e dos EUA, que um foi "melhor" do que o outro, devemos enfatizar, por outro lado, que tais sistemas, em sua totalidade e em seus detalhes, foram bem distintos entre si. Assim como foram diversos os espaços de manobra que os negros conheceram lá e cá – e que utilizaram, estrategicamente, com sentido e direção também dessemelhantes. São as diferenças destas experiências históricas que explicam a existência de candomblés no Brasil e a inexistência de orixás nos Estados Unidos. Os deuses africanos foram eliminados da vida norte-americana. Se tivesse acontecido, no Brasil, no Haiti e em Cuba, o que aconteceu nos EUA e na Argentina, não teríamos, hoje, vestígios de signos culturais explicitamente africanos, em toda a vastidão continental das Américas. É tão simples assim[6].

---

5 RISÉRIO, Antonio. Op. cit., p. 12-3.

6 Idem, ibidem.

Mas também nos EUA a influência cultural africana fez raiz profunda:

A alma negra do *blues*

O *blues* é um gênero musical cujas origens no século XIX estão essencialmente ligadas à população rural negra dos Estados Unidos. Misturando elementos das baladas, das cantigas de ninar, dos hinos religiosos, dos ritmos musicais africanos, o *blues* era cantado pelos escravos e ex-escravos que trabalhavam nas fazendas de algodão do sul do país.

Suas melodias eram simples, acessíveis a instrumentistas e cantores sem conhecimento formal de música, permitindo assim a improvisação. As letras não eram difíceis, tendo muitas vezes três versos apenas, que refletiam o estado de espírito dos negros. Repletas de ironias sobre a vida, o amor, o trabalho, essas canções ajudavam a aliviar as tensões e a tristeza (*blues*, em inglês) do dia a dia. O *blues* exerceu influência decisiva sobre o *jazz* e o *rock*. A partir de 1920 – quando ocorreu a primeira gravação de um *blues* –, o gênero se popularizou, passando a ser *cultuado não só pelos negros*, mas também por plateias do mundo inteiro[7].

Dessa forma, a diáspora levou a cultura africana para onde foram levados os homens e mulheres capturados e a escravidão instalou no novo mundo uma marca que jamais poderá ser removida.

---

7 educacao.centralblogs.com.br/post.php?...blues... entrada em 20/11/2009.

SOBRE A ESCRAVIDÃO

E o que foi a escravidão?

A primeira coisa que nos vem à mente quando tratamos da escravidão é da relação injusta entre brancos e negros, sendo os primeiros os dominadores e os segundos os dominados pela brutalidade da violência e do descaso.

Mas a escravidão foi um modo de ver a realidade, assim como hoje o trabalho livre também é, ao mesmo tempo, um valor e um desvalor, ou seja, para aqueles que se encontram empregados, sem ter que se submeter à ira de algum superior, é um valor, enquanto para aqueles que estão desempregados há muito, ou que se humilham para garantir o pão de cada dia, é sentido como uma profundo desvalor e uma doença.

O que significa dizer isso?

Significa que não existem valores absolutos, mas contradições e paradoxos.

Significa afirmar que a realidade se impõe sobre os homens que se movimentam de acordo com suas duras convenções. E vivem suas vidas da melhor forma possível, realizando um cálculo bastante eficaz para realizar suas sobrevivências.

PARA UM CONCEITO DE ESCRAVO

Escravo, do latim, *sclavu*, amigo, amante, discípulo, enfim, aquele que é fiel e "que tem a orelha furada" como símbolo dessa fidelidade. Sua vinculação com a palavra *eslavo* é tardia, já que nenhuma das raízes de *eslavo*, embora controversas, sequer se aproxime desse significado.

Em eslavônico antigo a palavra que se refere a eslavo é *slověne*. Há uma similaridade óbvia com a palavra *slovo*, que significa "palavra, conversa". Dessa forma *slověne* significaria "povo que fala (a mesma língua)", "povos que se entendem mutuamente", em oposição à palavra eslava para "germanos", *nemtsi*, que significa "povo mudo, calado" (do eslavo *němi* – mudo, calado, tolo), comparado à forma grega do termo "bárbaro".

Outra similaridade óbvia liga "eslavo" à palavra *slava*, que significa "glória" ou "elogio, enaltecimento". A palavra deriva do verbo *slyti*, "ser conhecido", derivada do correspondente verbo causativo *slaviti*.

Às vezes "eslavo" é indicado como derivado da forma *slov* – pelo fenômeno claramente russo da acania (pronúncia da letra "o" como um "a"). Quase todas as nações eslavas que retêm seu nome inicial para "eslavo" usam a palavra *slověne* para esse significado.

Alguns linguistas acreditam, no entanto, que essa conexão óbvia ilude, porque, por exemplo, na língua russa, o sufixo *–yane* (como em *slavyane*) ocorre apenas nos adjetivos formados por nomes de lugares. Exemplo: *anglichane*.

Nas línguas românicas e germânicas existe uma evidente similaridade entre o termo "eslavo" e os termos associados a "servo" ou "escravo". Em português "escravo", em castelhano "esclavo" e em inglês "slave" tem similaridade com "eslavo" em português e castelhano e com "slav" em inglês. Os mesmos fenômenos linguísticos sucedem no português para definir os povos "bárbaros", "vândalos", "semitas", entre outros.

Os eslavos emergiram da obscuridade quando os germanos e celtas se deslocaram para o ocidente nos séculos V e VI (causado pelos ataques e invasões dos povos da Sibéria e da Europa Oriental, sobretudo hunos, ávaros, búlgaros e magiares), iniciando a grande migração dos eslavos, que seguiram a trilha dos germanos: deslocamento para oeste entre o rio Oder e a linha Elba-Saale; deslocamento para o sul na Boêmia, Morávia, boa parte da atual Áustria, da planície panoniana e dos Bálcãs. E deslocamento para o norte ao longo do alto rio Dniepre.

Quando os movimentos migratórios chegaram ao fim, apareceram entre os eslavos os primeiros rudimentos de organizações de estado, cada um liderado por um príncipe com um tesouro e uma força de defesa; e o início das diferenciações de classes, com a nobreza jurando lealdade aos imperadores francos e do sacro-império romano.

No século VII o nobre franco Samo, que apoiou os eslavos na guerra contra seus dominantes ávaros, tornou-se o governante do primeiro estado eslavo na Europa Central. A Caríntia, situada onde hoje estão Áustria e Eslovênia, era um estado eslavo; muito antigos também são o Principado de Nitra e o Principado Moraviano. Nesse período existiram grupos e estados eslavos centrais, tal como o Principado de Balaton (ou *Panoniano* ou *Transdanubiano*), mas a subsequente expansão dos magiares e romenos, assim como a germanização da Áustria, separaram os eslavos do norte dos do sul.

No começo da história dos eslavos, e continuando na escuridão da Idade Média, grupos não eslavos eram lentamente assimilados pelas populações falantes de idiomas eslavos: os búlgaros se eslavizaram e seu idioma turco desapareceu; em outros casos, os eslavos foram assimilados por outros grupos, tais como romenos, magiares, gregos etc. Os croatas e sérvios se miscigenaram provavelmente com os alanos e/ou com os ilírios.

Dificilmente qualquer tipo de unidade se desenvolveu entre os vários povos eslavos na Antiguidade, embora alguns frágeis traços de cooperação apareçam. Por causa da vastidão e diversidade dos territórios ocupados pelos povos eslavos, havia vários centros de consolidação eslavos, um processo que nunca foi completado por muitas razões. No século XIX, o Pan-eslavismo se desenvolveu como um movimento entre intelectuais, acadêmicos e poetas, mas que raramente influenciava as ações políticas. A Rússia czarista usou o pan-eslavismo como ideologia para justificar suas conquistas territoriais na Europa Central e, dessa forma, a ideologia passou a ser associada ao imperialismo russo. A experiência eslava comum do comunismo combinada com o repetido uso da ideologia pela propaganda soviética após a Segunda Guerra Mundial dentro do Bloco Oriental (Pacto de Varsóvia) era uma força de nivelamento obrigatória econômica e política da hegemonia da União Soviética dominada pelos russos, e dessa forma desprezada pelas demais nações conquistadas. Uma união política notável do século XX que abrangeu vários povos eslavos do sul foi a Iugoslávia, que hoje está desfeita.

> A Alemanha Nazista, que propôs uma reivindicada superioridade racial para os povos germânicos, particularmente em relação aos povos eslavos e semitas, empreendeu uma escravização dos povos eslavos, e a redução de seu número pelo assassinato da maioria da população. Como resultado, um grande número de eslavos foi assassinado pelos nazistas na Segunda Guerra Mundial. (wikipédia, texto apócrifo)

Até no recente processo sucessório de Putin a polêmica entre eslavófilos e ocidentalizantes esteve presente[8], fenômeno de longa duração que, pelo menos desde Pedro, o grande, envolve internamente a política russa.

Desse modo, é como bárbaro[9] que a palavra eslavo deve ter sido usada nos tempos romanos, como aliás já apontara Kosellek. Porém esse termo também é controverso.

> A oposição heleno-bárbaro perdera força, tendo sido relativizada quando, com a entrada em cena dos romanos, e depois dos cristãos, apareceu um terceiro gênero no espaço mediterrâneo. Já Cícero sublinha que a distinção gregos e bárbaros ou seria puramente nominal, e então não diria coisa alguma, ou se referia aos costumes, e então romanos e gregos também seriam iguais. Tornou-se familiar a tríade romanos, helenos, bárbaros. Os bárbaros foram colocados além dos limites do império, que coincidia com o ecúmeno conhecido. De lá surgiram os germanos e os soldados estrangeiros designados como *barbar* (bárbaros), que se orgulhavam desse nome.
>
> A partir de então a corrente pode prolongar-se até a Idade Média, com seus "bárbaros" sarracenos, avaros, húngaros, eslavos, turcos, e até a Era Moderna, com suas ideologias imperiais ou imperialistas. A figura de

---

8 Jornal *Folha de S. Paulo*, 2 de março de 2008, Caderno Mais, p. 7.

9 Aliás, isso explicaria a incongruência entre o hiato, que representa o apogeu do Império Romano e as movimentações das vizinhas tribos germânicas, nos quinhentos anos de expansão do império. Nesse período, Roma conquistou "o mundo mediterrâneo todo" e não o chamado "mundo bárbaro". E essa história pode nos ensinar alguma coisa: o confronto entre Varus e Armínius, no ano IX d.C. Veja também a Coluna de Trajano, homenagem da vitória esmagadora romana contra os Dácios, atual Romênia. Ou a cidade Celta Bibrakti e as estradas célticas que se estendem da Irlanda e depois, por toda a Europa, construídas muito antes das romanas. Ou a cidade de Vix, na França, onde os arqueólogos encontraram, em 1952, a maior urna de bronze. Aliás, todo o sítio demonstra o enorme poder das mulheres nas sociedades célticas.

linguagem ficou preservada, no sentido de que o polo negativo do bárbaro ou da barbárie sempre se encontra disponível, por negação, para proteger a posição que se ocupa ou para alargá-la expansivamente[10].

Um outro exemplo, como se vê, é a interpretação recente sobre seu significado para os gregos. *Barbar*, um ruído, era como, dizem, entendiam as línguas dos outros.

Desde que os europeus em geral (genoveses e venezianos) e os portugueses em particular começaram a expandir suas incursões para além dos limites territoriais estreitos de um mundo ainda protoeuropeu, as lendas de lugares exóticos povoaram cada vez com maior insistência o vocabulário disponível.

Um lugar, a partir do século XIV, ganhou notoriedade nos relatos de viagem que vinham a reboque nas naus que se aventuravam pelo mar tenebroso: Barbaria, na costa da África, onde hoje estão Argélia, Tunísia, Marrocos e a região da Líbia conhecida como Tripolitânia. O nome *bárbaro* é uma alteração de Berbérie, ou seja, terra dos berberes[11] talvez estimulados por razões como esta publicação de 1637 que ganhou bastante popularidade na Europa: o livro *Histoire de Barbárie*, em que abundavam gravuras sob o título "o tormento dos escravos", representando os cristãos sequestrados e supliciados por ali. Quem pode afirmar que a pele crispada pelo sol africano, a aparência incomum e a cultura estranha não motivaram a leitura até então intraduzível do texto grego que, aliás, viajara ele também por tantas terras exóticas antes de aportar na Europa, exatamente quando inventava o calendário ocidental (livro de registro) e a prensa mecânica?

Daí que talvez fosse mais adequado a definição de eslavo como estrangeiro, o que solucionaria todos esses inconvenientes que a historicidade por vezes nos impõe. Mas *Xeno* que origina, por aqui, xenofobia é a palavra grega para estrangeiro.

Acrescente-se o fato de que não existe, em grego, nenhuma palavra para o significado de escravo, então perceberemos como o problema é profundo e complicado.

---

10 KOSELLECK. Op. cit. p. 205-206.

11 WILSON, P. L. *Utopias Piratas. Mouros, Hereges e Renegados*. São Paulo: Conrad, 2001, p. 15.

SOBRE OS LIVROS DIDÁTICOS

O livro didático de história é entendido ora como uma "tentativa de condensar e simplificar num espaço mínimo e portátil o que se teria necessidade de conhecer e utilizar na atividade escolar"[12], ora como um "instrumento auxiliar do professor e do aluno no processo de aprendizagem, veiculando o conteúdo da disciplina, de acordo com determinada metodologia"[13]. Nestes termos, o livro didático é o instituído, conhecimento socialmente divulgado, território consagrado do qual se extraditou em grande medida as possibilidades de interrogação.

Assim, os livros didáticos não podem ser entendidos apenas como instrumentos pedagógicos, também "são produtos de grupos sociais que procuram, por intermédio deles, perpetuar suas identidades, seus valores, suas tradições, suas culturas"[14].

Embora tenhamos que concordar que tais estratégias não representam uma relação causal, já que os envolvidos são também sujeitos, agentes históricos ativos,

> não podemos afirmar que o que está "nos" textos é realmente ensinado. Nem podemos achar que o que é ensinado é realmente aprendido. Como mostro na descrição que faço de algumas salas de aula, [...] os professores têm uma longa história de mediar e transformar o material dos textos quando os empregam na sala de aula. Os estudantes trazem consigo, também, suas biografias de classe, raça, religião e gênero. Eles, também, aceitam, reinterpretam e rejeitam seletivamente o que é considerado como conhecimento legítimo. Como etnografias críticas têm mostrado, [...] os estudantes (e os professores) não são recipientes vazios no qual o conhecimento é derramado. Muito mais do que receptores num processo

---

12 LEITE, Mirian Lifchitz Moreira. *Produção, Consumo e Distribuição do Livro Didático*. Plural, ano 3, n. 6, p. 9.

13 TAKAHASHI, Jiro. *A Editoração do Livro Didático*. Plural, ano 3, n. 6, p. 23.

14 CHOPPIN, Alain. *Manual Scolaires, Etats te Societe (XIXeme-XXeme siècles). Histoire de l'Educacions.* Paris, INRP, n. 58, maio 1993, p. 19.

de educação bancária, assim chamada por Freire, os estudantes são ativos construtores de significados da educação que enfrentam.[15]

O painel das pesquisas sobre livros didáticos no Brasil[16], contudo, aponta noutra direção.

De modo bastante abrangente podemos dividir as pesquisas sobre livros didáticos no Brasil em dois grandes blocos[17]. O primeiro percorre uma temporalidade de trinta anos, ou seja, dos finais dos anos 1950 a finais dos anos 80 marcado por análises tipicamente ideológicas, enquanto o segundo inaugura os anos 90, submetido às teses culturalistas de Roger Chartier[18] e Robert Darnton que apresentam o livro didático na lógica da história do livro, ou seja, sua produção, distribuição e consumo. A ideologia cede lugar à racionalidade do mercado e à sua suposta isenção, como se o editor de livro didático publicasse qualquer coisa que lhe desse lucro, desde que houvesse demanda, típica equação capitalista, que a tudo reifica. Chamo a atenção para os signos fundantes dos anos finais da década de 80, ou seja, o esgotamento da bipolaridade planetária, a queda do muro de Berlim, o restabelecimento democrático no Brasil. Assim, um dos objetivos deste livro será confrontar essa produção historiográfica, matizando as diferenças eminentemente ideológicas que confinaram o estudo da escravidão e agora o estudo da África numa lógica mercadológica em que se perde, de propósito ou não, a condição de sujeito que o homem desempenha diante do poder.

Devo confessar minha impressão sobre a ideologia: é, basicamente, a visão de mundo de um grupo de pessoas que pretendem, por meio das instituições, tornar esta a visão de toda a sociedade, até que o sistema-mundo seja completamente unidimensional. A naturalização do trabalho e do desenvolvimento é a expressão mais contundente da ideologia.

---

15 APPLE, Michael W. *Conhecimento Oficial. A Educação Democrática numa Era Conservadora*. Petrópolis: Vozes, 1997, p. 55.

16 Entre 1981 e 1998 e seguindo a base de dados da ANPED, foram produzidas 114 teses e dissertações cujo tema é o livro didático no Brasil.

17 Até certo ponto, quem já havia percebido esta polaridade foi Antonio Augusto Gomes Batista em texto Um objeto variável e instável: textos, impressos e livros didáticos. In: CAMPANELLO, Bernardete Santos et alii. *Formas de expressão do conhecimento: introdução às fontes de informação*. Belo Horizonte, Faculdade de Biblioteconomia da UFMG, 1998, p. 219-247.

18 CHARTIER, Roger; MARTIN, Henri-Jean. *Histoire de l"Éditin Française*. Paris: Promodis, 1982 a 1985. 4 vol.

DOS DOCUMENTOS

Neste trabalho, utilizo inúmeros fragmentos de textos. Todos eles são tratados como documentos, fonte primordial de todo historiador. Entretanto, esses fragmentos não estão sujeitos a relevos, ou seja, não existe um documento que seja mais relevante que outro. Dessa forma, textos apócrifos de internet, resenhas de livros, bula de remédio, textos historiográficos, notícias de jornal, trechos de vídeos e documentários, documentos de época, todos são tratados com o mesmo respeito e estão sujeitos à minha e à tua interpretação.

A leitura é, por vezes, dificultada com tantas citações, porém esta é a única forma de evitar apropriações indevidas e, ao mesmo tempo, de alinhavar hipóteses ousadas, tornando o fazer, o processo do trabalho, um mecanismo que se explica e se autorrevela.

Cada um é submetido a perguntas inovadoras e, por vezes, desconcertantes, obrigando o documento a "falar" aquilo que estiver soterrado sob uma tonelada de hábitos conservadores e de conformismo.

Esses documentos só têm uma função: provocar o diálogo e não convencer. Recuse-os, pense, reflita, interaja e proteste contra minha intenção. Rebata a força dos documentos com a sua criatividade, estabeleça outras hipóteses. A polêmica é saudável como um bom copo de água fresca e nunca faz mal.

Não utilizarei nenhum mapa da África, pois não os considero representativos das complexidades riquíssimas que, como as areias do deserto, não permitem marcos divisórios, crendo que todos sejam ferramentas para reduzir sob um prisma duvidoso aquilo que a imaginação por si só ampliaria.

Portanto, além de um reciclador, sou um generalista que tenta entender o sistema-mundo eurocêntrico em seus desdobramentos panorâmicos e não na minúcia de seus interstícios.

DAS MINHAS HIPÓTESES

Toda a história é uma invenção política e a história da África também o é, pois a história é uma ferramenta do poder e a função do poder é submeter, calar, fazer falar de uma certa maneira, internalizar-se no fundo de nossa experiência e ali habitar, pois a nossa existência, sempre uma relação com o outro, deve incorporar o hábito de negá-lo em nome do que sabemos, de nossos conhecimentos e de nossas certezas.

Parte I

História da África

> *A afrocentridade é o gênio africano e os valores africanos criados, recriados, reconstruídos e derivados de nossa história e experiências em nossos melhores interesses... É um descobrimento do eu verdadeiro da pessoa, é a identificação do seu centro e é a clareza e o foco por meio dos quais os negros devem ver o mundo a fim de ascender.*
>
> Asante[19]

---

[19] GILROY, Paul. *O Atlântico Negro*. São Paulo: Ed. 34, 2001. "A africologia é definida como o estudo afrocêntrico de fenômenos, eventos, ideias e personalidades relacionadas com a África. O mero estudo de fenômenos da África não é africologia, mas alguma outra iniciativa intelectual. O estudioso que gera questões acadêmicas baseadas na centralidade da África está engajado em uma investigação muito diferente da de alguém que impõe critérios ocidentais aos fenômenos. Afrocêntrico talvez seja a palavra mais importante na definição de africologia. Caso contrário, pode-se facilmente pensar que qualquer estudo de fenômenos ou povos africanos constitui africologia" (p. 352-3).

Desvendar o surgimento da África Negra, surpreender as relações políticas e históricas que implicaram uma África racializada, eis o objetivo desta primeira parte do livro. Tal movimento implica duas direções: de um lado, um repensar da história da escravidão no Brasil e de outro, uma história de África que inclua sua contrapartida "branca", diga-se egípcia e muçulmana.

Há vantagens e desvantagens nesse percurso. O resgate de discursos ideológicos ou de uma genealogia que nos remeta ao século XIX, com toda a sua carga demiúrgica, nos impõe uma necessária reflexão sobre nossa própria historicidade, seja no sentido de nação, seja no sentido da própria disciplina histórica como ferramenta política. Todavia, por outro lado, exacerbam-se as questões raciais, num movimento incerto e problemático. Nesse sentido, a surgimento da lei que exige a apresentação da história da África em sala de aula é ambíguo e contraditório, pois talvez pressuponha uma história da África positivada, provocando tomadas de posição e inflamando paixões, embora a polêmica seja um fundamento meu.

O livro professa similitudes com *Orientalismo* aos modos de Edward Said, embora recorra a intelectuais africanos ou afrodescendentes para atingir o mesmo fim: observar modelos de dominação global que nos impõem generalizações e determinismos.

Segue as pegadas problemáticas de Ryszard Kapuscinski, que diz, no prefácio de *Ébano*, livro fundamental para entendermos as diferenças marcantes dos seus 53 países, "a África é um planeta diferente, um cosmo múltiplo. Somente por comodidade simplificamos e dizemos 'África'. Na verdade, a não ser pela denominação geográfica, ela não existe".

O livro tem início com a própria problematização da lei 10.639 e segue para um olhar sobre o imperialismo europeu que selou o passado africano. Em outro momento, o estudo da escravidão deve restituir a condição de sujeito da história para os escravizados, o que implica afirmar-se sobre complexas relações de submissão, de resistência, de colaboração e de incorporação da escravidão como visão de mundo.

Nos capítulos seguintes, trago o pensamento de dois autores críticos dos pan-africanistas que incorporaram os conceitos de raça e negritude e que, embora contraditoriamente, conferiram ao continente um vínculo duradouro das bases teóricas europeias.

O resultado pode ser melhor entendido com a obra de Joseph Ki-Zerbo, cujo fundamento é um espelho africano do quadripartismo francês.

Nesse mesmo sentido, a história do tráfico no triângulo Portugal-"África"-Brasil pode ser entendida sob a luz de novos problemas.

Todavia, os estudos do imperialismo agudizam não somente o caráter político da presença europeia no continente, mas principalmente seu rizoma nas estruturas de poder e na modificação da lógica anterior experimentada pelos diversos "reinos" africanos. Para tanto, podemos investigar a "invenção de tradições" impostas de modo eficaz às comunidades locais.

Como resultado direto desse enraizamento, o processo de descolonização estará eivado de uma determinada racionalidade que contamina profundamente o julgamento ideológico de quantos forem prescrever alternativas ao modelo imposto, caso de Fanon e do próprio Sartre.

Aliás, esses reflexos não somente estarão presentes nos genocídios que marcam os anos 1990, como podem ser percebidos em trajetórias insuspeitas, cujo exemplo são as cidades escolhidas (cidade do Cabo, Accra, Kigali) para esse estudo. Os antropólogos, por sua vez, reforçaram esse princípio com uma etnografia imagética conflituosa, porém convincente da consolidação da uniformidade.

O caso paradigmático da Tanzânia e do peixe Kwanza é mais uma referência do deslocamento imposto de fora, alterando modos de vida e sociabilidades diversas também em tempos diversos, numa continuidade que parece insaciável.

A quebra da lógica eurocêntrica pode ser percebida, contudo, nas relações com os islamizados do Magreb, tanto diacrônica quanto sincronicamente. E aí temos questões religiosas, comerciais, econômicas, piratas e terroristas, segundo os sabores e dissabores da ideologia de plantão.

CAPÍTULO 1

HISTORICIDADES DA LEI 10.639 NO CONJUNTO DAS AÇÕES AFIRMATIVAS E DAS CONVENIÊNCIAS POLÍTICAS

Análise do documento: Lei nº 10.639, de 9 de janeiro de 2003. Ei-la:

> *Altera a Lei nº 9.394, de 20 de dezembro de 1996, que estabelece as diretrizes e bases da educação nacional, para incluir no currículo oficial da Rede de Ensino a obrigatoriedade da temática "História e Cultura Afro-Brasileira", e dá outras providências.*
>
> **O PRESIDENTE DA REPÚBLICA**
>
> Faço saber que o Congresso Nacional decreta e eu sanciono a seguinte Lei:
>
> **Art. 1º.** A Lei nº 9.394, de 20 de dezembro de 1996, passa a vigorar acrescida dos seguintes arts. 26-A, 79-A e 79-B:
>
> "**Art. 26-A.** Nos estabelecimentos de ensino fundamental e médio, oficiais e particulares, torna-se obrigatório o ensino sobre História e Cultura Afro-Brasileira.
>
> § 1º. O conteúdo programático a que se refere o *caput* deste artigo incluirá o estudo da História da África e dos Africanos, a luta dos negros no Brasil, a cultura negra brasileira e o negro na formação da sociedade nacional,

resgatando a contribuição do povo negro nas áreas social, econômica e política pertinentes à História do Brasil.

§ **2º.** Os conteúdos referentes à História e Cultura Afro-Brasileira serão ministrados no âmbito de todo o currículo escolar, em especial nas áreas de Educação Artística e de Literatura e História Brasileiras.

§ **3º.** (VETADO)"

"**Art. 79-A.** (VETADO)"

"**Art. 79-B.** O calendário escolar incluirá o dia 20 de novembro como 'Dia Nacional da Consciência Negra'."

Art. 2º. Esta Lei entra em vigor na data de sua publicação.

Brasília, 9 de janeiro de 2003; 182º da Independência e 115º da República.

LUIZ INÁCIO LULA DA SILVA

Para entendermos a lei 10.639, precisamos realizar dois exercícios do fazer historiográfico: um diacrônico e outro sincrônico.

O exercício diacrônico significa uma busca no tempo histórico para identificar o movimento em direção ao passado que levou o governo a elaborar a lei. Penso que esse movimento, reconhecido como de "ações afirmativas", tenha se iniciado como uma reação aos eventos que se seguiram à proclamação da República.

Ansiosas por alinhar o Brasil com o modelo civilizatório europeu, as elites promoveram uma serie de ações para excluir o contingente da população que não correspondia a esse modelo.

Para isso, elaboraram um código penal em 1890 que criminalizava tanto as práticas religiosas quanto a capoeira e até a culinária de origem africana, que recebeu severas críticas da instituição médica[20].

Uma forte campanha na imprensa negativizava a figura do negro por meio de estereótipos e estímulos ao preconceito. Impedidos de acesso a esses meios de comunicação, grupos negros organizaram-se em torno de diversas publicações. Em São Paulo, *A Pátria* (1889), *O Alfinete* (1918), *O Clarim da Alvorada* (1924); no Rio Grande do Sul, *O Exemplo* (1892), *A Cruzada* (1905) e *Alvorada* (o mais duradouro de todos, que circulou entre 1907 e 1965), entre outros em todo o Brasil.

---

20 DOMINGUES, Petrônio. Consciência de cor. In: *Revista de História da Biblioteca Nacional*, nº 11, ago. 2006; SANTOS, José Antônio dos. Imprensa negra: a voz e a vez da raça na história dos trabalhadores brasileiros. Disponível em: http://www.ifch.unicamp. br/mundosdotrabalho/tex/josesantos.pdf. Acesso em 12.4.10.

No jornal paulista *O Progresso* (1899), no editorial do primeiro número encontramos esse desabafo:

> Esperávamos nós, os negros, que, finalmente, ia desaparecer para sempre de nossa pátria o estúpido preconceito e que os brancos, empunhando a bandeira da igualdade e fraternidade, entrassem em franco convívio com os pretos [...] Qual não foi, porém, a nossa decepção ao vermos que o idiota preconceito em vez de diminuir cresce; que os filhos dos pretos, que antigamente eram recebidos nas escolas públicas, são hoje recusados nos grupos escolares; [...] que para os salões e reuniões de certa importância, muito de propósito não é convidado um só negro, por maiores que sejam seus merecimentos[21].

No entanto, o verdadeiro embrião das ações afirmativas foi a Frente Negra Brasileira, fundada em São Paulo e que já em 1936 se espalhara por mais de 60 representações em quase todos os estados brasileiros, congregando 200 mil filiados.

Sua luta contra o preconceito e a exclusão do componente negro da sociedade foi intensa e fincaria raízes profundas no ativismo negro. Acabaria por constituir-se em partido político extinto no Estado Novo.

Mas se, em estados como São Paulo, Minas Gerais, Rio de Janeiro, Maranhão, Pernambuco, Espírito Santo, Sergipe, Rio Grande do Sul os objetivos de nacionalização do movimento funcionou, na Bahia sua permanência foi problemática. Como afirma Risério:

> A Frente Negra de Salvador é criada por um operário, dirigida por pretos e mestiços de condição bastante modesta e tem a participação exclusiva, ainda que pequena, da classe trabalhadora. Antes que sensibilizar, frentenegrismo desagradou à classe média negromestiça baiana. Pretos e mulatos bem postos reagiram mal, quando a FNB organizou um desfile de pretos pobres, chamando a atenção para a miséria em que vivia a nossa população negra. Não só as coisas na Bahia eram mais difusas, como a FNB avivava a ferida que negromestiços classemedianizados queriam apagar, fantasiando-se de "brancos"[22].

---

21 MAGALHÃES PINTO, Ana Flávia. *A Imprensa Negra no Brasil – momentos iniciais*. Disponível em http://www.irohin.org.br/ref/inegra/20060530_01.htm. Acesso em 12.4.2010.

22 RISÉRIO, A. op. cit. p. 362.

Em linhas gerais, o que o movimento desejava era se inserir no mundo da nação. Uma vez mais Risério, agora citando Ferrara:

> Com este intuito sempre presente, eram feitas as domingueiras, reuniões doutrinárias, tendo por finalidade educar e conscientizar os negros. Nesta ocasião, eram ministradas aulas de higiene e puericultura, aulas de religião e catecismo, conferências sobre filatelia; as poesias de Luiz Gama eram comentadas, bem como as datas nacionais. Também foram feitas campanhas para que os negros depositassem seus salários na Caixa Econômica, a fim de possibilitar a aquisição da casa própria.

> A entidade mantinha barbearia, gabinete dentário, escola primária, consultório médico, cursos de alfabetização, costura, música, teatro. Como na década anterior, a ascensão social é vista como algo que passa pela assimilação dos padrões brancos de classe média. Pelo moralismo pequeno-burguês. Combate-se o alcoolismo, a vagabundagem, a prostituição. A predileção dos "coloreds", como diz *A Voz da Raça*, por esquinas e botequins. Elogia-se a vida doméstica. A disciplina pessoal. As "boas maneiras". Prega-se a elevação moral da negra – a reconstrução social de sua imagem –, a participação política do negro, a solidariedade racial.

> Razão tem Bastide quando diz que "os jornais de pretos representam muito mais a opinião da classe média dos negros do que a da massa". O que prevalece é a imitação da pequena-burguesia branca. Basta lembrar que a Frente Negra oferece cursos de catecismo, não de candomblé A vanguarda preta de São Paulo estava mais próxima do negro puritano classemedianizado dos EUA do que da mulataria dos morros cariocas, ou dos astuciosos macumbeiros baianos. Poderia pensar nas pirâmides do Egito. Na África Negra jamais. Queria distância daquele mundo selvagem de tambores, feitiçarias, poligamia, gente nua, deuses bárbaros e sacrifícios rituais. Enquanto, naquela época, na Bahia e em Pernambuco, os deuses africanos se projetavam socialmente, o que se via, em São Paulo, era que pretos fugiam do "primitivismo" africano como o diabo da cruz. Bastide faz um comentário sobre a imprensa negra que é extensivo a todas as entidades pretas paulistas: "Dir-se-ia que esses jornalistas têm medo de evocar uma África, bárbara em seus pensamentos. E isto a tal ponto que os negros do Brasil se erguem contra as ideias de Garvey, querem permanecer brasileiros, e é preciso subentender: membros de uma nação civilizada

Não somos africanos – somos brasileiros, repetem esse militantes, pretos que pretendem civilizar os demais pretos, sempre com "sentido rigorosamente brasileiro", como também se lê nos estatutos da FNB[23].

Por seu nacionalismo exacerbado, fruto também de um confronto com os imigrantes, cujo movimento anarcossindicalista e comunista tingiam o fim dos anos vinte e começos dos anos trinta de movimentos revolucionários, a FNB aliou raça e nação nas circunstâncias possíveis que se apresentaram. Seu lema, nesse período, foi "Nos Palmares, não se discutia o Chefe, Zambi. Igualmente devem os frentenegrinos discutir o chefe da Nação":

> Criam uma milícia negra, para policiar os *meeting* raciais (e agredir pretos dissidentes) e *A Voz da Raça* escreve: "Hitler, na Alemanha, anda fazendo uma porção de coisas profundas. Entre elas a defesa da raça alemã. O Brasil deve seguir o exemplo, mas defender a raça brasileira não é defender a arianização do Brasil; é, ao contrário, defender a raça tal qual ela se formou pela mistura dos três sangues. O que nos importa que Hitler não queira, na sua terra, o sangue negro? Isso mostra unicamente que a Alemanha Nova se orgulha da sua raça. Nós também, brasileiros, temos raça. Não queremos saber de arianos. Queremos o brasileiro negro e mestiço que nunca traiu nem trairá a Nação. Mas esta defesa não pode fazer-se no quadro da democracia liberal, que levanta os indivíduos uns contra os outros, mas, ao contrário, pela submissão de todos a um Fuhrer, a um super-homem, a um Moisés de ébano[24].

Para que não fique somente um mal-estar com essa expressão do fascismo negro, nos anos 1930 a popularidade do projeto nazista contaminara praticamente o mundo todo. Churchill foi um de seus mais ferrenhos admiradores. Somente depois da guerra ocorreria sua demonização.

Passada a guerra e o Estado Novo, o lema mudou para a esquerda "A apologia da ditadura é a apologia da liberdade que sucede e Palmares, em vez de ser a República autoritária de Zumbi, é a República fraternal,

---

23 Idem, p. 362-3.
24 RISÉRIO, op. cit., p. 365.

cooperativa, liberal". Este é o *slogan* da Associação dos Negros Brasileiros. Já estamos no final dos anos 40 e a luta pela integração, contra o racismo, assume outros matizes.

1945:

> Nasce aí a aspiração mais ambiciosa da implantação da Associação dos Negros Brasileiros, infelizmente não concretizada, depois de uma batalha de três anos. E o socialismo cintila na cena da "gente negra brasileira". Florestan: "As tentativas de uma abertura mais franca e corajosa diante dos processos histórico-sociais da sociedade brasileira como um todo foram retomadas, com amplitude e profundidade que não tiveram antes, pelo grupo de orientação socialista reunido em torno de *Senzala*". De um modo geral, podemos compor o quadro seguinte. No entender das lideranças negromestiças – e nas palavras de Correia Leite – o Brasil "continua sendo uma vasta senzala, com alguns negros na casa-grande". Está na hora do negro conquistar a sua real autonomia, revelando "todo o poderio de sua força cultural e criadora", como diz Joviniano do Amaral. Na transformação do que é definido nos termos de uma sociedade reacionária e anticristã ou de um "capitalismo escravizador", se construirá a "verdadeira democracia racial em que desejamos viver", segundo a expressão do jornal *Novo Mundo*. Adiantando a bola socialista, em artigo publicado na *Senzala*, Luiz Lobato escreve: "será impossível lutarmos pela nossa elevação social, econômica e política se não tomarmos em consideração a situação geral do povo brasileiro. Logo, ao lado de nossas reivindicações peculiares, temos de empunhar a bandeira de luta pela classe explorada"[25].

Como se vê, nesse momento uma parte do movimento negro considera que é a exploração, que ataca tanto negros quanto brancos pobres, o inimigo da justiça desejada e da integração.

Nas décadas seguintes, outros movimentos ampliaram a ação desse importante segmento da população, nos anos quarenta e cinquenta com o jornal *O Quilombo*, de Abdias Nascimento...

O Teatro Experimental do Negro e a Constituição de 1946

De acordo com a atual Constituição Brasileira, a prática de racismo é crime inafiançável, imprescritível e sujeito à prisão. Tal reconhecimento

---

25 Idem, p. 369.

representa um grande avanço em relação ao que previa a legislação no período anterior a 1988, ano em que a atual Constituição entrou em vigor. Até então, o racismo era considerado apenas uma contravenção penal, ou seja, sua prática era considerada um delito de menor gravidade.

O esforço para transformar a discriminação racial em crime é antigo. Devido à elaboração da Constituição de 1946, os negros brasileiros se articularam com o objetivo de sensibilizar os constituintes em aprovar lei nesse sentido. Em 1945 e em 1946, lideranças negras realizaram nas cidades de São Paulo e Rio de Janeiro, respectivamente, convenções nacionais cujo relatório final defendia a ideia de transformar o racismo em crime de lesa--pátria. Encaminhada ao Congresso, a proposta não vingou, mas permitiu que, em 1951, fosse aprovada a Lei Afonso Arinos, que classificava o racismo como contravenção penal.

Ao caracterizar a discriminação racial como mera contravenção, a Lei Afonso Arinos não chegou a combater essa prática de frente, mas sua criação contribuiu para mostrar à sociedade que – ao contrário do que muitos afirmavam – existiam no Brasil, de fato, a discriminação étnica e o preconceito racial. A Lei Afonso Arinos vigorou até os anos de 1980.

A pressão exercida sobre os constituintes de 1946 foi encabeçada por representantes do Teatro Experimental do Negro (TEN), grupo fundado e dirigido pelo economista e ativista social Abdias do Nascimento. O TEN surgiu em 1944 com a proposta de resgatar e afirmar os valores humanos e culturais dos afrodescendentes no Brasil por meio da arte, da educação e de outras iniciativas culturais. O TEN divulgava suas ações através do jornal *O Quilombo*.

Ao mesmo tempo em que oferecia aulas de alfabetização, o TEN organizava palestras e montava peças de teatro. Sua primeira peça foi *O imperador Jones*, do dramaturgo norte-americano Eugene O'Neill, cuja estreia aconteceu em 1945. Encenada no Teatro Municipal do Rio de Janeiro, esta foi a primeira vez que atores negros se apresentaram no palco daquela casa, desde a inauguração do teatro, em 1909. Até 1968, quando as principais lideranças passaram a ser perseguidas pela ditadura militar e o TEN foi extinto, o movimento manteve intensa atividade no cenário cultural e político nacional, angariando importantes apoios entre os intelectuais brasileiros.

Sobre esse movimento, diz Risério:

> *Quilombo* era, na verdade, uma publicação do Teatro Experimental do Negro. E foi uma publicação *sui generis* no meio negromestiço brasileiro. Por representar uma dupla abertura. Abertura para o exterior: atenção para o que ia acontecendo pelo mundo e vinculação com a negritude de língua francesa, tal como exposta e exercida por Senghor e seus companheiros. E abertura interna, com o jornal abrigando intelectuais negros e brancos, de visões distintas entre si, mas unidos numa espécie de coalizão antirracista, que apontaria, em última análise, nas palavras do próprio Abdias, para a construção do caminho "rumo a uma possível futura democracia racial". Foi por esta via democrática, pelo estabelecimento deste arco de alianças, que o jornal contou com um time de colaboradores que incluía os nomes de Gilberto Freire, Guerreiro Ramos, Nelson Rodrigues, Rachel de Queiroz, Drummond de Andrade, Arthur Ramos, Murilo Mendes, Roger Bastide e Édison Carneiro. E era sem maiores volteios que estes escritores e intelectuais se manifestavam. Como Nelson Rodrigues, naquele seu estilo tão dele, afirmando que era preciso "uma ingenuidade perfeitamente obtusa ou uma má-fé cínica" para negar a existência de racismo em nosso país. Tratou-se de algo único no cenário brasileiro. E ali tivemos Abdias em seu melhor momento – sabendo caminhar de mãos dadas e conviver com diferenças –, depois que saíra da militância fascista da Frente Negra e antes que fizesse a sua opção pela estreiteza mental, tentando enfiar a complexa realidade racial brasileira na camisa de força da *one drop rule* norte-americana[26].

A *one drup rule* norte-americana era a "regra de uma gota", ou seja, uma única gota de sangue negro era suficiente para ser negro, eliminando qualquer possibilidade de mestiçagem.

Durante o regime militar, o movimento negro se recolheu, como tantos outros movimentos sociais também o fizeram. Observaram de longe o movimento pelos direitos dos negros norte-americanos, atentos aos seus desdobramentos. Da mesma forma, observaram de longe a ação de Malcom X e dos panteras negras, incorporando quase que

---

26 RISÉRIO, op. cit., p. 369-70.

exclusivamente da *one drup rule*, mas que por aqui fez quase nenhum sentido, já que, ao contrário dos americanos, essa não era uma sociedade assumidamente segregada.

Em 1978, o movimento negro se rearticula com o nome Movimento Negro Unificado contra o Racismo e a Discriminação Racial (MNU). "Zumbi despontaria como líder armado de uma república socialista, na qual teria vigorado a verdadeira democracia racial."

> Pode-se dizer que o MNU foi uma criação de jovens lideranças negro-mestiças de formação universitária, sob o influxo e com a participação de Abdias do Nascimento, então vivendo nos EUA. Quando a entidade se articulou – com ato público nas escadarias do Teatro Municipal de São Paulo e assembleias nacionais no Rio e na Bahia –, havia importantes novidades, nesta seara, entre nós, além do impacto do *black power*, com brasileiros atentos para palavras e atos de personalidades como Luther King e Eldridge Cleaver. Uma delas estava na guinada na política externa brasileira, com relação à África. Aquele foi um momento de projeção de novos países africanos no sistema internacional. A hora e a vez de Angola, Guiné-Bissau, Moçambique. Da África de língua portuguesa. E o governo brasileiro, desde Geisel, foi favorável a estas novas nações, reconhecendo de imediato as suas declarações de independência. Mais que isso, a política externa brasileira passou a condenar o *apartheid* da África do Sul e qualquer interferência de potências imperialistas em assuntos internos dos novos países socialistas africanos, chegando a considerar perfeitamente "normal" a presença de soldados cubanos em Angola. Esta posição do governo brasileiro – governo de uma ex-colônia lusitana, não nos esqueçamos –, ainda na vigência do regime ditatorial, contribuiu para que fosse ampla e intensa, entre nós, a repercussão das revoluções vitoriosas contra a dominação portuguesa. Para dar um só exemplo, observe-se o que aconteceu no carnaval da Bahia. Tradicionalmente, associações carnavalescas de pretos e mulatos baianos se dividiam em duas vertentes distintas. As que se voltavam em direção aos "povos cultos" da África, entre egípcios e abissínios, e as que encenavam coisas e costumes da África Negra. Com a definição de novos países africanos, na década de 70, houve um *boom* de entidades orientadas para a celebração da África Negra, ao passo que murcharam as organizações que teatralizavam os "povos cultos" do continente. Em outros casos, a repercussão das novas realidades africanas foi explicitada por escrito, como na apresentação de Cadernos Negros, em novembro de 1978: "Estamos no

limiar de um novo tempo. Tempo de África vida nova, mais justa e mais livre e, inspirados por ela, renascemos arrancando as máscaras brancas, pondo fim à imitação. Descobrimos a lavagem cerebral que nos poluía e estamos assumindo nossa negrura bela e forte"[27].

Por essa época nasce o Ilê Aiyê e o Olodum. Enquanto no Rio, São Paulo e outros estados proliferam os bailes *black* inspirados em James Brown.

Também está na Carta de Princípios do MNU, de novembro de 1978, os fundamentos históricos de demandas que se repetem desde os anos 1930: "maiores oportunidades de emprego", "melhor assistência à saúde, à educação, à habitação" e, o que é essencialmente novo, pela "reavaliação do papel do negro na História do Brasil".

A partir de 1988, as ações afirmativas ganharam impulso e foram popularizadas e receberam adesão nacional, fundamentadas pela nova carta constitucional, mas não só.

No movimento sincrônico, ou seja, no tempo em que a lei foi concebida, alguns fatores podem ser apresentados.

Dentre eles, podemos destacar o reconhecimento de terras oriundas de quilombos e sua legitimação; as discussões sobre quotas para negros nos bancos universitários; o reconhecimento do racismo como crime; os grandes estímulos e investimentos do estado na cultura; a progressiva ampliação do ensino médio e do ensino superior; a consolidação de uma classe média negra (segundo a Associação Nacional de Empresários Afro-Brasileiros, 10 milhões de pessoas estão nesta categoria), consequência direta da manutenção dos princípios neoliberais aliados a um programa de renda mínima.

Em alguns fragmentos do parecer sobre a lei está escrito:

> FRAGMENTO I: Este parecer visa a atender os propósitos expressos na Indicação CNE/CP 06/2002, bem como regulamentar a alteração trazida à Lei 9394/96 de Diretrizes e Bases da Educação Nacional, pela Lei 10.639/2003 que estabelece a obrigatoriedade do ensino de História e Cultura Afro-Brasileira e Africana na Educação Básica. Desta forma, busca cumprir o estabelecido na Constituição Federal nos seus Art. 5º, I, Art. 210, Art. 206, I, 1º do Art. 242, Art. 215 e Art. 216, bem como nos Art. 26, 26 A

---

27 Idem, p. 373.

e 79 B na Lei 9.394/96 de Diretrizes e Bases da Educação Nacional, que asseguram o direito à igualdade de condições de vida e de cidadania, assim como garantem igual direito às histórias e culturas que compõem a nação brasileira, além do direito de acesso às diferentes fontes da cultura nacional a todos os brasileiros.

Todos estes dispositivos legais, bem como reivindicações e propostas do Movimento Negro ao longo do século XX, apontam para a necessidade de diretrizes que orientem a formulação de projetos empenhados na valorização da história e cultura dos afro-brasileiros e dos africanos, assim como comprometidos com a educação de relações étnico-raciais positivas, a que tais conteúdos devem conduzir.

Mas trata também, segundo o parecer, de formação de identidades:

> **FRAGMENTO II:** O parecer procura oferecer uma resposta, entre outras, na área da educação, à demanda da população afrodescendente, no sentido de políticas de ações afirmativas, isto é, de políticas de reparações, e de reconhecimento e valorização de sua história, cultura, identidade. Trata, ele, de política curricular, fundada em dimensões históricas, sociais, antropológicas oriundas da realidade brasileira, e busca combater o racismo e as discriminações que atingem particularmente os negros. Nesta perspectiva, propõe à divulgação e produção de conhecimentos, a formação de atitudes, posturas e valores que eduquem cidadãos orgulhosos de seu pertencimento étnico-racial – descendentes de africanos, povos indígenas, descendentes de europeus, de asiáticos – para interagirem na construção de uma nação democrática, em que todos, igualmente, tenham seus direitos garantidos e sua identidade valorizada.

Além de haver um reconhecimento de estruturas racistas ao longo da história:

> **FRAGMENTO III:** A demanda por reparações visa a que o Estado e a sociedade tomem medidas para ressarcir os descendentes de africanos negros dos danos psicológicos, materiais, sociais, políticos e educacionais sofridos sob o regime escravista, bem como em virtude das políticas explícitas ou tácitas de branqueamento da população, de manutenção de privilégios exclusivos para grupos com poder de governar e de influir na

formulação de políticas, no pós-abolição. Visa também a que tais medidas se concretizem em iniciativas de combate ao racismo e a toda sorte de discriminações.

Já que estas estruturas fundamentam a exclusão por meio do sistema meritocrático:

FRAGMENTO IV: Cabe ao Estado promover e incentivar políticas de reparações, no que cumpre ao disposto na Constituição Federal, Art. 205, que assinala o dever do Estado de garantir indistintamente, por meio da educação, iguais direitos para o pleno desenvolvimento de todos e de cada um, enquanto pessoa, cidadão ou profissional. Sem a intervenção do Estado, os postos à margem, entre eles os afro-brasileiros, dificilmente, e as estatísticas o mostram sem deixar dúvidas, romperão o sistema meritocrático que agrava desigualdades e gera injustiça, ao reger-se por critérios de exclusão, fundados em preconceitos e manutenção de privilégios para os sempre privilegiados.

Afinal,

FRAGMENTO V: Reconhecimento implica justiça e iguais direitos sociais, civis, culturais e econômicos, bem como valorização da diversidade daquilo que distingue os negros dos outros grupos que compõem a população brasileira. E isto requer mudança nos discursos, raciocínios, lógicas, gestos, posturas, modo de tratar as pessoas negras. Requer também que se conheça a sua história e cultura apresentadas, explicadas, buscando-se especificamente desconstruir o mito da democracia racial na sociedade brasileira; mito este que difunde a crença de que, se os negros não atingem os mesmos patamares que os não negros, é por falta de competência ou de interesse, desconsiderando as desigualdades seculares que a estrutura social hierárquica cria com prejuízos para os negros.

Pois o que se pretende é eliminar das relações sociais o preconceito:

FRAGMENTO VI: Reconhecer exige que se questionem relações étnico-raciais baseadas em preconceitos que desqualificam os negros e salientam estereótipos depreciativos, palavras e atitudes que, velada ou explicitamente violentas, expressam sentimentos de superioridade em relação aos negros, próprios de uma sociedade hierárquica e desigual.

Reconhecer exige a valorização e respeito às pessoas negras, à sua descendência africana, sua cultura e história. Significa buscar, compreender seus valores e lutas, ser sensível ao sofrimento causado por tantas formas de desqualificação: apelidos depreciativos, brincadeiras, piadas de mau gosto sugerindo incapacidade, ridicularizando seus traços físicos, a textura de seus cabelos, fazendo pouco das religiões de raiz africana. Implica criar condições para que os estudantes negros não sejam rejeitados em virtude da cor da sua pele, menosprezados em virtude de seus antepassados terem sido explorados como escravos, não sejam desencorajados de prosseguir estudos, de estudar questões que dizem respeito à comunidade negra.

E aqui já se inscrevia o movimento institucional (ou seja, de cima para baixo) acelerado para a implementação das cotas raciais:

> **FRAGMENTO VII:** Políticas de reparações e de reconhecimento formarão programas de ações afirmativas, isto é, conjuntos de <u>ações políticas dirigidas à correção de desigualdades raciais e sociais, orientadas para oferta de tratamento diferenciado com vistas a corrigir desvantagens e marginalização criadas e mantidas por estrutura social excludente e discriminatória</u>. Ações afirmativas atendem ao determinado pelo Programa Nacional de Direitos Humanos, bem como a compromissos internacionais assumidos pelo Brasil, com o objetivo de combate ao racismo em todas as formas de ensino, bem como a Conferência Mundial de Combate ao Racismo, Discriminação Racial, Xenofobia e Discriminações Correlatas de 2001.

Agora sim, precisamos discutir a lei fundamentada no parecer, aprovado por unanimidade em 10 de março de 2004 pelo Conselho Nacional de Educação e cuja relatora foi a Conselheira Petronilha Beatriz Gonçalves e Silva.

A análise desses fragmentos nos conduz por muitos caminhos. Aqui farei a opção de um caminho complexo, apontando intenções políticas que são sempre paradoxais e contraditórias, pois contém sementes e pedras. As sementes prometem futuros, enquanto as pedras constroem e destroem (ou desconstroem?), obstruem os caminhos, desfazem as vidraças. Os futuros e as construções e demolições serão geridos a partir desses instantes em que o tempo sempre se desalinha, refazendo o passado.

Como nos lembra Guillermo Arriaga, escritor e cineasta mexicano, "existe uma crença de que a maneira correta de narrar é linear, mas a verdade é o oposto. Se você reparar, as pessoas, quando contam alguma coisa, vão e vêm no tempo, fazem digressões, comentam o que dizem. É isso que faço na minha literatura e, agora, no meu cinema"[28].

Então, talvez, nos reste uma alternativa razoável. Indagar ao documento suas secretas intenções, suas boas intenções, sua natureza seminal ou sua consistência rude de pedra agressora ou construtora. Carregadas de intencionalidade, essas questões são ferramentas cirúrgicas a romper nos documentos suas dobras, suas fissuras, suas máculas e pequenas tromboses que potencialmente avolumam suas veias.

Estas perguntas serão as problemáticas que conduzirão às trilhas do livro.

Por que a história da África e da Cultura africana pode contribuir para eliminar as relações preconceituosas entre os brasileiros? Estariam pensando numa determinada história da África? Existe mais de uma história da África? O termo "negro" como designativo de um grupo da população brasileira é adequado? E o que significa para a sociedade como um todo e para as diversas comunidades a formação de identidades sociais ou de identidades étnicas? Qual a diferença entre racismo e preconceito? O que significam ações reparadoras e por que elas devem ser implementadas, se é que devem mesmo? Um dos possíveis movimentos ambíguos dessas ações reparadoras desembocaria nas "cotas raciais": por que partiu do Estado essa proposta, já que, como mostra o fragmento VII que franqueou as portas com tanta contundência, que tanto conflito tem gerado?

Comecemos pela historicidade do termo "negro": Os povos da África sub-saariana foram durante muito tempo reconhecidos nos textos produzidos pelos europeus como "núbios", habitantes de uma Núbia mítica. Quando os portugueses chegaram à África, denominaram esses e outros povos de "etíopes", como se lê no título de uma importante obra jesuíta, *Etíope resgatado, empenhado, sustentado, corrigido, instruído e*

---

[28] MERTEN, Luiz Carlos. O tempo que teima em não ser linear. Jornal *O Estado de S. Paulo*. 16/04/2010, p. D7.

libertado (1758). Pela mesma época da chegada dos europeus tanto na América quanto na África, cunhou-se o termo "negro" e "negro da terra" para todos aqueles que trabalhavam como escravos, no primeiro caso, africanos, ou no segundo, indígenas. Tal designação foi desenvolvida pela igreja como um discurso ideológico fundamentalmente danoso e justificador da escravidão: neste momento, que o texto bíblico estava sendo traduzido para as línguas vernáculas europeias, aparece na Bíblia a seguinte parábola: Noé teve três filhos, Cam, Jafé e Sem, a cuja responsabilidade cabia repovoar a terra inteira após o dilúvio. Segundo essa parábola, Jafé deu origem aos povos brancos da Europa, enquanto Sem seria o progenitor dos semitas e Cam o dos africanos. Mas Cam presenciou Noé dormindo nu e embriagado e por essa razão seus descendentes deveriam ser escravizados.

Já no século XIX aparece uma variação para os termos "negro" e "preto". Quando ocorriam as fugas de escravos, geralmente os senhores anunciavam-nas nos jornais e esses anúncios foram, ao longo do tempo, tomando um aspecto de advertência. Quando diziam "pretos", os leitores sabiam que se tratava de um escravo calmo, sem perigo, o que se chamava, então, "boçal". Quando o termo que aparecia era "negro", todos sabiam que significa problema, um escravo de reincidência, violento, alcoólatra, etc, cuja designação era "ladino".

Com o fim da escravidão e o início da república, o termo genérico foi "de cor". Contudo, como afirma Antonio Risério, "...foi aí que começou a circular o vocábulo 'negro', em substituição a 'de cor', graças à insistência de Vicente Ferreira, argumentando que 'de cor' não tinha significado preciso, podendo ser 'amarelo', por exemplo. Ao tempo em que, nos meios mais politizados, Oliveira Vianna, o arianista, era chamado de 'mulato safado'"[29]. Mas principalmente, essa designação implicava uma outra separação. Como explicitada no jornal negro *O Alfinete*: "Quem são os culpados dessa negra mancha que macula eternamente a nossa gente? Nós, unicamente nós que vivemos na mais vergonhosa ignorância, no mais profundo absecamento [sic] moral, que não compreendemos finalmente a angustiosa situação em que vivemos. Cultivemos, extirpemos o nosso analfabetismo e veremos se podemos ou não imitar os norte-americanos".

---

[29] RISÉRIO, Antonio. *A Utopia Brasileira e os Movimentos Negros*. São Paulo: Ed. 34, 2007, p. 360.

É ainda Risério quem nos lembra que "há quem diga, por exemplo, que a palavra *preto*, quando empregada para falar de pessoas *pretas*, é pejorativa. Deve-se usar o vocábulo *negro*. Nos EUA, é o contrário. 'Negro' é pejorativo. Deve-se dizer *black*, 'preto'. 'Há um crescente ressentimento com a palavra 'negro' porque este termo é invenção de nosso opressor; é a sua imagem de nós que ele descreve. Muitos pretos estão se chamando, agora, africano-americanos, afro-americanos ou povo preto, porque esta é a nossa imagem de nós mesmos', escreve Ture e Hamilton, em 1967, em *Black Power: The Politics of Liberation*"[30].

Uma breve consulta ao *Dicionário Aurélio* de 1975 aponta que tanto a cor preta quanto a cor branca estão carregadas de valores (i) morais problemáticos: a cor preta é sinônimo de "suja, encardida, melancólica, funesta, maldita, sinistra, perversa, refanda, lúgubre, triste", enquanto a branca representa "o sem mácula, cândida, inocente, pura, ingênua, alva, clara e transparente"[31].

O IBGE acabou por sistematizar os termos referentes à cor da pele em seu programa: branco, preto e pardo, estas as três diferentes cores que o brasileiro pode optar quando é obrigado a se autoidentificar.

De minha parte, exterminaria qualquer denominação fundamentada numa distinção exterior racializada, já que qualquer dessas designações não passa de estereótipos depreciativos. Não chamamos o "branco" de "branco"... chamamos pelo nome e assim deve ser com todas as pessoas, sem nenhuma distinção.

---

[30] Idem, p. 10.

[31] FERREIRA, Aurélio Buarque de Holanda et al. *Novo Dicionário da Língua Portuguesa*. 1ª ed., Rio de Janeiro: Nova Fronteira, 1975.

CAPÍTULO 2

PENSADORES CRÍTICOS: APPIAH E A DENÚNCIA DA COLONIZAÇÃO INTELECTUAL AFRICANA

Para entendermos a história da África, primeiramente é preciso entender a influência que o Imperialismo europeu exerceu sobre esse território imaterial da cultura africana e material do sangue derramado. Vamos, pois, atrás de pistas que possam nos auxiliar no reconhecimento de que, hoje, e devido justamente a essa influência avassaladora, é impossível recompor a história do continente africano. Tudo que nos resta é demonstrar o desastre e o engodo.

A questão realmente importante, ainda, consiste no vaticínio de Pascal, pois a África de nossos dias é uma invenção de fins do século XIX:

> O povo não deve sentir a verdade da usurpação: ela foi um dia introduzida sem razão e tornou-se razoável; é preciso fazer que ela seja vista como autêntica, eterna, e esconder o seu começo se não quisermos que logo tenha fim. (PASCAL, *Pensamentos*, 1623-1662)

Pois, ao contrário do que imaginamos,

> A vida cultural da África negra permaneceu basicamente não afetada pelas ideias europeias até os últimos anos do século XIX, e a maioria das culturas iniciou nosso século com estilos de vida muito pouco moldados pelo contato direto com a Europa. O comércio direto com os europeus – e especialmente o tráfico de escravos – havia estruturado as economias de muitos dos Estados da costa africana ocidental e de seu interior desde meados do século XVII, substituindo o vasto comércio de ouro que existia, no mínimo, desde o Império Cartaginês, no século II a.C. No início do século XIX, à medida que o comércio escravagista entrou em declínio, os óleos de babaçu e de amendoim tornaram-se as principais exportações para a Europa, sendo posteriormente seguidos pelo cacau e pelo café. Mas a colonização direta da região só começou para valer no fim do século XIX; e a administração europeia de toda a África Ocidental só foi conseguida – após muita resistência – quando o califado de Sokoto foi conquistado, em 1903[32].

E, segundo esse mesmo autor, em pouco tempo o estrago já estava feito:

> As ideologias obtêm êxito na medida em que são invisíveis, no momento em que sua trama de pressupostos fica aquém da consciência; as verdadeiras vitórias são obtidas sem que se dispare um tiro. Na medida em que o mais ardoroso dos nacionalistas culturais da África participa da naturalização – universalismo, frente a um silencioso *nolo contendere*, já ocorreu. O imperador ocidental ordenou que os nativos trocassem suas túnicas por calças: o ato de contestação destes consiste em insistir em cortá-las em tecido de fabricação doméstica. Considerados os seus argumentos, é óbvio que os nacionalistas culturais não vão suficientemente longe; ficam cegos para o fato de que suas demandas nativistas habitavam numa arquitetura ocidental[33].

O estrago era ainda maior, pois para além das picuinhas autoritárias, a própria noção de nacionalismo havia sido imposta de modo

---

[32] APPIAH, Kwame Anthony. *Na Casa de meu Pai*. Rio de Janeiro: Contraponto, 1997, p. 241

[33] Idem, p. 94.

irreversível ao continente. Quando Kwame Nkrumah, em meados do século XX gritava sobre a descolonização, o modo de vida já havia sido irremediavelmente comprometido:

> "A África para os africanos!", exclamei. (...) "Um Estado livre e independente na África. Queremos poder governar-nos neste nosso país sem interferência externa. (...)"[34].

Pois,

> No Zaire, constata-se que uma extensa divisão linguística (entre o lingala e o swahili) é um produto da história recente, um efeito da estratificação dos trabalhadores, imposta pelo governo belga. Na verdade, a própria invenção da África (como algo mais do que uma entidade geográfica) deve ser entendida, em última instância, como um subproduto do racialismo europeu; a ideia de pan-africanismo fundamentou-se na noção do africano, a qual, por sua vez, baseou-se, não numa autêntica comunhão cultural, mas no próprio conceito europeu de negro. "O negro", escreve Fanon, "nunca foi tão negro quanto a partir do momento em que foi dominado pelos brancos". Mas a realidade é que a própria categoria do negro é, no fundo, um produto europeu, pois os "brancos" inventaram os negros a fim de dominá-los. Dito de maneira simples, o curso do nacionalismo cultural na África tem consistido em tornar reais as identidades imaginárias a que a Europa nos submeteu[35].

Podemos encerrar este ensaio com esta contundente afirmação sobre a história e suas consequências:

> "Eis-me aqui", escreveu certa vez Senghor, "tentando esquecer a Europa no coração pastoril do Sine". Para nós, porém, esquecer a Europa é eliminar os conflitos que moldaram nossas identidades; e, como é tarde demais para escaparmos uns dos outros, poderíamos, em vez disso, tentar colocar a nosso favor as interdependências mútuas que a história lançou sobre nós[36].

---

34 Idem, p. 19.

35 Idem, p. 96.

36 Idem, p. 110.

...que a história lançou sobre nós. Mas, não nos esqueçamos, a história são os historiadores e os governos na tradução contínua da ideologia.

E sobre a enorme diversidade cultural africana o colonizador lançou inescrupulosamente uma enorme e variada invenção de tradições com o objetivo de forjar aquilo que antes nunca existira, ou seja, um conceito geopolítico e cultural chamado África.

Primeiramente, é imperativo compreender que a África que conhecemos é muito mais recente do que pensamos e o colonizador encontrou oportunistas de plantão a viabilizar, no lado africano, seus projetos:

O sistema recém-criado baseava-se supostamente na tradição e era legitimado pelo costume imemorial. Não era provável que se reconhecesse até que ponto o sistema não era um reflexo da situação contemporânea e uma criação dos administradores coloniais e líderes africanos.

Os britânicos acreditavam erroneamente que os nativos de Tanganica vinham de tribos; os nativos criaram tribos destinadas a funcionar dentro do contexto colonial... A nova geografia política... seria transitória, se não coincidisse com tendências semelhantes entre os africanos. Eles também tinham de viver numa complexidade jovial estonteante, que organizavam com bases no parentesco e amparavam com história inventada. Além do mais, os africanos queriam unidades efetivas de ação, exatamente como os administradores queriam unidades efetivas de governo...

Os europeus acreditavam que os africanos pertenciam a tribos, os africanos criaram tribos às quais pudessem pertencer.

Durante os vinte anos após 1925, Tanganica passou por uma vasta reorganização social na qual os europeus e africanos uniram-se para criar uma nova ordem política baseada na história mítica... Analisando o sistema (de governo indireto), um oficial concluiu que seus principais partidários eram os chefes progressistas... Naturalmente, eles eram as figuras centrais do governo indireto, cuja atitude maior era dar-lhes liberdade de ação. As administrações nativas empregavam muitos membros da elite local... Até mesmo homens que haviam recebido educação, mas sem postos de administração nativa, geralmente reconheciam a autoridade hereditária... Em compensação, muitos chefes recebiam com simpatia os conselhos daqueles homens.

Assim como nacionalistas mais recentes procuravam criar uma cultura nacional, aqueles que construíram as tribos modernas frisavam a cultura tribal. Em ambos os casos, os intelectuais assumiram a liderança... O problema foi sintetizar, "selecionar o melhor (da cultura europeia) e diluí-lo no que possuímos". Ao fazê-lo, os intelectuais naturalmente reformularam o passado, de forma que suas sínteses foram, na verdade, novas criações.

Só quando os missionários estudaram cuidadosamente as religiões africanas, durante a década de 1920, é que a maioria dos africanos atreveu-se a ponderar sobre suas atitudes publicamente. Michel Kikurwe, professor zigua e tribalista cultural, contemplava uma era de ouro na sociedade africana tradicional... Samuel Sehoza foi quem lançou a ideia de que as crenças religiosas nativas haviam antecipado o cristianismo

Em cada distrito (escreveu Kikurwe), os homens e mulheres ocupavam-se em ajudarem uns aos outros; ensinavam a seus filhos as mesmas leis e tradições. Todos os chefes tentavam na medida do possível ajudar a agradar ao povo, e o povo retribuía da mesma forma. Todos sabiam o que era legal e o que era contra a lei, e sabiam que existia um Deus poderoso nos céus.

Seria errado ser cínico. O esforço de criar uma tribo Nyakyusa era tão honesto e construtivo quanto o esforço basicamente semelhante, quarenta anos mais tarde, de fazer de Tanganica uma nação. Ambos foram tentativas de construir sociedades em que os homens pudessem viver bem no mundo moderno[37].

Tomemo um exemplo clássico retirado da gastronomia. A mistura de noz moscada, cardamomo preto, louro, cominho, canela, cardamomo verde, cravo-da-índia, pimenta-do-reino é chamada na Índia de *garam massala* (em híndi, *garam* quer dizer apimentado e *massala*, mistura). Os ingleses apropriaram-se dessa mistura e lhe deram o nome de *curry*, clássico pó de coloração amarela feito a partir de uma mistura de várias especiarias. Hoje, mesmo na Índia, prevalece o *curry*, como uma sugestiva invenção inglesa.

E o que era esse "mundo moderno"?

> Uma das funções da invenção da tradição no século XIX foi dar uma forma simbólica reconhecível e rápida aos tipos de autoridade e submissão em evolução. Na África, e sob a influência por demais simplificadora do domínio colonial, as próprias afirmações simbólicas tornaram-se mais simples e enfáticas. Os observadores africanos da nova sociedade colonial

---

37 HOBSBAWN, E et alii. *A Invenção das Tradições*. Rio de Janeiro: Paz e Terra, 1997, p. 258-261.

dificilmente poderiam deixar de perceber a importância que os europeus davam aos rituais públicos da monarquia, às gradações da hierarquia militar, aos rituais da burocracia. Os africanos que procuravam manipular estes símbolos por si mesmos, sem aceitarem as implicações de subordinação dentro de uma <u>neotradição de autoridade</u>, geralmente eram acusados pelos europeus de se preocuparem com ninharias, de confundirem a forma com a realidade e de imaginarem que era possível obter poder e prosperidade apenas imitando práticas rituais. Todavia, embora isso fosse verdade, o excesso de ênfase nas formas já fora criado pelos próprios colonos brancos, cuja maioria era beneficiária, em vez de geradora da riqueza e do poder. Se o monopólio dos ritos e símbolos da neotradição era tão importante para os brancos, não era ingenuidade da parte dos africanos o tentar apropriar-se deles[38].

Dito isto, mais como um alerta a erradicar uma África familiar que exista desde os primórdios da modernidade, mas que existe praticamente desde o século XIX. Mas essa nova África, se é que podemos assim denominar, fora marcada por relações oportunistas, no mínimo:

> Só que havia uma ambiguidade nas tradições inventadas africanas. Sem levar em conta o quanto elas possam ter sido utilizadas pelos "tradicionalistas progressistas" para introduzir novas ideias e instituições – como a educação obrigatória sob a chefia Tumbuka – a tradição codificada inevitavelmente tornou-se mais rígida de forma a favorecer os interesses investidos vigentes na época de sua codificação. O costume codificado e reificado foi manipulado por tais interesses investidos como uma forma de afirmação ou aumento do controle. Isto aconteceu em quatro situações em especial, pelo menos.
>
> Os mais velhos tendiam a recorrer à "tradição" com o fim de defenderem seu domínio dos meios de produção rurais contra a ameaça dos jovens. Os homens procuravam recorrer à "tradição" para assegurar que a ampliação do papel da mulher na produção no meio rural não resultasse em qualquer diminuição do controle masculino sobre as mulheres como bem econômico. Os chefes supremos e aristocracias dominantes em comunidades que incluíam vários agrupamentos étnicos e sociais apelavam

---

38 HOBSBAWN, Eric et alii. *A Invenção das Tradições*. Rio de Janeiro: Paz e Terra, 1997, p. 244-5.

para a "tradição" para manter ou expandir seu controle sobre seus súditos. As populações nativas recorriam à "tradição" para assegurar que os migrantes que se estabeleciam na área não viessem a obter nenhum direito econômico ou político[39].

E aqui precisamos discutir melhor a interpretação do autor. A mim me parece que todas essas novas conveniências apresentaram-se vantajosas não para ampliar um domínio já preexistente, mas, em cada uma das quatro situações oferecerem a oportunidade de uma mudança radical no modo de vida verdadeiramente tradicional ("neotradição de autoridade"). Os mais velhos viram-se na condição de imitar os dominadores e tornarem-se dominadores na nova ordem; os homens erradicavam o importante papel das mulheres; os chefes, cujo poder devia ser similar ao dos chefes indígenas da América, ou seja, desprovido de poder, mas carregado de significado, usurpavam o poder de fato no salto quântico da mudança imposta de fora e, diante de uma nova cultura da inimizade e do confronto, sequela imediata do empoderamento, os membros da comunidade tornavam-se etnocentristas furiosos.

A continuação do mesmo é mera naturalização; é o *escotoma* – uma forma de ver a realidade sinóptica, ou seja, de um único ponto de vista.

Em grande medida, a ferramenta utilizada para essa tarefa foi a história, esse enorme arsenal político do modelo eurocêntrico de dominação.

Parece necessário apontar aqui um dos aspectos da história, essa disciplina, ciência ou braço político que não foi institucionalizada para qualquer coisa, mas para legitimar e convencer, primeiro a si própria, ou a seus preceptores e, a seguir, todos os confessores do Estado-nação que nasciam junto com ela.

> Os historiadores são o banco de memória da experiência. Teoricamente, o passado – toda e qualquer coisa que aconteceu até hoje – constitui a história. Uma boa parte dele não é da competência dos historiadores, mas uma grande parte é. E, na medida em que compilam e constituem a memória coletiva do passado, as pessoas na sociedade contemporânea têm de confiar neles. (HOBSBAWM, Eric. *Sobre História*. São Paulo: Cia das Letras, 1998, p. 37)

---

39 Idem, p. 261.

Por que todos os regimes fazem seus jovens estudarem alguma história na escola? Não para compreenderem sua sociedade e como ela muda, mas para aprová-la, orgulhar-se dela, serem ou tornarem-se bons cidadãos dos EUA, da Espanha, de Honduras ou do Iraque. E o mesmo é verdade para causas e movimentos. A história como inspiração e ideologia tem uma tendência embutida a se tornar mito de autojustificação. Não existe venda para os olhos mais perigosa que esta, como o demonstra a história das nações e nacionalismos modernos. (idem, p. 47-48)

Uma análise da Instituição Acadêmica, lugar onde se produz a história pode nos auxiliar a entender os vínculos classistas que os historiadores assumem com seus comprometimentos políticos.

Mas se os historiadores assim procedem é porque ganham com isso. Não ganham somente prestígio, mas principalmente recebem um espaço para exercer seu próprio poder, como bonecos títeres que pelo serviço prestado recebem a liberdade de fantoches e um palco de regalias.

Com a idade, suavemente estimulados por gente mais jovem – é a vida –, entramos sem nos dar conta nesses espaços frios, solenes, onde estão estacionados os antigos, enfileirados e embalsamados nas honrarias, espaços onde, cobertos de plumas, espadas e condecorações, eles fazem figuração de luxo nas liturgias do poder intelectual. Sua função principal já não é agir. Aquilo a que dão polidamente o nome de sabedoria não será na realidade uma deterioração da atividade criadora? O que ainda lhes é autorizado é aconselhar aqueles que agem.

Orientadores de tese, contando os minutos do outro lado da barreira durante as longas horas sonolentas das defesas, participando de outros júris incumbidos da distribuição de prêmios e recompensas, membros e logo presidentes de conselhos dos mais diferentes tipos, benévolos mas amplamente recompensados pela ilusão de serem poderosos, eles já não executam encomendas, estando agora na posição de fazê-las a outros, para as coleções que dirigem a pedido de um editor. Gostam de ser alvo de dedicação, colocam e apoiam seus protegidos, patrões, ou antes padrinhos. Pois se a feudalidade, como demonstrou Marc Bloch, repousa numa trama de vínculos pessoais, a pequena sociedade rabugenta formada na França pelos universitários pode ser considerada feudal. É um tecido de clientelas. Por muito tempo vassalos, obrigados a reverenciar e servir um senhor, esses veteranos transformados em senhores defendem encarniçadamente seus feudatários. Por um contrato tácito, e quase sempre respeitado, as graças recebidas obrigam estes últimos a não contrariar aquele que os ajudou. Em caso de eleição, jogo dos mais agradáveis, veem-se forçados a falar em favor do candidato que seu protetor protege e contra aqueles que lhe desagradam.

É o momento de zelar pelos seus interesses. Tornamo-nos extremamente vulneráveis. Não me refiro à inveja, aos rancores, à ingratidão. Falo do medo de ser esquecido, que leva a falar demais, e muito alto. Falo do tempo desperdiçado em futilidades, de uma certa tendência a perder a cabeça, a tomar-se pelo que não se é. Mas o perigo mais grave, em minha opinião, aumentou recentemente, quando mudou a situação dos livros que escrevemos, quando se tornaram produtos de amplo consumo, mercadorias lançadas com grande apoio publicitário. Para vendê-los, transformam-se os autores em estrelas. Perigosa é nossa entrada no grande público, a inclinação a satisfazê-lo. Dito isto, ao fim de uma vida, ricos de experiência e já não dando grande importância às vaidades, temos a sensação de atingir a plena liberdade. Quanto às honrarias, servem para nos manter eretos, algo rígidos, mas atentos à louca esperança de ainda conseguirmos nos superar. (DUBY, Georges. *A História Continua*. Rio de Janeiro: Zahar, 1993, p. 127-8)

A resultante dramática para os milhares de grupos que existiam no contraditório e vasto território africano, com suas vivas memórias e suas estratégias de revivificação do passado, ágrafas ou não, é que se extinguiu qualquer possibilidade de recuperação desses vestígios e em seu lugar ficou uma história europeia da África, na qual não podemos absolutamente nos fiar.

Os passados desses milhares de povos estão extintos para nós (blindados pelos e para os historiadores). Talvez não para todos eles, que os guardam como joias em suas singulares tradições que ainda dão sentido ao grupo, os revivem em cerimônias coletivas e os narram em noites brilhantes de luar, ao redor do fogo antigo de seus ancestrais.

CAPÍTULO 3

O MITO DE PROMETEU[40]: A EUROPA LEVA OS BENEFÍCIOS DA SUA CIVILIZAÇÃO PARA A ÁFRICA

Em 1824, Sadi Carnot, um aristocrata francês, escreve uma pequena obra que iria transformar o mundo: "Reflexões sobre a força motriz do fogo", estabelecendo os princípios da termodinâmica, que faria mover, com sua energia, o mundo industrial que estava a nascer. Era a realização de Prometeu, que identificava os europeus civilizados não com os deuses, mas muito pelo contrário, com aqueles que os desafiavam.

Com isso, estabeleciam a ruptura final com uma longa linhagem de ferreiros e de antigos ceramistas, mas também a ruptura final com o restante da humanidade, cuja tarefa, agora, passava a ser a de também modificá-los à sua forma e semelhança, aí assumindo o papel de deuses.

---

40 "Prometeu, diz Ovídio, após destemperar um pouco de terra com água, formou o homem à *semelhança dos deuses*; e enquanto os outros animais têm a cabeça voltada para o chão, somente o homem a ergue e olha para o céu". De fato, entre os animais o único que anatomicamente não consegue esse feito é o porco.

A análise do imperialismo europeu na África completa o ciclo de referências a um modelo de dominação que visava não somente apagar o passado complexo dos povos daquela região da terra, mas também atenuar os conflitos internos da Europa, com a ideologia do "fardo do homem branco":

> O fardo do homem branco: "ouvi de alguns homens brancos e de alguns soldados as mais repulsivas histórias. O antigo homem branco (eu me sinto envergonhado de minha cor todas as vezes em que penso nele) se postava na porta do armazém para receber a borracha dos pobres-coitados trêmulos, que, depois de semanas de privações nas florestas, tinham ousado chegar com o que foram capazes de coletar. Quando um homem trazia menos que a porção apropriada, o homem branco encolerizava-se e, tomando um rifle de um dos guardas, fuzilava-o na hora.
>
> Raramente a quantidade de borracha aumentava, mas um ou mais eram fuzilados na porta do armazém 'para fazer os sobreviventes trazerem mais da próxima vez'. Homens que tentavam fugir do país e tinham sido apanhados foram trazidos para a estação e enfileirados um atrás do outro e uma bala *albini* era disparada através deles. 'Uma pena desperdiçar cartuchos nesses miseráveis', dizia ele". (CARROL JR., Harry. *The development of civilization*. Nova York: Scot Foreman, 1966)

Antes, contudo, precisamos investigar a trajetória de duas estátuas famosas.

Duas estátuas construídas com quase dois mil anos de distância tem algo em comum. *O Antínoo*, de Adriano, reproduzida à exaustão durante boa parte do reinado de Adriano na Roma imperial, para expressar sua paixão por um jovem que ninguém sabe a história e, já no final do século XIX, "a voz interior" de Rodin, também conhecida como "a meditação sem braços". Vamos apreciar a segunda, que nos traz mais de perto alguma mensagem incômoda:

A questão que se coloca diante da obra, de imediato, refere-se à comparação com O Pensador. Por que a Meditação não tem braços enquanto O Pensador está íntegro em sua solene curvatura?

Especulo e vasculho a mente de Rodin, que gostava tanto do inacabado, do fragmentado que a destruição produz.

A especulação é, antes de tudo, um espéculo, um espelho de mim no obscuro do escultor, algo que projeto rumo ao incógnito de sua dimensão difusa. E sua validade é, por isso mesmo, incerta.

Vivendo o tempo justo do pensamento, a escultura de O pensador, completa de seu gesto parece, antes de tudo, irônica. O esforço denunciado pela musculatura tensa reduz o pensamento a um esforço edificante, a uma realização. Mas, como em O Inominável, esse livro de Samuel Beckett de um só parágrafo, a intenção ficou aprisionada na armadura de bronze pela eternidade.

Enquanto que a Meditação, em sua trajetória imperativa, já se desgastou, em seu movimento ruinoso ficou suspensa sem os membros superiores. Ainda assim, não há exaustão.

Assim como o *Antinoo* é uma expressão do amor de Adriano, a *Meditação* sem braços é uma ode ao simples, ao feminino que a razão dura não corrompeu e não imobilizou (presa pelos braços, preferiu deixá-los a deixar-se aprisionar).

Rodin sentia o engessamento do cotidiano e se contrapunha àquele que era, afinal, o seu oposto: Michelangelo, fundador dos acabados e dos completos, com uma única exceção, quase um descuido.

A partir desse momento, a história que encaminha os grandes acontecimentos da Europa passa a ser uma decisão de Estado, portanto responde a uma lógica própria. Resta-nos tão somente entender suas motivações. Os homens sofrem suas consequências e respondem a elas como podem.

Em linhas gerais, o que sabemos sobre o imperialismo está contido no texto a seguir.

> As mudanças na estrutura da produção industrial foram tão aceleradas a partir de 1870 que se pode falar de uma Segunda Revolução Industrial. É a época em que se usam novas formas de energia: eletricidade, petróleo; de grandes inventos: motor a explosão, telégrafo, corantes sintéticos; e de intensa concentração industrial. A grande diferença em relação à primeira fase da Revolução Industrial era o estreito relacionamento entre ciência e técnica, entre laboratório e fábrica. A aplicação da ciência se impunha pela necessidade de reduzir custos, com vistas à produção em massa. O capitalismo de concorrência foi o grande propulsor dos avanços técnicos.
>
> Novas fontes de energia foram substituindo o vapor. Já se conhecia a eletricidade por experiências em laboratório: Volta em 1800 e Faraday em 1831. O uso industrial dependia da redução do custo e, acima de tudo, da transmissão a distância. O invento da lâmpada incandescente por Edison em 1879 provocou uma revolução no sistema de iluminação.
>
> Já se usava o petróleo em iluminação desde 1853. Em 1859, Rockefeller havia instalado a primeira refinaria em Cleveland. Com a invenção do motor a combustão interna pelo alemão Daimler em 1883, ampliou-se o uso do petróleo.
>
> A primeira fase da Revolução Industrial tinha se concentrado na produção de bens de consumo, especialmente têxteis de algodão; na segunda fase, tudo passou a girar em torno da indústria pesada. A produção de aço estimulou a corrida armamentista, aumentando a tensão militar e política. Novas invenções permitiram aproveitar minerais mais pobres

em ferro e ricos em fósforo. A produção de aço superou a de ferro e seu preço baixou. O descobrimento dos processos eletrolíticos estimulou a produção de alumínio.

Na indústria química, houve grande avanço com a obtenção de métodos mais baratos para produzir soda cáustica e ácido sulfúrico, importantes para vulcanizar a borracha e fabricar papel e explosivos. Os corantes sintéticos, a partir do carvão, tiveram impacto sobre a indústria têxtil e reduziram bastante a produção de corantes naturais, como o anil.

O desenvolvimento dos meios de transporte representou uma revolução à parte. A maioria dos países que se industrializavam elegeu as ferrovias como o maior investimento. Elas empregavam 2 milhões de pessoas em todo o mundo em 1860. No final dessa década, somente os Estados Unidos tinham 93.000 quilômetros de trilhos; a Europa, 104.000, cabendo 22.000 à Inglaterra, 20.000 à Alemanha e 18.000 à França. A construção exigiu a mobilização de capitais, através de bancos e companhias por ações, e teve efeito multiplicador, pois aqueceu a produção de ferro, cimento, dormentes, locomotivas, vagões. O barateamento do transporte facilitou a ida dos trabalhadores para as vilas e cidade. Contribuiu, assim, para a urbanização e o êxodo rural. As nações aumentaram seu poderio militar, pois podiam deslocar mais depressa suas tropas. Ninguém poderia imaginar tal mudança quando Stephenson construiu a primeira linha em 1825, de Stockton a Darlington, na Inglaterra.

Depois que Fulton inventou o barco a vapor em 1808, também a navegação marítima se transformou. As ligações transoceânicas ganharam impulso em 1838, com a invenção da hélice. Os clíperes, movidos a vela, perderam lugar para os novos barcos, que cruzavam o Atlântico na linha Europa-Estados Unidos em apenas dezessete dias.

A crise de 1873-1896 tem explicação estrutural. A organização dos trabalhadores, isto é, o aparecimento dos sindicatos nacionais, resultou em aumento real de salários entre 1860 e 1874. Por isso os empresários preferiram investir em tecnologia, para aumentar a produção com menos trabalhadores. De um lado, produção e lucros se mantiveram; de outro, declinou a massa global de salários pagos, determinando a recessão do mercado consumidor. Os capitais disponíveis não poderiam ser investidos na Europa, pois a produção aumentaria e os preços cairiam. Teriam de ser aplicados fora, através de empréstimos com juros elevados ou na construção de ferrovias.

A crise eliminou as empresas mais fracas. As fortes tiveram de racionalizar a produção: o capitalismo entrou em nova fase, a fase monopolista. Sua característica é o imperialismo, cujo desdobramento mais visível foi a expansão colonialista do século XIX.

No plano político, cada estado europeu estava preocupado em aumentar seus contingentes militares, para fortalecer sua posição entre as demais potências. Possuindo colônias, disporiam de mais recursos e mais homens para seus exércitos. Tal era a política de prestígio, característica da França, que buscava compensar as perdas na Europa, especialmente a Alsácia-Lorena, para os alemães. Ter colônias significava ter portos de escala e abastecimento de carvão para os navios mercantes e militares distribuídos pelo planeta.

Já os missionários se encaixavam nos fatores religiosos e culturais. Eles desejavam converter africanos e asiáticos. Havia gente que considerava mesmo dever dos europeus difundir sua civilização entre povos que julgavam primitivos e atrasados. Tratava-se mais de pretexto para justificar a colonização. Uma meta dos evangelizadores era o combate à escravidão. Dentre eles, destacavam-se Robert Moffat e Livingstone. Suas ações, em suma, resultaram na preparação do terreno para o avanço do imperialismo no mundo afro-asiático.

Também teve importância o movimento intelectual e científico. As associações geográficas chegaram a reunir 30.000 sócios, 9.000 somente na França. Famosos exploradores abriram caminho da mesma forma que os missionários: Savorgnan de Brazza, Morton, Stanley, Karl Peterson, Nachtigal. É importante notar o desenvolvimento de ideologias racistas que, partindo das teorias de Darwin, afirmavam a superioridade da raça branca.

Em 1830, a França invadiu a África e iniciou a conquista da Argélia, completada em 1857. Dez anos mais tarde, Leopoldo II da Bélgica deu novo impulso ao colonialismo ao reunir em Bruxelas um congresso de presidentes de sociedades geográficas, para difundir a civilização ocidental – dizia o rei; mas os interesses eram econômicos. Dali resultaram a Associação Internacional Africana e o Grupo de Estudos do Alto Congo, que iniciaram a exploração e a conquista do Congo. Leopoldo era um dos principais contribuintes das entidades, financiadas por capitais particulares.

Outros países europeus se lançaram à aventura africana. A França, depois da Argélia, rapidamente conquistou a Tunísia, África Ocidental Francesa, África Equatorial Francesa, Costa Francesa dos Somalis e Madagascar. A Inglaterra dominou o Egito, Sudão Anglo-Egípcio, África

Oriental Inglesa, Rodésia, União Sul-Africana, Nigéria, Costa do Ouro e Serra Leoa. A Alemanha tomou Camarões, Sudoeste Africano e África Oriental Alemã. A Itália conquistou Eritreia, Somália Italiana e o litoral da Líbia. Porções reduzidas couberam aos antigos colonizadores: a Espanha ficou com o Marrocos Espanhol, Rio de Ouro e Guiné Espanhola; Portugal com Moçambique, Angola e Guiné Portuguesa.

O ponto de partida para a corrida foi a Conferência de Berlim (1884-85), proposta por Bismarck e Jules Ferry. Seu objetivo principal foi legalizar a posse do Congo por Leopoldo II.

Em 1914, 60% das terras e 65% da população do mundo dependiam da Europa. Suas potências tinham anexado 90% da África, 99% da Oceania e 56% da Ásia. (ARRUDA, José Jobson de & PILETTI, Nelson. *Toda a história*. São Paulo: Ática, 1996, p. 236-9)

Quando saía da Conferência de Berlim[41], em 28 de fevereiro de 1885, Lord Lugard pronuncia aquela que seria a frase-chave para todas as interpretações advindas do Imperialismo europeu de fins do século XIX. A voz da autoridade foi seguida meticulosamente, e entendida como se fosse a verdade, e nenhum historiador que conheço a retrucou.

A partilha da África deve-se essencialmente, estamos todos de acordo quanto a isso, à necessidade econômica de aumentar o fornecimento de matérias-primas e de víveres para saciar as necessidades das nações insatisfeitas da Europa. (LORD Lugard, 1885. In: CANEDO, Letícia B. *A descolonização da Ásia e da África*. São Paulo: Atual, 1994, p. 18)

A literatura sobre isso é vasta. Apresento aqui os seguintes autores que referendam esta exposição, embora todos os outros que tratam do assunto o façam nessa mesma direção. As possíveis exceções serão aqui igualmente apresentadas:

BRUSCHWIG, Henri. *A partilha da África Negra*. São Paulo: Perspectiva, 1974.
HERÉ, Jacques [Org.]. *História contemporânea*. São Paulo: Círculo do Livro, sd. Capítulo XVI. *O Império Alemão*, p. 315-328. P. GUILLEN

---

[41] A vida de Bismarck, amigo pessoal de Napoleão III, pode ser interessante indicativo desse plano.

WESSILING, Henk, L. *Dividir para dominar. A partilha da África.* (1880-1914). Rio de Janeiro: Editora UFRJ, Editora Revan, 1998.

LEROY-BELAIEU, Paul. (1843-1916) *De la Colonisation chez les peuples modernes* (Sobre a colonização entre os povos modernos, 1874). Era um economista influente e, acima de tudo, o principal propagandista colonial da França.

Esses apenas incidentalmente:

HERNANDEZ, Leila Leite. *A África na sala de aula.* São Paulo: Selo Negro, s/d.

FERRO, Marc [Org.]. *O livro negro do colonialismo.* Rio de Janeiro: Edouro, 2004. Texto de M'BOKOLO, Elikia. *África Central: O tempo dos massacres.*

Contudo existem sinais fortes de que este é um caminho que demonstra uma vez mais o papel dos historiadores como funcionários a serviço do poder. O que leva o historiador a tomar uma frase de um político e dar-lhe vida e existência como se ela indicasse os aspectos do real que valem ser destacados? E por que outros aspectos não são considerados?

O que o imperialismo representou para além das vozes do poder? Levanto aqui algumas hipóteses.

De um lado, destruía estruturas tradicionais, mas ao mesmo tempo, exportava enorme contingente de europeus, aqui apresentados como um excedente cujos inconvenientes estavam vinculados aos problemas de movimentos revolucionários em toda Europa Ocidental.

Sobretudo, que esse contingente exercia, seja na África, no Oriente ou na Ásia, enorme poder sobre as populações locais.

> A ocupação das colônias criou sérios problemas administrativos, pois os colonos vindos da metrópole queriam terras, o que só seria possível se eles as tomassem dos habitantes do país. Foi o que fizeram. Os europeus confiscaram as terras diretamente ou usaram regiões em disponibilidade ou, ainda, forçaram tribos nômades a fixar-se em territórios específicos. Para encorajar a colonização, a metrópole concedeu a exploração das terras a particulares ou a grandes companhias que tivessem condições de realizar grandes empreendimentos, de rendimento elevado.

Para evitar toda concorrência, a metrópole só permitia indústria extrativa, mineral e vegetal. Mesmo assim, a indústria colonial progrediu, impulsionada pela abundância de matéria-prima e mão de obra.

A colonização, na medida em que representou a ocidentalização do mundo, destruiu estruturas tradicionais, que muitas vezes não se recompuseram, e nada construiu em seu lugar. Na Índia, o artesanato desapareceu. No Congo, os belgas obrigaram as populações nativas a executar trabalhos forçados e a pagar impostos. Na Argélia, a fim de liberar mão de obra, os franceses destruíram a propriedade coletiva do solo e o trabalho comunitário, o que levou muitas pessoas à fome e à indigência. (ARRUDA, José Jobson de; PILETTI, Nelson. *Toda a história*. São Paulo: Ática, 1996, p. 240)

Havia, ainda, as colônias de povoamento, ligadas ao problema do crescimento demográfico europeu que dobrou em sessenta anos. Essas colônias deveriam resolver o problema da incapacidade da Europa em alimentar mais bocas e não poder oferecer trabalho a um contingente grande de pessoas que a revolução industrial e a técnica agrícola estavam dispensando. Na África, elas deram origem a situações e conflitos particularmente agudos (Argélia, Rodésia, África do Sul, Angola, Moçambique e Quênia). Isso porque os colonizadores aí expropriaram as terras dos camponeses. Além disso, nesse tipo de colônia, as minorias europeias ocupavam posições sociais e econômicas dominantes e afastavam os autóctones até mesmo das funções administrativas mais subalternas. Os funcionários subalternos eram brancos, e todos os brancos, fossem empregados, fossem operários, recebiam salários mais elevados do que os trabalhadores negros. (CANEDO, Letícia B. *A descolonização da Ásia e da África*. São Paulo: Atual, 1994, p. 24)

Quando apresentamos os números das vítimas dessa experiência, muita coisa vem à tona:

> A catástrofe da comunidade nativa é um resultado direto da rápida e violenta ruptura das instituições básicas da vítima (se a força é ou não usada no processo, não parece, absolutamente, relevante). Essas instituições são rompidas pelo fato mesmo de uma economia de mercado ser impingida a uma comunidade de organização completamente diferente; o trabalho e a terra são transformados em mercadorias, o que, mais uma vez, é apenas uma fórmula curta para a liquidação de toda e qualquer instituição cultural em uma sociedade orgânica. As massas indianas na segunda metade do

século XIX não morreram de fome porque eram exploradas por Lancashire; pereceram em grande número porque tinha sido destruída a comunidade de aldeia indiana. (POLANYI, Karl. *The Great Transformation*. 1944. In: DAVIS, Mike. *Holocaustos coloniais*. Rio de Janeiro: Record, 2002, p. 20)

E podemos afirmar com igual convicção que todas as mortes pela calamidade da fome no século XX, e ainda agora, não pereceram por outra razão que pelo fato de ter sido destruída a comunidade de aldeia que por séculos conseguira um equilíbrio de sobrevivência em vastas regiões da terra.

O número de mortes apresentados a seguir não se refere a estas outras megamortes causadas pela destruição de um modo de vida, mas são fruto de um primeiro contato, digamos, de uma ordenação que colocava hordas de proletários europeus com mais do que o direito de matar o diferente, mas com a obrigação, pautados pelos discursos ideológicos de luta entre a civilização e a barbárie.

> Estimativa da mortalidade:
> Índia 1876-79: 10,3 milhões; 1896-1902: 19 milhões.
> China 1876-79: 20 milhões; 1896-1900: 10 milhões.
> Brasil 1876-9: 500 mil.
> Sudão 1876-1900: 15 milhões.
> Etiópia 1885-1900: 15 milhões.
> Congo Belga 1885-1900: 8 milhões. (Idem, p. 17)

Estamos falando de mais de 100 milhões de mortos? Aqui os números estão subestimados. Segundo esse mesmo autor, mais de 150 milhões de pessoas morreram entre os poucos anos que separam a Conferência de Berlim e o raiar do século XX. Ou seja, nos 20 e poucos anos que se seguiram, mais de 150 milhões de mortes. Por quê? Pensemos na racionalidade necessária para produzir um holocausto como esse, que, estranhamente, não consta da lista de crimes contra a humanidade e sequer é mencionado nos estudos sobre o assunto.

Existem outras leituras e interpretações sobre o tempo. Quando pensamos que, no Congo, onde a catástrofe foi maior, os funcionários coloniais cobiçavam basicamente o marfim para produzir, na Bélgica, pentes, bolas de bilhar e teclas de piano, tomamos um susto. A busca por matérias-primas não poderia assumir um custo tão alto.

Até 1914, de modo predominante, a Europa era pré-industrial e pré-burguesa, com suas sociedades civis profundamente radicadas em economias de agricultura baseada no trabalho prolongado, manufatura de bens de consumo e pequeno comércio. Reconhecidamente, o capitalismo industrial e suas formações de classe, em particular a burguesia e o proletariado fabril, fizeram grandes progressos, em especial depois de 1890. Mas não estavam em condições de desafiar ou suplantar as tenazes estruturas econômicas e classistas do capitalismo preexistente. (MAYER, Arno. *A força da tradição*. São Paulo: Cia. das Letras, 1987. p. 27)

Em 1914, a Europa era não só predominantemente agrária e nobiliárquica, mas também monárquica. O republicanismo era tão incomum quanto o capitalismo financeiro. Havia, é claro, a inveterada Confederação Helvética e a recentíssima república portuguesa. Mas, entre as grandes potências, apenas a França tinha um regime republicano. Embora contestada por monarquistas e católicos irreconciliáveis, novos e antigos, a Terceira República resistiu como um país sem rei, mas com aristocracia. As outras nações possuíam ambos, e as coroas e nobrezas necessitavam e recorriam umas às outras. As nobrezas combinavam seu predomínio social com uma imensa influência e poder políticos. Contavam com sua enorme força política para frear seu declínio econômico crônico, que, se continuasse desimpedido, ameaçaria solapar seu elevado *status*. Em particular, do ponto de vista das nobrezas fundiárias, os sistemas de autoridade desproporcionalmente receptivos a elas constituíam baluartes essenciais de sua privilegiada posição econômica, social e cultural. É indubitável que, sem essa armadura política protetora, os *anciens regimes* teriam se contraído antes e mais rapidamente. (Idem, p. 133)

Ainda era uma época em que os têxteis por si sós respondiam por 38% de todas as exportações britânicas, em sua maior parte sob a forma de peças de algodão. (Idem, p. 46)

É certo que, em 1914, a indústria metalúrgica, incluindo a produção de máquinas e veículos, era o ramo principal, afora a agricultura, em termos de emprego, capitalização e valor da produção. Com uma força de trabalho de 1,7 milhão, ou menos de 7% da população ativa da Alemanha, contribuía com cerca de 10% do produto líquido. Mas uma percentagem considerável desses metalúrgicos trabalhava em oficinas e instalações com menos de 50 trabalhadores. Entre eles, havia também muitos artesãos tradicionais, mesmo nas maiores fábricas. (Idem, p. 47)

Por toda a Europa, o desenvolvimento industrial teve de se adaptar a estruturas sociais, culturais e políticas duradouras. Até 1914, o capitalismo industrial e financeiro, para nem falar do capitalismo gerencial, continuou a ter importância secundária, não só em termos econômicos, inclusive quanto à economia internacional, mas ainda em termos de classe, *status* e poder. Embora florescessem ideias liberais, o capitalismo industrial nunca gerou força material e social suficiente para enfrentar com êxito e resistência o *ancien regime*, a favor de uma ordem liberal burguesa. E isso não apenas porque os suportes econômicos e sociais do liberalismo burguês se mantivessem relativamente fracos e inertes. Como se observou acima, a segunda revolução industrial paradoxalmente coincidiu com a prolongada recessão de 1873-1896 e o novo imperialismo ultramarino. Esses desenvolvimentos, de algum modo relacionados, não só incitaram e permitiram que os elementos feudais e não liberais se reafirmassem, em especial na sociedade política, como também instigaram frações significativas da nova burguesia industrial a se aproximar mais das antigas classes dirigentes e governantes, ao invés de contestar sua primazia. (Idem, p. 53)

A questão social na Europa estava ebulindo em convulsões. Para entendermos melhor esta questão, talvez fosse relevante voltarmos nossos olhos para o que acontecia na Europa, um pouco antes do Conserto de Berlim, sim, Conserto, desse jeito mesmo, com S, pois suspeito que estavam tentando consertar a sua própria sociedade, prestes a ruir.

Se a miséria de nossos pobres não é causada pelas leis da natureza, mas por nossas instituições, grande é a nossa culpa. (DARWIN, C. *A viagem do Beagle*. São Paulo: Cia. das Letras, p. 78)

No outono de 1887, a tensão atinge seu ponto culminante. O espetáculo de centenas de homens pernoitando nas praças públicas próximas ao West End voltou a alarmar os proprietários londrinos. À observação: "o lugar mais bonito da Europa está transformado num sórdido acampamento de vagabundos", os desempregados sob a liderança de SDF (Federação Social Democrática) respondem com o *slogan*: "não à caridade, sim ao trabalho". Quando, no final de outubro, milhares de desempregados e famintos invadem as praças, os parques e as ruas dos bairros ricos e elegantes da cidade, os proprietários chegam a afirmar que se a polícia não desse conta de "limpar as ruas" eles empregariam bandos armados para fazê-lo. O East End deixara de delimitar o espaço da pobreza, e a sociedade se defende com uma feroz repressão ao movimento dos desempregados no dia 13 de novembro – Domingo Sangrento (*"Bloody Sunday"*) –, expressando seu temor e sua força. (BRESCIANI, Maria Stella M. *Londres e Paris no século XIX: o espetáculo da pobreza*. São Paulo: Brasiliense, 1992, p. 47-8)

Declaração de Princípios da Comuna de Paris, 22/23 de fevereiro de 1871:

Todo membro do comitê de vigilância declara pertencer ao partido socialista revolucionário. Em consequência, busca com todos os meios suprimir os privilégios da burguesia, seu fim como casta dirigente e o poder dos trabalhadores. Em uma palavra, a igualdade social. Não mais patrões, não mais proletários, não mais classes. O produto integral do trabalho deve pertencer aos trabalhadores. Impedir-se-á, em caso de necessidade com a força, a convocação de qualquer constituinte ou outro tipo de assembleia nacional, antes que a base do atual quadro social seja mudada por meio de uma liquidação revolucionária política e social. A espera desta revolução definitiva não reconhece como governo da cidade mais que a Comuna Revolucionária formada por delegados dos grupos revolucionários desta mesma cidade. Reconhece como governo do país apenas o governo formado por delegados da Comuna revolucionária do país e dos principais centros operários. Empenha-se no combate por esta ideia e a divulgará, formando, onde não existe, grupos socialistas revolucionários. Articulará estes grupos entre si e com a Delegação Central. Porá todos os meios de que dispõe ao serviço da propaganda pela Associação Internacional dos Trabalhadores. Não haverá mais opressores e oprimidos, fim da distinção de classes entre os cidadãos, fim das barreiras entre os povos. A família é a primeira forma de associação e todas as famílias unir-se-ão em uma maior, a pátria – nesta personalidade coletiva superior, a humanidade. (COGGIOLA, Osvaldo [org.]. *Escritos sobre a Comuna de Paris*. São Paulo, Xamã, 2002, p. 9-10)

Alemanha: manifestação popular diante do palácio de Frederico Guilherme, da Prússia, alastrando-se para vários estados da federação. Revolta impõe constituinte. Príncipes alemães retomam o poder e o movimento é derrotado.

Áustria: império era formado por vários povos (alemães, húngaros, tchecos, eslovacos, poloneses, romenos, rutenos, sérvios, croatas, eslovenos, italianos). Tem início movimento nacionalista que será violentamente abafado pelo regime absoluto dos Habsburgo.

Em todos esses movimentos, as ideias socialistas estiveram presentes. O primeiro partido socialista irá aparecer na Alemanha em 1864 e no mesmo ano será realizada em Paris a Primeira Internacional dos Trabalhadores e, lembremos, mesmo ano da publicação do livro de Joly.

A ideologia funcionava em variados níveis da experiência social. Desde os discursos e ações fomentando o nacionalismo, passando pelos discursos racialistas até os movimentos socialistas, pautados pela luta feroz entre as classes.

> Há uma primeira maneira de classificar os homens: é dividir os homens no tempo, vale dizer, não reconhecer a cada um por antepassados senão os seus antepassados naturais, negar qualquer reversibilidade de uma família sobre outra; estabelecer, pelo contrário, a absoluta reversibilidade de cada família, atribuir tudo ao nascimento, subordinar o filho ao pai que o concebeu, e fazer do homem um herdeiro. Há uma segunda maneira de classificar os homens. É dividir os homens no espaço, compor agregados de homens, não somente distintos entre si, mas hostis uns aos outros, sob o nome de nação, subordinar o homem à nação e fazer do homem um súdito. (Pierre Leroux, *L'Humanité*, 1840. In: FEBVRE. *Michelet e a Renascença*, São Paulo: Ed. Página Aberta, 1995, p. 127)

> Otto Bauer, em 1914, defensor do socialismo universal, complementa: "as nações eram produto da história e se construíam sobre séculos de mesclagem social e sexual de grupos diferentes". Exemplo era a VSGO (Estados Unidos da Grande Áustria). Assim, os alemães eram uma mistura aleatória de eslavos, celtas e teutônicos e os alemães do início do séc. XX tinham muito mais em comum com franceses e italianos que com os súditos do Sacro Império Romano Germânico.

> "A nação era um produto da Grande Transformação que desfizera todas as antigas comunidades isoladas em modernas sociedades industriais, que exigem uma solidariedade baseada em uma cultura abstrata superior, fundamentada na alfabetização".

> Segundo ele, a brutalidade do capitalismo não apenas arrancara os trabalhadores de suas culturas camponesas locais, mas também os privara da entrada nessas culturas nacionais essencialmente criadas pelas classes altas e médias, através da ignorância exausta e empobrecida a que o sistema fabril os mantinham acorrentados. Era tarefa histórica do socialismo ajudá-los a sair dessas trevas e entrar no Iluminismo.

List: mudanças políticas conscientes que alinham capitalismo principiante e Estado moderno, ou seja, grandes economias nacionais, capazes de criar poder suficiente para manter e policiar suas fronteiras.

Marx: "antes de mais nada, o proletariado de cada país deve resolver os problemas com sua própria burguesia".

Assim, para esses socialistas, o termo nacionalismo foi amplamente empregado para descrever a supressão real ou pretendida do controle da propriedade privada sobre setores da economia; ele era, por assim dizer, sinônimo de socialização.

Já nos anos de 1960, Ernest Gellner: "o nacionalismo foi uma resposta necessária à Grande Transformação da sociedade agrária estática para o mundo da indústria mecanizada e da comunicação, difundindo culturas superiores, instituídas por vastos sistemas educacionais organizados e financiados pelo Estado, de modo a preparar as pessoas para sobreviverem em situações em que a divisão do trabalho e a mobilidade social fossem muito avançadas". (BALAKRISHNAN, Gopal. *Um mapa da questão nacional*. Rio de Janeiro, Contraponto, 2000)

Pois é perfeitamente concebível, e mesmo dentro das possibilidades políticas práticas, que, um belo dia, uma humanidade altamente organizada e mecanizada chegue, de maneira democrática – isto é, por decisão da maioria –, à conclusão de que, para a humanidade como um todo, convém liquidar certas partes de si mesma. (ARENDT, H. *Origens do Totalitarismo*. São Paulo: Cia das Letras, 1997, p. 332)

As *Weltanschuungen* e ideologias do século XIX não constituem por si mesmas o totalitarismo. Embora o racismo e o comunismo tenham se tornado as ideologias decisivas do século XX, não eram, em princípio, mais totalitárias do que as outras; isso aconteceu porque os elementos da experiência nos quais originalmente se baseavam – a luta entre as raças pelo domínio do mundo, e a luta entre as classes pelo poder político nos respectivos países – vieram a ser politicamente mais importantes que os das outras ideologias. (Idem, p. 522)

Toda ordem compõe-se de um impulso e de um aguilhão. O impulso obriga o receptor ao seu cumprimento, e, aliás, da forma como convém ao conteúdo da ordem. O aguilhão, por sua vez, permanece naquele que a executa. Quando o funcionamento das ordens é o normal, em conformidade com o que se espera delas, nada se vê desse aguilhão. Ele permanece oculto, e não se imagina que exista; antes do cumprimento da ordem ele talvez, quase imperceptivelmente, se manifeste numa ligeira resistência.

> Mas esse aguilhão penetra fundo no ser humano que cumpriu uma ordem, e permanece imutavelmente cravado ali. Dentre todas as construções psíquicas, nada há que seja mais imutável. O conteúdo da ordem preserva-se no aguilhão; sua força, seu alcance, sua delimitação – tudo isso foi já definitivamente prefigurado no momento em que a ordem foi transmitida. Pode levar anos, décadas, até que aquela porção fincada e armazenada da ordem – sua imagem exata em pequena escala – ressurja. Mas é importante saber que ordem alguma jamais se perde; ela nunca se esgota realmente em seu cumprimento, mas permanece armazenada para sempre. (CANETTI, Elias. *Massa e poder*. São Paulo: Cia. das Letras, 1995, p. 305-306)

Finalmente a dominação. Pois no fundo toda instituição é o espelho e a ferramenta da mesma e única coisa: do domínio. O mesmo movimento que acontece na Europa ou dentro de um determinado país acontece nas instituições que vitalizam o poder e que, por sua vez, exportam a mesma estrutura para fora do centro e o inoculam sem pudor.

Pensemos numa visão que nos é familiar: as dramáticas imagens de crianças, mulheres e homens esquálidos que nos vem da Biafra e de outros lugares da África. A pergunta que nos obrigamos a fazer é como isso aconteceu, pois essas pessoas, num passado não tão remoto, viviam sem esses problemas de falta de alimentos.

A resposta é bem simples: o imperialismo de fins do século XIX destruiu suas formas tradicionais de sobrevivência e nada colocou no lugar. Agora, instituições caridosas do mundo todo tentam ajudá-los a sobreviver. A ironia dessa questão está no fato de que a culpa de tanta tragédia parece ser uma exclusividade das vítimas e os brancos são seus salvadores caridosos. Reflito sobre o filme *O Jardineiro Fiel*.

De modo geral, existe um programa eurocêntrico para a África. Destruição de modos de vida tradicionais; empoderamento de certos grupos na opressão de outros; com a independência, instalação das macrosolidariedades do Estado-nação; naqueles que detinham alguma riqueza, por algum tempo sentiram o sucesso do desenvolvimento (pelo menos na perspectiva de suas elites) e que rapidamente viram sucateada sua infraestrutura com a derrocada da crise do petróleo de 1973; endividamento com o FMI e o Banco Mundial; e destruição final com endividamento (no caso da Zâmbia, as fábricas de roupas – base desenvolvimentista de países pobres – foram destruídas com a "doação" de roupas de segunda mão vindas dos Estados Unidos e Europa).

Na fase do empoderamento, restos violáceos do tempo em que os belgas infernizavam os tutsis naquilo que um dia viria a ser Ruanda ainda podem ser resgatados em nome de alguma sanidade, na recusa de um discurso odioso que afirma, quase sempre, que depois que os europeus deixaram a África a selvageria retornara com mais violência:

> Nada define tão vividamente a partilha quanto o regime belga de trabalhos forçados, que requeria verdadeiros exércitos de hutu para labutar em massa nas plantações, na construção de estradas e na silvicultura, sob as ordens de capatazes tutsi. Décadas depois, um velho tutsi rememorou a ordem colonial belga a um repórter com as palavras: "você açoita um hutu ou nós açoitamos você". (GOUREVITCH, Philip. *Gostaríamos de informá-lo de que amanhã seremos mortos com nossas famílias.* São Paulo: Cia. das Letras, 2006, p. 55-56).

Um outro eco advém da estranha aventura que Joseph Conrad viveu na incauta subida do rio Congo e que resultou em dois produtos inverossímeis: o livro *O Coração das Trevas* e o filme *Apocalipse Now*.

Nos dois casos, a experiência de invasão que europeus ou norte--americanos promoveram em regiões ignotas resultou na loucura que a saturação do poder costuma exercer sobre alguns homens. Kurtz, o mesmo homem das duas experiências, torna-se uma espécie perversa de divindade. E em ambos os casos, o poder instituído que os enviara, ciente de seu descontrole, exige sua cabeça.

Há algo de justiça poética nessa história. Arremessados à mortandade, esses homens se tornam mais poderosos que o poder que os enviara e utilizam esse poder contra seus antigos chefes.

Como tão bem lembra Marlon Brando no papel de Kurtz em *Apocalipse Now*, os "quitandeiros e vendeiros que enviaram seu assassino" para detê-lo deveriam retornar à sua própria podridão, à degenerescência de sua própria civilização.

O trecho a seguir transcreve o momento em que Conrad se dá conta do enorme poder de Kurtz:

> Agora eu tinha subitamente uma visão mais próxima, e minha primeira reação foi jogar a cabeça para trás, como se tivesse recebido um soco. Examinei, então, cuidadosamente, poste por poste, com um binóculo, e enxerguei meu erro. Aquelas protuberâncias arredondadas não eram

ornamentos, mas símbolos: expressivos e enigmáticos, impressionantes e perturbadores – alimento para o pensamento e também para os abutres, se houvesse algum olhando para baixo no céu; e, de uma forma ou outra, para as formigas suficientemente capazes de escalar o poste. Teriam sido ainda mais impressionantes, aquelas cabeças em cima das estacas, se suas faces não estivessem voltadas para a casa. Apenas uma, a primeira que eu avistara, estava virada em minha direção. Não fiquei tão chocado quanto possam pensar. O sobressalto para trás que tivera não fora nada além de um movimento causado pela surpresa. Eu esperava ver ali uma bola de madeira, percebem. Retornei deliberadamente à primeira que havia enxergado – e lá estava, negra, seca, encovada, com as pálpebras fechadas –, uma cabeça que parecia dormir no topo de um poste, e com os lábios secos e murchos exibindo uma estreita e branca fileira de dentes, que sorria também, sorria continuadamente para algum infinito e jocoso sonho daquele sono eterno[42].

O sono da razão engendra monstros? Não, melhor seria afirmar que é a própria razão que engendra monstros, pois a morte experimentada em sua expansão, tão racionalmente engendrada, contabilizada nas balas que a administração distribuía aos matadores e nas orelhas que deveriam trazer para os cálculos era fruto não de nenhuma forma de barbárie, mas da mais exata racionalidade, que mais tarde seria empregada nos cálculos genocidas do holocausto.

[...] O admirador do sr. Kurtz estava um pouco cabisbaixo. Numa voz apressada e indistinta, começou a assegurar-me de que não ousara colocar aqueles símbolos por assim dizer. Não que tivesse medo dos nativos; não davam um passo antes do sr. Kurtz pronunciar palavra. A ascendência dele era extraordinária. Os acampamentos dessa gente cercavam o lugar, e os chefes vinham vê-lo todos os dias. Eles rastejavam... "não quero saber de nada sobre as cerimônias executadas ao se aproximarem do sr. Kurtz", gritei. Curioso esse sentimento que surgiu em mim de que tais detalhes seriam mais intoleráveis do que todas aquelas cabeças secando nas estacas sob as janelas do sr. Kurtz. Afinal, aquilo era apenas uma visão selvagem, ao passo que eu parecia haver sido transportado, num salto, para o interior de uma sóbria região de horrores sutis, onde a pura

---

42 CONRAD, J. *O Coração das Trevas*. Porto Alegre: L&PM, 2002, p. 123-6.

e simples selvageria era um verdadeiro alívio, sendo algo que tinha direito de existir – obviamente à luz do sol[43].

No Congo, hoje, existe o testemunho dos sapeurs, as extravagâncias *fashion* dos dândis:

> Eles vestem ternos ultracoloridos, usam chapéus, luvas e prezam por boas maneiras. São os sapeurs – dândis congoleses que chamam a atenção em meio à paisagem africana.
>
> O nome veio de S.A.P.E., abreviação para Sociedade das Pessoas Elegantes (em uma tradução livre do francês), grupo formado em Brazzaville, capital da República do Congo.
>
> O estilo singular dos sapeurs foi registrado em "Gentlemen of Bacongo", livro do fotógrafo italiano Daniele Tamagni, que conta com prefácio escrito pelo estilista inglês Paul Smith.
>
> O *designer* britânico se inspirou nas imagens do fotógrafo para a última coleção feminina de verão de sua marca, que exibiu uma profusão de peças de alfaiataria em cores vivas.
>
> "Os sapeurs não são homens ricos, têm uma vida comum, mas durante alguns eventos transformam-se com suas roupas", contou Tamagni. O fotógrafo conheceu o grupo quando foi ao Congo, em 2006, a convite de uma revista italiana. "Fiquei maravilhado com o estilo único daqueles homens".
>
> Os primeiros sapeurs surgiram na década de 20, influenciados por colonizadores franceses. Os membros do grupo cultuam grifes e seguem padrões específicos de moda – recomenda-se, por exemplo, combinar até três cores em uma mesma roupa – e de conduta. "Eles frequentam a igreja e pregam em seus sermões a não violência e a boa educação", conta Tamagni, que vê semelhanças entre eles e outras culturas urbanas, como a *hip hop*. "Os sapeurs também têm códigos, rituais e hierarquia".
>
> Por vezes criticados por sua obsessão *fashion* num país pobre como o Congo, os sapeurs são respeitados pela comunidade local por passarem uma imagem de otimismo com suas extravagâncias. "Apesar da pobreza, hoje as pessoas vivem melhor do que há dez anos, quando o país enfrentava a guerra. Nesse contexto, as roupas luxuosas dos sapeurs aparecem como reflexos do sonho de construir uma vida mais confortável", completa o fotógrafo[44].

---

43 Idem, ibidem.

44 *Folha de S. Paulo*, 12/02/10. Ilustrada, E4.

Mas, ao mesmo tempo que produz explosões de voluntarismo como essa, reproduz o mal nas novas gerações:

Entre os muitos fenômenos com origem na penúria africana, um dos mais pungentes é o das crianças-feiticeiras de Kinshasa, a capital da República Democrática do Congo, ex-Zaire. São crianças às quais são atribuídos poderes capazes de causar desgraças diversas a suas famílias, conhecidos e vizinhos. Muitas acabam abandonadas pelos pais e viram crianças de rua. O antropólogo belga Filip De Boeck é talvez o acadêmico que mais tem estudado o assunto. Num de seus trabalhos, ele transcreve a entrevista com a mãe de Nuclette, menina de 4 anos, acusada por uma vizinha de à noite se transformar em adulto e perpetrar maldades. A mãe, portadora do vírus de AIDS, decidiu levar a filha ao pastor Norbert, de uma das denominações pentecostais que se multiplicam na África Subsaariana. A mãe relatou a De Boeck:

"O pregador declarou que Nuclette era uma feiticeira. Então ele perguntou onde estava meu marido. Eu disse que ele tinha deixado nosso bairro e que agora morava em outra parte da cidade. Ele disse: 'É Nuclette a responsável pelo fracasso do seu casamento. Ela fez que seu marido fugisse. E, quando você dormia à noite, ela veio, com outras crianças-feiticeiras, e lhe injetou sangue contaminado, com uma agulha diabólica'. Foi assim que eu peguei AIDS. Fiquei muito, muito magra. Permaneci na igreja mais ou menos por um mês e o pastor me purificou. Estava quase morrendo quando cheguei lá, mas agora me curei da aids".

No momento da entrevista, também a filha estava internada na igreja, sendo submetida a práticas destinadas a livrá-la de sua natureza feiticeira. Outras crianças são expulsas de casa e engrossam os exércitos de meninos e meninas de rua de Kinshasa. A elas, as famílias atribuem as doenças, a fome, a falta de emprego, as brigas e outros tormentos. Segunda a crença popular, as crianças-feiticeiras transformam-se à noite e em bandos, às vezes viajando em vassouras voadoras, saem para espalhar o mal. Muitas crianças acabam acreditando que são, sim, feiticeiras, como é o caso do pequeno Serge, ouvido fotógrafo Vincent Beeckman, outro belga familiarizado com o problema.

"Eu comi oitocentos homens, eu os fiz sofrer acidentes de avião e de carro, cheguei mesmo a ir à Bélgica, graças a uma sereia que me levou até o porto de Antuérpia. Às vezes viajo numa vassoura, às vezes na casca de um abacate. À noite, tenho trinta anos e cem filhos. Meu pai perdeu seu emprego de engenheiro por minha causa, depois eu o matei com uma sereia. Também matei minha irmã e meu irmão, enterrando-os vivos. Também matei todos os fetos de minha mãe".

O relato de Serge cita alguns traços atribuídos recorrentemente às crianças-feiticeiras. Um é que elas gostam de comer gente. Outro, que à noite viram adultos e têm filhos, destinados a tornar-se feiticeiros como elas. Na onde de medo das crianças-feiticeiras que se apoderou do Congo a partir dos anos 90, não por acaso um período de guerra civil, miséria e desintegração, aliam-se antigas crendices africanas com a ação dos pregadores pentecostais e sua ênfase nos artifícios do demônio. Explica De Boeck que os pregadores não inventaram, mas deram força ao mito dos pequenos malditos. As TVs controladas por evangélicos apresentam programas em que as crianças são apresentadas e denunciadas ou submetidas a exorcismos[45].

Desde que os belgas saíram do Congo e insuflaram nas pessoas as vantagens da civilização, o cenário de degradação não diminuiu um centímetro. Hoje, eles "estudam" o resultado de seu trabalho e assistem à eleição dos culpados, menecma de si mesmos: as crianças-feiticeiras.

Portanto, podemos perfeitamente elaborar a seguinte hipótese para o primeiro e mais violento movimento imperialista contemporâneo: foi a primeira tentativa de unir num mesmo propósito de morte as elites europeias e o seu nervoso proletariado europeu.

Nesse momento, o discurso ideológico conduziu um vasto contingente humano para empregar a maior expressão do poder a que um ser humano pode conceber: eliminar legalmente a vida de outros seres humanos, embasados num discurso civilizador.

Como nos lembra esse historiador da África:

> Antes de meados da década de setenta do século XIX, os governos europeus não tinham a menor intenção de se deixar arrastar para políticas de expansão territorial em África. Toda a tendência do pensamento europeu era contra tal expansão e, ademais, parecia não haver em África riqueza econômica que pudesse justificar a despesa. De fato, os olhos dos governos

---

45 TOLEDO, Roberto Pompeo de. África, feitiçaria e maioridade penal. *Revista Veja*, 6 de março de 2007, p. 122.

europeus estavam, como sempre, sobretudo fixados uns nos outros, mesmo no palco africano. Cada um contentava-se com impérios informais e de simples "influência" desde que também os outros observassem semelhante atitude. Em parte alguma da África a situação era grandemente diferente do que tinha sido no século XVIII. A Europa voltara agora definitivamente o seu olhar para a África e a África estava a mudar sob a sua influência; porém, a Europa não estava ainda sequer a afiar a espada do império formal e <u>durante os três primeiros quartéis do século XIX, a história de África de nenhum modo é sinônima da história da Europa em África</u>[46].

Talvez o olhar dos Estados europeus fosse não precisamente para os outros, mas para reconhecer as esquizofrenias que a opressão causava em suas próprias populações.

O imperialismo configurou em tentativa de arrumar, de consertar os problemas que Alemanha, França, Inglaterra, dentre outros, entendiam como insolúveis e perigosamente explosivos, colocando em risco o próprio ordenamento do poder em seus instáveis territórios, no coração da metrópole.

É bem verdade que a estratégia, nesse sentido, não fora bem-sucedida, pois nem bem terminara esse esforço, os mesmos problemas voltavam a pressionar os poderes que igualmente já construíam um novo discurso para manter esse enorme contingente humano em níveis aceitáveis de dominação: o discurso nacionalista.

Experimentados em matar o diferente, pautados pelos discursos racialistas, marcados pelo pleno e fácil reconhecimento do "inimigo", cuja pele era negra, cuja religião era outra, cujo olho era puxado, o segundo movimento tratava de um desafio muito mais complicado: matar o semelhante, o europeu que, além do fato de pertencer à classe subalterna dos proletários, em nada denunciava a condição de inimigo.

Alemães teriam que aprender a odiar franceses, ingleses teriam que odiar prussianos que deveriam odiar franceses que deveriam odiar alemães. Teremos a oportunidade de estudar essa estratégia quando tratarmos da Primeira Guerra Mundial.

Depois, teriam que aprender e aceitar matar os vizinhos, os parentes.

---

46 OLIVER, Roland; FAGE, J. D. *Breve História de África*. Lisboa: Sá da Costa, 1980, p. 162-3.

Guilherme II já sinalizava esse futuro em 1891:

> Os senhores juraram-me fidelidade; isso significa que os senhores são meus soldados... Dada a agitação socialista atual, é possível que eu lhes ordene que atirem em membros da sua família, irmãos ou até mesmo pais. Mas mesmo então, será preciso que os senhores executem minhas ordens sem um murmúrio.[47]

Escrito para outro momento da história europeia, o seguinte texto é razoavelmente válido também para este que agora estudamos. O meu objetivo com essa estratégia é o de denunciar que ele é válido não somente para o tempo em que foi escrito, mas também desde o momento em que Joly publicou seu livro "diálogos no inferno entre Maquiavel e Montesquieu" em 1864, denunciando o poder europeu proposto por Napoleão III:

> Outro aspecto desta guerra e de qualquer guerra a partir de agora: por detrás da violência armada, do antagonismo homicida dos adversários – que parece uma questão de vida ou de morte, que se joga como tal (senão já não se poderia mandar as pessoas arriscar a pele neste tipo de coisas), por detrás deste simulacro de luta de morte e de disputa mundial impiedosa, os dois adversários são fundamentalmente solidários contra uma outra coisa, inominada, nunca dita, mas cujo resultado objetivo da guerra, com a mesma cumplicidade dos dois adversários, é a liquidação total das estruturas tribais, comunitárias, pré-capitalistas, todas as formas de troca, de língua, de organização simbólica; é isso que é preciso abolir; é o aniquilamento de tudo isso o objetivo da guerra – e esta no seu imenso dispositivo espetacular de morte, não é senão um *media*[48] deste processo de racionalização terrorista do social – o aniquilamento sobre o qual se vai poder instaurar a sociabilidade. Cumplicidade total ou divisão do trabalho entre dois adversários (que podem mesmo, para o conseguir, fazer sacrifícios enormes) com o mesmo fim de aviltamento e de domesticação das relações sociais[49].

---

[47] LOUREIRO, Isabel. *A Revolução Alemã* (1918-1923). São Paulo: Unesp, 2005, p. 25.

[48] Redução do inglês *mass media*, meios de comunicação de massa.

[49] BAUDRILLARD, Jean. *Simulacros e Simulação*. Lisboa: Antropos, 1991, p. 53.

CAPÍTULO 4

A HISTÓRIA DA ÁFRICA DE JOSEPH KI-ZERBO

Quando se fala da "tradição africana", nunca se deve generalizar. Não há uma África, não há um homem africano, não há uma tradição africana válida para todas as regiões e todas as etnias. Claro, existem grandes constantes (a presença do sagrado em todas as coisas, a relação entre os mundos visível e invisível e entre os vivos e os mortos, o sentido comunitário, o respeito religioso pela mãe, etc.), mas também há numerosas diferenças: deuses, símbolos sagrados, proibições religiosas e costumes sociais delas resultantes variam de uma região a outra, de uma etnia a outra; às vezes, de aldeia para aldeia[50].

---

[50] HAMPÂTÉ BÂ, Amadou. *Amkoullel, o Menino Fula*. São Paulo: Palas Athena, 2003, p. 14.

Desde há algum tempo, existe um movimento africano que se movimenta na esperança de que os países não africanos compreendam que os destinos da África somente aos africanos devem importar:

> A África não quer ser salva
>
> [...] Parece que de um tempo para cá, oprimido pelo sentimento de culpa pela crise humanitária que provocou no Oriente Médio, o Ocidente vem se voltando para a África para ali buscar sua redenção.
>
> Estudantes idealistas, celebridades como Bob Geldof [músico e ativista] e políticos como Tony Blair [ex-primeiro-ministro britânico] se atribuíram como missão levar a luz ao continente negro.
>
> Chegam de avião para passar um período na África ou participar de uma missão de investigação ou, ainda, para adotar uma criança – um pouco como meus amigos e eu, em Nova York, tomamos o metrô para ir adotar um cachorro abandonado no canil municipal. [...]
>
> Por mais bem intenciondas, essas campanhas propagam o estereótipo de uma África que seria um buraco negro de doença e morte.
>
> Artigos e reportagens não param de falar de dirigentes africanos corruptos, senhores de guerra, conflitos "tribais", crianças exploradas, mulheres maltratadas e vítimas de mutilação genital.
>
> A relação entre a África e o Ocidente não é mais fundamentada em preconceitos abertamente racistas, mas esses artigos lembram os tempos do colonialismo europeu, quando se enviavam missionários à África para nos levar educação, Jesus e a "civilização".
>
> Todo africano, incluindo eu mesmo, não pode deixar de se alegrar com a ajuda que o mundo nos dá, mas isso não nos impede de perguntar se essa ajuda é realmente sincera ou se ela é dada com a ideia de firmar sua superioridade cultural. [...]
>
> Cada vez que um diretor de Hollywood produz um filme sobre a África cujo herói é ocidental, eu faço "não" com a cabeça – porque os africanos, apesar de sermos pessoas muito reais, não fazemos mais que servir de validação da imagem imaginária que o Ocidente tem de si próprio.
>
> E não apenas essas descrições tendem a ignorar o papel às vezes essencial que o Ocidente desempenhou na gênese de muitas situações deploráveis que afligem o continente como elas também ignoram o trabalho incrível que os próprios africanos fizeram e continuam a fazer para resolver esses problemas. [...]

Em junho [de 2007] o grupo dos oito países mais industrializados reuniu-se na Alemanha com várias celebridades para discutir, entre outros temas, como salvar a África. Espero que antes da próxima cúpula do G8 o mundo tenha finalmente compreendido que a África não quer ser salva.

A África quer que o mundo reconheça que, por meio de parcerias equitativas com outros membros da comunidade internacional, ela será capaz de alcançar um crescimento inusitado, por conta própria. (IWEALA, Uzodinma. Buraco Negro. In: *Folha de S. Paulo*, 9.9.2007.)

Neste capítulo vamos investigar as razões que levam esse intelectual africano a solicitar que os europeus e norte-americanos se afastem da África.

Para entendermos seu apelo, precisamos voltar alguns anos, mais precisamente ao tempo da descolonização africana. Elejo um autor--historiador em especial para nos guiar nesse caminho: Joseph Ki-Zerbo. Seu prestígio internacional nos anos 1960 era enorme. Natural do Alto Volta, diplomou-se em Paris pelo *Institut d'Études Politiques* em 1954 e conseguiu na *Sorbonne* o grau de *agrégé* em História. Entre os muitos cargos que desempenhou, posso citar Diretor-geral da Educação Nacional do Alto Volta, membro do conselho de administração do UNITAR (Instituto das Nações Unidas para a Investigação e a Formação), membro do conselho de administração do Instituto Internacional para a Planificação da Educação da UNESCO.

No prefácio que lhe escreveu Fernand Braudel está dito:

> Conheci, vai para vinte anos, Joseph Ki-Zerbo, autor deste livro, na altura em que ele prestava com brilho as suas provas para professor de História. [...]
>
> Estamos perante muito mais do que uma obra de história feita de paciência e de lealdade conscienciosa. [...] Compraz-me pensar que a história recompensará o historiador, que ele terá levado de um só lance, a um continente inteiro, a uma enorme massa de homens simpáticos, a mensagem, as palavras de identidade que lhes permitirão viver melhor. Porque, para ter esperança, para prosseguir na caminhada, é necessário também saber donde se vem.
>
> A história é o homem, sempre o homem, e os seus admiráveis esforços. A história do continente africano, se for sincera e autêntica, não pode deixar de nos levar a todos os homens no seu conjunto, a todos os povos no seu

conjunto, ao mundo inteiro. Admiro que o autor tenha ultrapassado, com coragem e obstinação, a história das narrativas tradicionais, concedendo, no entanto, a essa história um lugar honroso e claro; que, para ele, a sociedade, a economia, a cultura, sejam matérias de primeira importância.

Este livro será de imensa utilidade. Para os estudantes. Para o grande público. Para o mundo tão curioso e tão simpático dos historiadores. Estes muito têm a aprender e muito aprenderão com prazer de Joseph Ki-Zerbo, que é, autenticamente, fraternalmente, um dos nossos[51].

Farei não mais que três comentários pérfidos. Primeiro, que este livro, segundo o texto, realizado por um professor de História formado na França que "é um dos nossos", tem a pretensão de enviar a um continente inteiro "palavras de identidade que lhes permitirão viver melhor"; e que "a história do continente (esta, portanto) tenha ultrapassado a história das narrativas tradicionais".

No preâmbulo, afirma o autor:

[...] o autor decidiu, com grande pesar, omitir de momento o estudo sistemático da parte norte da África, cujo passado lhe era ainda menos conhecido, a fim de tornar possível a publicação do volume dentro de um prazo razoável. Mas trata-se apenas de um adiamento, e, numa edição ulterior, esta obra será uma história geral da África, englobando o setor mediterrânico, numa unidade consagrada por tantos laços milenares (por vezes sangrentos, é verdade, mas as mais das vezes mutuamente enriquecedores), laços que são sublinhados na presente obra e que fazem da África, de um lado e do outro do Saara, os dois batentes de uma mesma porta, as duas faces de uma mesma medalha, os dois reflexos de uma mesma pedra preciosa[52].

Faço notar a importância de um estudo que contemple toda a África, não somente a Negra.

Contra que se coloca Ki-Zerbo?

Contra os historiadores que negam à África uma história autônoma, desvinculada do racismo colonial. Por exemplo?

---

51 KI-ZERBO, Joseph. *História da África Negra*. Lisboa: Publicações Europa-América, 1972, p. 5.

52 Idem, p. 7.

A posição mais radical a este respeito é a que consiste em dizer que a história da África (Negra) não existe. No seu *Curso sobre a Filosofia da História*, em 1830, declarava Hegel: "A África não é uma parte histórica do mundo. Não tem movimentos, progressos a mostrar, movimentos históricos próprios dela. Quer isto dizer que a sua parte setentrional pertence ao mundo europeu ou asiático. Aquilo que entendemos precisamente pela África é o espírito a-histórico, o espírito não desenvolvido, ainda envolto em condições de natural e que deve ser aqui apresentado apenas como no limiar da história do mundo"[53].

Como já afirmei neste livro, a história é uma invenção europeia do Estado-nação, o que implica dizer que é a história do progresso e do desenvolvimento do mundo europeu em seu "destino" de levar esse "progresso" para o resto da humanidade.

Para Hegel, um de seus formuladores, todo o mundo alheio à linhagem greco-romana estava ausente do movimento histórico e estava, portanto, estagnado.

Continua Ki-Zerbo:

> Coupland, no seu manual *L'Historie de l'Afrique Orientale*, escrevia (em 1928, é verdade): "Até D. Livingstone pode-se dizer que a África propriamente dita não tivera história. A maior parte dos seus habitantes tinham permanecido, durante tempos imemoriais, mergulhado na barbárie. Tal fora, ao que parece, o desígnio da natureza. Eles permaneciam no estagnamento, sem avançar ou recuar".
>
> Outra citação característica: "As raças africanas propriamente ditas – à exceção do Egito e de uma parte da África Menor – não participaram na história, tal como a entendem os historiadores...Não me recuso a aceitar que tenhamos nas veias algumas gotas de um sangue africano (de africano de pele provavelmente amarela), mas devemos confessar que aquilo que delas pode subsistir é muito difícil de encontrar. Portanto, apenas duas raças humanas que habitam a África desempenharam um papel digno de nota na história universal: em primeiro lugar e de maneira considerável, os egípcios; depois, os povos do Norte da África".
>
> Em 1957 foi P. Gaxotte que escreveu sem pestanejar, na *Revue de Paris*: "Estes povos nada deram à humanidade. E deve ter havido qualquer coisa

---

[53] Idem, p. 10.

neles que os impediu. Nada produziram. Nem Euclides, nem Aristóteles, nem Galileu, nem Lavoisier, nem Pasteur. As suas epopeias não foram cantadas por nenhum Homero"[54].

Note como essa história é a história europeia, eurocêntrica, inventada pelos historiadores franceses, alemães e ingleses, marcada pelo progresso e pela evolução. O autor assume o discurso ideológico da civilização levado à África pelas disputas imperialistas europeias de finais do século XIX e o incorpora à história africana, dando-lhe prioridade. E veja que a objeção do autor segue a mesma armadilha, buscando equivalências e similaridades:

> Na realidade, Bala Faseké, o *griot* (*griots*, na Senegâmbia e países vizinhos, são muito mais do que simples feiticeiros ou quimbandas. Historiadores e poetas, cultivam a música e guardam as tradições. Desempenham muitas vezes as funções de conselheiros dos príncipes) malinquês de Sundjiata, não se chamava Homero. Mas que homens cultos, e para mais historiadores, tenham escrito sem emoção inépcias deste calibre poderia fazer que duvidássemos do valor da história como disciplina capaz de formar o espírito. Alguns dentre os nossos melhores amigos, até entre os nossos mestres, sucumbem a este pecado tão vulgar no historiador europeu. Um grande historiador como Charles-André Julien chega ao ponto de intitular "*L'Afrique, pays sans Historie*" um parágrafo da sua obra *L'Histoire de l'Afrique*. Escreve aí: "A África Negra, a verdadeira África, furta-se à história"[55].

E aqui a constatação daquilo que não deveria servir a ofensa, pois o Estado, essa invenção europeia, é o princípio da hierarquia e da degradação humana:

> Poder-se-iam citar muitos outros historiadores. Com efeito, os autores imbuídos de um preconceito racista encontram-se neste campo a par daqueles que têm uma ideia acanhada das provas que são necessárias para fazer a história. Aproximam-se, de resto, e bastante curiosamente, de certos historiadores marxistas que trazem consigo, eles também, a sua rigidez.

---

54 Idem, p. 11.

55 Idem, ibidem.

O grande historiador e homem de Estado húngaro E. Sik, que, aliás, estabelece certos excelentes princípios de método, escreve: "A grande maioria dos povos africanos, como não têm classes, não constituem Estados no sentido estrito da palavra. Mais exatamente, o Estado e as classes sociais apenas existiam na fase embrionária. É por isso que, no que respeita a estes povos, não se pode falar da sua história, no sentido científico do termo, mas antes do aparecimento dos usurpadores europeus"[56].

Mas existem também aqueles historiadores que reportam a história da África como uma "filha" da história europeia:

> O negro, matéria-prima mal achada no decorrer dos tempos pelas influências exteriores, vinda dos Fenícios, dos Gregos, dos Romanos, dos Judeus, dos Árabes, dos Persas, dos Hindus, dos Chineses, dos Indonésios e dos Europeus, tal é a tela de fundo que serve de ponto de partida para a investigação de certos historiadores africanos e para a maior parte dos historiadores não africanos
>
> "Com efeito, a história da África ao sul do Saara é, em grande parte, a história da sua penetração no decorrer das idades pela civilização camítica" (D. Paulme).
>
> "No Sahel ao sul do Saara estabeleceram-se estados e impérios instalados por grupos de invasores de pele clara (berberes, judeus), vindos da África do Norte, ou por negros que eles tinham aprendido os métodos de guerra".
>
> "Em geral, a África ocidental comportou-se como um vasto beco sem saída, recebendo, diluindo e, finalmente, assimilando ou esterilizando os elementos exteriores".
>
> "A Nigéria é o que é porque foi, se assim se pode dizer, uma colônia mediterrânica" (Gauthier)[57].

Nesse sentido, todo avanço das civilizações africanas (domesticação da natureza, modelação com cera, <u>artesania com ferro</u>, etc.) era devido a influências externas e, no limite, branca. Como se vê estamos sempre no campo das invenções, dos apetites políticos de plantão, já que os

---

56 Idem, ibidem.
57 Idem, p. 14-5.

documentos eram tão arbitrários quanto eram arbitrárias as formas de se lidar com eles: eles podiam dizer praticamente qualquer coisa.

O que Ki-Zerbo não entendeu é que realmente os diversos povos africanos não compartilham mesmo as categorias históricas propostas pelos europeus para os povos do mundo não europeu...e isto deveria ser motivo de orgulho e uma grande vantagem. Mas não o é. Vejamos sua postura de historiador basicamente europeu.

Primeiro ele vai enfrentar a acusação de que a falta de história da África corresponde à falta de documentação.

> Os documentos escritos, de que se deplora a raridade, são de fato muito menos numerosos de que nos outros continentes. Mas estão sobretudo mal distribuídos por períodos e por regiões.
>
> As fontes escritas podem ser classificadas nas grandes categorias a seguir indicadas.
>
> Fontes antigas (egípcias, núbias e greco-latinas); fontes árabes; fontes europeias ou soviéticas (narrativas ou de arquivos); fontes africanas "recentes" (meroítas, etíopes, em língua ou em escrita árabe, em escrita africana moderna, em língua europeia); fontes asiáticas ou americanas.
>
> As fontes árabes contam-se entre as mais importantes por várias razões[58].

São documentos de uma cepa recente, posteriores à chegada dos europeus na África, ou são tão antigos que não se sabe exatamente o que está grafado, herméticos signos perdidos num passado que não se dá a ver, que não se deixa penetrar. Fruto de um estranhamento não somente textual, mas estranhamento cultural, cuja inspeção encontra sempre o vácuo ou a intenção do inspetor, como um espelho.

Com esse calhamaço de documentos, acreditava Ki-Zerbo que era preciso empreender um movimento coordenado de histórias que não só se moldavam numa história pan-africana, mas demonstrava que o fulcro, o aparecimento da primeira civilização coincidia com a própria gênese humana, a África.

---

58 Idem, p. 15.

Para tanto, o autor aponta uma fonte tradicional:

> Não é, de resto, a tradição oral cronológica e logicamente anterior ao aparecimento da escrita? No princípio era o verbo. E depois a tradição oferece por vezes pontos de referência comprovados. É claro, as genealogias e a duração média dos reinados e das gerações são difíceis de estabelecer. Mas a tradição possui resguardos que lhe asseguram por vezes do interior a autenticidade e a pureza. É o caso de certas listas dinásticas (Mossi, Achantia, Daomé, Ruanda) que oferecem boas garantias pelo seu caráter seco e rígido e pelo fato de estarem confiadas a determinados funcionários, cobertos de honras, mas responsáveis, sob pena de morte, pela integridade desses documentos desde há séculos recitados regularmente, por vezes todas as manhãs, no decorrer de uma cerimônia especial[59].

Se, de um lado, aponta as dificuldades de se estabelecer um critério confiável de legitimidade para essas fontes, por outro sugere o estabelecimento de sociedades imutáveis por séculos, repetindo os mesmo rituais.

Enfim, para que essa África apareça, Ki-Zerbo deve propor sua forma organizativa:

> O que eu disse destas coletividades políticas e da integração seminacional ou nacional que as caracterizava permite concluir que não se pode escrever a história da África numa base puramente tribal. Os Zulus não eram apenas Zulus. O seu próprio nome, que significa "as gentes do céu", não é uma referência étnica, mas quase um programa. Quanto ao Gana, ao Mali e ao Songaí, todos sabem que não se identificavam com uma tribo, mesmo se um determinado grupo étnico aparentemente já bastante mestiçado constituía o seu núcleo central. O quadro tribal é, aliás, inadequado também por uma razão política atual, na medida em que se não queira fundar nações africanas, ou uma nova nação africana, cujos membros tenham uma visão cacofônica ou antagônica do seu passado. É necessário, portanto, estudar os reinos africanos, deixando-lhes, quando necessário, a denominação étnica, mas sem alimentar ilusões quanto ao conteúdo dessa designação, tratando-os, antes de mais nada, como organismos políticos onde a influência clânica é apenas um fator entre outros, sendo com frequência preponderantes os fatores econômicos, psicológicos ou culturais.

---

59 Idem, p. 20.

Deste ponto de vista, os quadros da Conferência de Berlim, se convêm à África desde a sua colonização, não poderiam constituir as estruturas globais para a história da África independente, porque os espaços políticos de antanho ultrapassavam então as fronteiras traçadas em Berlim, fronteiras essas que os retalharam em vários pedaços[60].

Aqui se detalha o caráter político de sua história da África. De um lado não pode ser clânica, ou seja, tribal, já que isto não constitui um país, no sentido dado pelo modelo europeu, ou seja, de Estado-Nação. De outro, não pode ser aquele estabelecido pela Conferência de Berlim, já que não houvera respeitado as estruturas "econômicas, culturais e psicológicas" que convêm a um Estado-Moderno. Aliás, essas categorias serão as ferramentas da uniformidade planetária aos moldes eurocêntricos.

E aqui, Ki-Zerbo desvela o seu conceito de história e do que seriam os historiadores:

Os melhores historiadores reconhecem também que ser historiador é escolher o seu tema, os seus centros de documentação, as suas fontes, os seus argumentos, a sua apresentação, o seu estilo...e o seu público. Todos estes fatores de eleição, sem contar com a força violenta e obscura do subconsciente e com o peso sutil do ambiente social e dos preconceitos, mostram bem a parte de subjetividade do trabalho histórico. A partir do momento em que escolhe a todos estes escalões, o historiador procura não somente a Verdade, mas também a "sua" verdade. Foi por essa razão que os maiores historiadores sempre tomaram partido nos seus livros, como na sua vida. O grande Prof. Marc Bloch, fuzilado pelos nazis, é um exemplo entre muitos outros[61].

Eis uma definição de História que é eminentemente europeia. Segundo ele, "o historiador africano empregará os mesmos métodos que os seus colegas de todos os países" (p. 35), pois "a história africana deve ser uma fonte de inspiração para as novas gerações, para os políticos, os poetas, os escritores, os homens de teatro, os músicos, os cientistas em todos os campos e também simplesmente para o homem da rua. O que impressiona nos países europeus é este autoinvestimento

---

60 Idem, p. 32.

61 Idem, p. 34.

do passado no presente. Não é quebrada a continuidade. Os homens políticos citam os autores do século XVI, ou mesmo os escritores greco-latinos" (p. 38).

> O historiador da África, trazendo à vida o passado deste continente, cria um capital espiritual que constitui uma fonte multiforme e permanente de inspiração. O sacrifício de Aura Poku, fundando o povo baulé, animará romancistas e dramaturgos. As misérias da escravatura, a tragédia das divisões que enfraqueceram os países africanos, a saga torrencial do terrível Chaka, tudo isso constituirá uma riqueza inestimável. É por tal motivo que a história deve ser viva e escrita sobretudo para os jovens, na idade em que a imaginação constrói sonhos que moldam as almas para a vida. É preciso que o jovem africano ouça piafar e relinchar os cavalos levados pela fúria religiosa dos talibés de Usman dan Fodio. É preciso que respire a atmosfera sufocante dos porões dos navios negreiros e ouça encapelarem-se à sua volta as vagas do oceano por onde seguem os carregamentos de escravos. É preciso que, através do rito dos crânios pré-históricos amontoados, comungue no mistério dos sacrifícios humanos[62].

A história da África Negra na antiguidade começa com os egípcios. Os termos escolhidos por Ki-Zerbo para essa descrição dão conta de sua intenção política:

> No decorrer do 4º milênio a.C., o vale do Nilo foi cenário de um desenvolvimento multiforme e prodigioso das populações que elaboraram a primeira civilização histórica: a do Egito dos faraós. Por que em África? Isto explica-se muito facilmente quando se pensa no papel de primeira grandeza desempenhado por este continente no decorrer dos períodos paleolítico e neolítico. Longe de ser um "milagre", a civilização egípcia foi apenas, sem dúvida, o coroamento da liderança que a África manteve quase sem interrupção aproximadamente durante os 3000 mil primeiros séculos da humanidade. Mas por que o Egito? Basta ainda olhar para um mapa da África e considerar certas leis sociológicas para ver esclarecerem-se as origens do progresso alcançado pelo Egito[63].

---

62 Idem, p. 38.

63 Idem, p. 79.

Os termos não são casuais: "desenvolvimento", "progresso", "civilização". Esses valores tão próprios do século XIX e XX europeus são requisitados para que os fundamentos da história da África antecipem, enquanto valores, os europeus. A estratégia contempla não uma similaridade de personalidades ou de fatos, mas de estrutura, alocando a África como precursora da civilização.

Em seguida, Ki-Zerbo assume questões complicadas. Quando apresenta o desenvolvimento egípcio, no caminho das cataratas, apresenta o povo Cuxe (ou Cush):

> Ao sul da primeira catarata estendia-se um país chamado *Cuxe* pelos Gregos, do nome de um dos descendentes de Cam, filho de Noé, da mesma maneira que o nome do Egito, *Misr*, era o de outro filho de Cam. Queria-se por assim em relevo o estreito parentesco das populações destes dois países[64].

Já vimos, em outro momento deste trabalho, a vinculação da maldição de Cam para justificar a "condenação dos negros" à escravidão. Ao assumir este passado, Ki-Zerbo dá veracidade àquela ideologia tão típica do século XVI europeu. Aliás, em muitos momentos o autor reporta-se à Bíblia para recompor esse passado africano. Nada mais justo, se seu objetivo é, afinal, europeizar esse passado numa estrutura similar.

Da mesma forma, a Núbia é apresentada como "terra de exploração":

> O próprio termo Núbia, provém, sem dúvida, da raiz "noub", que significa "ouro". As riquezas deste país, que se estendia até as paragens do equador, não deixaram de despertar cobiças[65].

Sobre a escrita meroíta que resgata essa história do Cuxe, diz o autor: "há duas espécies de escrita meroíta: a que é derivada dos hieróglifos egípcios e a escrita cursiva. São decifradas letra por letra, mas, como a língua permanece desconhecida, o texto é incompreensível" (p. 86). No entanto, a história resgatada fica assim:

---

64 Idem, p. 83.

65 Idem, p. 84.

Este longo período de trocas mais ou menos pacífico deve ter ainda reforçado o poderio de Cuxe. A partir do ano 1100 a.C. começa no Egito uma nova fase de perturbações e de guerras civis, em que os líbios intervêm. O caos ameaça o Egito e os vice-reis de Cuxe, apoiados nas suas riquezas e nos territórios do interior, a regurgitarem de guerreiros destemidos, não podiam ficar indiferentes a esta evolução. Beneficiaram nesta ocasião da aliança de duas forças políticas preciosas: o chefe dos arqueiros núbios, arqueiros que constituíam um dos contingentes de elite do faraó, e os sacerdotes tebanos, assim como aqueles que em Abu Simbel geriam o fabuloso tesouro do templo de Amon-Rá. A partir de 1085 a.C., o vice-rei de Cuxe, agora vizir de Tebas, controla de fato a maior parte do Egito[66].

A despeito do que tenha sido, a partir desse momento são negros do sul quem controlam o Egito. Esse reforço retornará em comentários nada reticentes: "a pré-história egípcia, como a do resto da África, é pouco conhecida. Mas há determinados princípios dificilmente contestáveis. A mais antiga população do Saara até o período histórico era formada, na sua maior parte, por Negros" (p. 95). E, mais adiante, consolida que, "segundo Cheik Anta Diop, 'é exato que se possa 'limpar' a pele das múmias, mesmo as mais antigas, e encontrar a pigmentação da pele, se esta existe realmente. Foi o que eu fiz, na verdade, com todas as amostras de que pude dispor. Mas todas revelam, sem exceção, uma pele negra da espécie de todos os negros que nós conhecemos atualmente'" (p. 99).

A história da África de Ki-Zerbo, após a fundação umbilical com os egípcios, entre num momento que ele e outros historiadores chamam de "tempos obscuros", em que se aplica em definir grandes áreas cuja expressão cultural culminará num aclarado monumento ao seu projeto histórico, "a grande época da África Negra", séculos XII a XVI, quando se fundam os grande reinos africanos.

Reconhecidamente envolto em lendas, o périplo de Hanão conta a história de um cartaginês que atravessa Gibraltar para fundar cidades já em território europeu ou que com seus barcos a remo teriam entrado pela África até o atual Senegal no rio Bambotum e o Kakulima da Guiné ou o vulcão dos Camarões.

---

66 Idem, p. 86-7.

Já a partir do século II, ocorre a ocupação romana do Marrocos, estabelecendo uma série de rotas terrestres, em que se destacam "a do Nilo para o Chade e os Grandes Lagos, a rota da Fezânia para o Chade, o médio Níger (Gao) e a fratura do Benué, a rota do Sul do Marrocos para o Alto Senegal e o Níger pelo Adrar mauritano" (p. 109).

Depois da introdução do camelo pelos persas no Egito, a mobilidade extraordinária irá favorecer particularmente os Tuaregues e os Berberes Zenatas tão entregues às lendas quanto outros povos que surgiram por esses tempos. Os primeiros, filhos da tradição targui, cuja antepassada mais misteriosa é Tin Hinan; os segundos, caçadores gigantes que, "com uma mão barravam as águas dos rios" (p. 113).

Na atual Nigéria, por seu turno, inúmeros são os vestígios da civilização Ife. Também são dessa época os mais antigos vestígios de atividade com ferro da civilização Méroe, entre Cartum e Wadi-Halfa e onde, "segundo Heródoto, o bronze era tão raro que os prisioneiros da Etiópia eram acorrentados com correntes de ouro" (p. 114).

Todavia, desse tempo obscuro, o que mais relampeja é o reino de Aksum, que mais tarde irá se tornar o império da Etiópia. Segundo esse autor, baseado em autores egípcios, essa era "a terra dos deuses e das árvores de perfume, como o incenso e a mirra, cuja resina se empilhava nos porões dos navios com a madeira de ébano, o marfim e os escravos" (p. 115).

Os árabes da Abissínia, do Hedjaz e do Iêmen são filhos da lendária rainha da Etiópia, Makeda, seduzida por Salomão e que explicaria a presença de judeus africanos. Um pouco depois, o cristianismo é introduzido na Etiópia por um monge sírio, Fromentius:

> A igreja etíope é uma igreja separada (cismática), que segue o rito litúrgico e o calendário copta, o qual não passa do velho calendário egípcio um pouco modificado. Além disso, certos costumes, como as danças arrebatadas, os tambores, os sacrifícios de cabras, parecem ser sobrevivências religiosas animistas, enquanto a distinção entre carne pura e impura (animal estrangulado), a interdição de entrar na igreja no dia seguinte a relações sexuais e a observação do sábado em vez do domingo resultam da prática judaica. A segunda consequência da união (em vigor até os nossos dias) com a igreja copta de Alexandria é que toda a vida religiosa

da Etiópia vai ficar dependente da nomeação do chefe religioso (abuna) por uma cidade distante e que, para mais, vai ficar sob a dominação política de numerosos senhores[67].

Apesar de considerar esses tempos "obscuros", o autor consegue construir uma narrativa desse cristianismo bastante consistente. Talvez pelo fato de que, como ele mesmo lembra, esta história "está em vigor até os nossos dias", alimentada pela instituição religiosa oficial.

Na costa oriental estavam os reinos árabes pré-islâmicos do Iêmen e do Hadramaute, também conhecido como Arábia do Sul, cuja descrição está no Périplo do Mar Eritreu (Vermelho), presente na geografia de Ptolomeu, de uma riqueza esplendorosa e para onde convergia um efervescente comércio de "miçangas, baixelas de ouro e prata, chapas de cobre e latão, barras de ferro, vinhos da Leodiceia e da Itália" (p. 120).

Não podemos estranhar que de todos esses povos que habitavam a África desse período, os menos conhecidos sejam os povos do Centro e do Sul do continente. Distantes geograficamente dos fundamentos da história de Ki-Zerbo, todo esforço, nesse caso, é investido em ondas de contato, ora de hábeis clãs de ferreiros, ora de exímios comerciantes de ouro e marfim. Trata-se de grupos bantofone, ou seja, de línguas bantas, que atingem Tanzânia, Tanganica e Zimbabwe, partindo basicamente de Benué-Níger e do lago Chade, de Nok e de Sao, numa região entre o Alto Congo e o rio Zambeze. Assim, é pelos "caminhos do ferro" que essa primeira ocupação da África pode ser explicada.

Por fim, a utilização de cavalos principalmente em Gana, nos reinos africanos de Oyo e de Benim, da Kanem e de Tekrur, completa a passagem dos clãs para os impérios.

Para efeito de comparação, Ki-Zerbo havia consolidado os primórdios africanos no Egito, ao que correspondia o mundo greco-romano para a história europeia. Uma alta cultura, florescente arranjo político e civilizacional.

O declínio da cultura egípcia culminou nos chamados "tempos obscuros", repleto de clãs, cuja similaridade corresponde à Idade Média europeia que, por muito tempo, foi chamada de Idade das Trevas. Antes, contudo, os romanos marcaram presença na África, como aliás testemu-

---

67 Idem, p. 118-9.

nham inúmeros vestígios e por volta de 70 d.C. Sétimo Flaco marchou sobre a Numídia. A história de Salomão e da rainha etíope Makeda deixou por ali uma prática judaida ainda vitalizada, assim como o cristianismo, introduzido também na Etiópia pelo monge sírio Fromentius, assim como a presença bizantina na corte de Aksum.

Enfim, a denúncia do primitivismo africano deve ser contestada com uma presença europeia que em nenhum momento esteve ausente de influenciar a cultura da África.

É chegada a hora do aparecimento dos impérios e reinos, ao que corresponde ao aparecimento dos reinos na Europa.

A consolidação dos reinos e dos impérios na África se dará entre os séculos VII e XII e esse processo tem início com a expansão dos árabes.

A invasão árabe se dá a partir do Egito em direção ao Magreb (que em árabe significa "ocidente") em 642. Primeiro, conquistam os berberes e se expandem até o atual território da Espanha, fundando o califado de Córdoba. Depois estendem seu domínio para o sul, para a região onde hoje é a Mauritânia, onde viviam os antepassados dos hasan.

> O sucesso da conquista arábico-islâmica constitui, de qualquer maneira, um fenômeno histórico de primeira importância para os três continentes (Ásia, África, Europa), na junção dos quais se desenvolveu. Na verdade, na costa oriental e através do Saara, os arábico-berberes vão se entregar a um tráfico de escravos negros, sempre a aumentar até ao século XIX. No entanto, deram à África Negra uma das suas principais religiões e transformaram setores inteiros da sua paisagem sociocultural. Com efeito, os intelectuais árabes, geógrafos e historiadores vão prestar à África Negra o serviço inestimável de dar a conhecer por escrito as realizações sociopolíticas do Bilad es Sudan, a tal ponto que se pode lamentar não terem chegado mais cedo. A geografia era uma necessidade para os árabes. Com efeito, no seu império cosmopolita, que se estenderá dos Pireneus à Índia, eram necessárias obras para servirem de guias. Tanto mais que, todos os anos, multidões idas de todos os pontos do horizonte convergiam por caminhos longos e difíceis, constituindo em volta dos lugares santos de Meca uma espécie de microcosmo onde os eruditos argutos podiam colher elementos de informações únicos, concretos e precisos sobre o

mundo então conhecido. Ptolomeu foi traduzido em árabe e os geógrafos árabes prestaram uma brilhante contribuição para esta ciência antes da contribuição trazida pelos portulanos europeus[68].

Para o historiador, o mundo da escrita[69] não tem preço. A tal ponto que todos os infortúnios que sempre acompanham as conquistas serão minimizados em favor dos registros que uma cultura dita "superior" produz. A colonização moderna se deu basicamente pela escrita e seus códigos secretos.

Segundo os documentos produzidos por esses conquistadores, os grandes reinos africanos formados nesse período são: Gana, Awdaghost, o reino dos Amorávidas, Núbia e Aksum.

Os grupos que formaram o império de Gana foram os pastores berberes, principalmente os sanhadjas e diversos grupos negros, os Ba Fur, bambaras e mandeus, volofos e sereres, além dos songhaís. Mas os grupos principais foram os da linhagem soninkés, sarakholé, marka, diúla, dafing. Territorialmente, se estendia do Tagant ao Alto Níger e do Senegal a Tombuctu. Segundo um cronista do período, "o rei de Gana é um grande rei. No seu território encontram-se minas de ouro e ele tem sob sua dominação um grande número de reinos".

Sobre a possível capital de Gana, fruto de especulações, calcula-se que seja Kumbi: "é uma grande cidade que compreende duas aglomerações. Uma, situada na planície, é muçulmana, habitada por mercadores arábico-berberes, jusrisconsultos e sábios de renome. Contam-se aí doze mesquitas, com pessoal todo ele assalariado". A parte da cidade onde habitava o soberano era chamada de El Ghaba, a floresta, devido a seus jardins e bosques. As descrições sobre as riquezas dos soberanos são estupendas: "o palácio real estava ornado de esculturas e de pinturas e possuía janelas envidraçadas. 'Cada um dos mil cavalos só se deitava em cima da sua esteira. Cada um trazia ao pescoço e na pata uma corda de seda. Cada cavalo dispunha de um bacio de cobre para urinar... cada

---

68 Idem, p. 130-1.

69 O significado da escrita ao longo do tempo vem se transformando, ou melhor, apresenta significativas diferenças de tempo e culturas. Na China é uma arte e uma religião iniciática, enquanto no Egito antigo era um ofício sacerdotal que, todavia, poderia ser "lido" por todos, já que era icônica. De fato, somente na modernidade a escrita assume um *status* de uniformidade e ubiquidade. O analfabeto será um produto dessa especialização em todos os lugares da Terra, só aí seu significado passa a ser o mesmo. A modernidade é o tempo da alfabetização.

cavalo tinha junto de si três pessoas ao seu serviço: uma para o alimentar, outra para lhe dar de beber e a terceira para a urina e as dejeções. Todas as noites, do alto do seu trono de ouro vermelho, rodeado de numerosos criados com archotes, o soberano contemplava dez mil dos seus súditos, convidados a jantar no palácio'" (p. 139).

Awdaghost, por sua vez, era um oásis que abrigava um centro comercial intenso e dinâmico, cujos vestígios apresentam grandes mesquitas e produção de figos e pepinos. Foi destruído e reconstruído várias vezes e tinha uma população eminentemente berbere, fazendo limites com o reino de Gana.

A gesta dos almorávidas, cujo nome remete ao movimento iniciado por Ibn Yacine para revigorar a fé islâmica na região que hoje é conhecida como Mauritânia e cuja fragilidade da fé a partir de então reavivada. Seus habitantes passariam a ser conhecidos como Al Morabetin, ou "ajuntamento dos combatentes da fé" ou "local onde se encontram os combatentes da fé contra os inimigos da fé".

A Jihad teve uma acolhida significativa por este povo que seguia o preceito alcorânico ao pé da letra: "Na verdade, Deus ama aqueles que combatem segundo a sua via: como se fossem um baluarte de pedra".

Ibn Yacine liderou os almorávidas numa Jihad pelo deserto até as planícies do Magreb e depois de morto foi seguido em seus propósitos por Yussuf que avança até Argel e Tagant.

Em confronto com o Império de Gana, o declínio de ambos é decretado. A dispersão principalmente dos grupos serer, volofo, sarakholé, bambara, songaí e akan para o sul e os peules para o norte, entre os hauçá fez com que Gana entrasse em declínio, enquanto os almorávidas, bem... ouçamos a voz de Ki-Zerbo:

> Yussuf voltou para o Marrocos com o título de Amir al Muslimin wa nasir ad din (emir dos crentes e defensor da fé), para ser chamado de novo a prestar socorro algum tempo depois, apesar da oposição dos emires. Desembarcou outra vez, tomou Granada e Sevilha e varreu a resistência dos cristãos até os Pirineus.
>
> Só Valência resiste com Rodrigo, conhecido como el Cid, e depois com Ximena. No princípio do século XII, o poder almorávida constituía assim um império euro-africano que se estendia do Ebro às circunvizinhanças do Senegal, e daí o nome de império das duas margens.

Em 1106 desaparecia o *lemtuna* Yussur Ibn Tachfin, um dos maiores conquistadores da história[70].

Com a morte de Yussuf, o declínio dos almorávidas será irreversível, uma vez que abandona os princípios de austeridade e abraça o modelo títere dos emires.

Na Núbia reside por muito tempo os reinos cristãos coptas e que farão frente ao avanço muçulmano até o século XIV, quando Kudanles, o último rei de Dongola, foi derrotado por Kanz el-Dawla.

Antes disso, registros anunciam que a capital núbia, Soba, era terra de "magníficas construções, grandes mosteiros, igrejas repletas de ouro, jardins e subúrbios habitados por muçulmanos" (p. 151). Dispunham de língua escrita e uma cultura com forte influência bizantina.

E por último, Aksum. Localizado onde atualmente é a Etiópia, este reino cristão em princípio acolheu muçulmanos que fugiam de perseguições. Diz que o Profeta vaticinara: "Se fordes para a Abissínia, encontrareis um rei sob o qual ninguém é perseguido. É uma terra de justiça, onde Deus trará o repouso às vossas tribulações" (p. 152).

Desde há muito que os etíopes exerciam atividades piratas no mar Vermelho, o que arrancou ao Profeta esta outra pérola: "evitai toda querela com os Etíopes, porque eles receberam em herança nove décimos da coragem da humanidade" (p. 153).

Entrará em declínio depois do ataque de Guedite, soberana do reino de Damor e rainha dos agaus, que irá devastar Aksum. Com isso e com a pressão de reinos oprimidos na costa do Mar Vermelho, o império de Aksum não mais se levantará.

Com isso, por volta do século XII, entram em declínio todos os grandes reinos africanos. Até o século XVI, segundo esse autor, a África Negra conhecerá um desenvolvimento simultâneo, daí a denominação de Grandes Séculos para este período. Segundo Ki-Zerbo, e mantendo como hipótese sua intenção de corresponder, historicamente, ao movimento europeu,

> O período precedente foi de intensa preparação, pois viu a fundação
> da maior parte dos grandes reinos africanos. Talvez exageremos também
> a importância destes séculos em relação aos outros, em parte porque os

---

70 Idem, p. 148.

conhecemos melhor em virtude da riqueza das informações que chegaram até nós a seu respeito. No entanto, parece que os países negros africanos atingiram, após uma fase de movimentos migratórios, de contatos e trocas mais ou menos benéficas com o exterior por intermédio dos árabes, fase de progresso demográfico mais ou menos maciço, um certo equilíbrio, que se traduziu por realizações sociopolíticas elevadas, que colocavam realmente estes países ao ritmo do mundo. Mas este progresso vigoroso e constante vai ser bruscamente quebrado a partir do século XVI[71].

Com o declínio de Gana, o Sudão assume o poder tanto sobre as vias comerciais quanto dos jazigos de ouro da "mesopotâmia do Senegal--Níger". Comandado por um guerreiro-feiticeiro animista chamado Sumaoro Kanté, o Sudão consistiu num dos mais formidáveis obstáculos ao avanço muçulmano.

No Império do Mali, mais ao sul do Sudão, também conhecido como Mandinga, "os primeiros chefes usavam o título de *simbon*, isto é, mestre-caçador. Este 'rei' era apenas, afinal, o porta-voz e o executante posto em primeiro plano pela comunidade dos clãs, os quais estavam, todos eles, representados no grande conselho (ghara), que decidia da guerra e dos impostos. Os impostos consistiam em dias de trabalho nas terras do chefe e em gêneros agrícolas reunidos para as festas agrárias da coletividade. As multas infligidas pelo rei por ocasião das sentenças aplicadas em conformidade com o costume eram satisfeitas da mesma maneira" (p. 165). Este reino acabaria convertido ao islã.

É conhecida ainda hoje a história de Sundjata, o leão do Mali, menino aleijado que, para defender sua pátria, ergue-se no cetro de seu pai e enfrenta com honra os inimigos. Parte da lenda ainda pode ser ouvida no hino do Mali.

Depois de acabar com as dissidências internas, Sundjata transmite o trono a seu filho. Ouçamos a voz de Ki-Zerbo nesse caso de profundo estranhamento sobre o significado da palavra "escravo" nesse período:

> A partir do reinado do seu sucessor e filho, Mansa Ulé (1255-1270), rei muito piedoso que fez a peregrinação, parece que a tendência para a descentralização do império foi marcada pela instalação de grandes generais como

---

[71] Idem, p. 163.

feudatários, tais como Fran Kamara e Siriman Keita. Eram cobradores de impostos em gêneros alimentícios e em armas nas províncias conquistadas.

Em 1285, quando da morte do rei Abubakar I, as dificuldades de sucessão permitiram a um antigo escravo da família real, chamado Sakura ou Sabkura, subir ao trono. Era um grande guerreiro com grandes qualidades de homem de Estado[72].

Seu sucessor ficaria conhecido por enviar frotas navais na exploração do Atlântico, primeiro com "duzentos navios", dos quais só um retornou e depois com "dois mil navios", na tentativa de chegar à América do Sul.

Assim, o estranhamento convive com o familiar. Um "escravo que se transforma em rei" com "generais feudatários" que arrecadam impostos, bem aos moldes feudais europeus.

Seu declínio ocorre por lutas internas e externas, contra inimigos que dispunham, já, de armas de fogo, em 1599.

O império de Gao, terra dos songaís, encontra seu apogeu ao final do século XV e início do XVI, que tem início com a dinastia dos Sonnis, cuja figura de Sonni Ali, o Grande, ainda hoje cintila na história, e se encerra com a dinastia Askia, com Askia Ishak I (1539-1549), quando o império estendia-se do Tekrur a Agades e por mais de dois mil quilômetros de Taghazza ao país mossi.

"O número de escolas alcorânicas da cidade de Tombuctu elevava-se a 180. Os professores ensinavam nas mesquitas. Doutores e escritores célebres do Magreb atravessavam o deserto para ministrar cursos ou seguir os dos seus colegas berberes ou negros de Sankoré (bairro de Tumbuctu) ou de Jena" (p. 190).

As rainhas hauçás tornaram-se célebres, como, aliás, a presença feminina na história africana não deixa de registrar, durante muitas gerações por reconhecerem a vontade de seus súditos. No entanto, segundo uma lenda, quando a fome batera em sua porta, foi um guerreiro branco quem viera em sua salvação. Aliás, lenda semelhante existe em Gana, no Gao e em outras regiões centrais da África.

As cidades-Estado hauçás eram organizadas autonomamente e disputavam entre si em guerras constantes. Essa autonomia acabaria por gerar um modelo quase que pré-industrial, de manufaturas de tecelagem, de calçados e artigos de metal. Sobre eles, diz Ki-Zerbo:

---

72 Idem, p. 170.

Saiu dali uma espécie de burguesia mercantil, burguesia empreendedora e aberta às inovações, criadora em suma. Uma aristocracia burocrática também, porque, com a escrita árabe um pouco adaptada, os documentos escritos eram coisa corrente: girgam (lista dinástica), marham (carta de privilégios). O rei era eleito por notáveis (o mais importante era o "mestre dos cavalos") e era responsável perante eles, característica que se afasta dos sistemas políticos negro-africanos, a comparar com o desenvolvimento econômico e social. Deixava com frequência a prática do poder a um primeiro-ministro, o galadima, que trabalhava em colaboração com os chefes do exército, os administradores, os imãs e cádis, o astrônomo especialista do ciclo lunar, o chefe do protocolo, os guardas das portas (cargo particularmente importante), etc[73].

Esses e outros elementos levaram alguns historiadores a denominar sua capital, Cano, como a "Manchester do Sudão".

Outro grande império do oeste africano desse período foi o Kanen-Bornu, muito provavelmente fundado pelos Zaghawa e Tuaregues. Foi, juntamente com o "Mali e o Songaí, um dos mais vastos impérios dos grandes séculos africanos. Sua influência estendia-se da Tripolitânia e do Egito até o norte dos Camarões atuais e do Níger ao Nilo" (p. 201).

Já os reinos Yorubás e o Benin se constituíram a sudeste e a sudoeste da Nigéria atual, formado pelo dinâmico grupo Ibo. "Possuía uma estrutura 'ultrademocrática' que favorecia a iniciativa individual. A unidade sociopolítica é a aldeia. As aldeias agrupam-se por vezes sob a égide de uma mesma divindade e de um chefe de linhagem: o akpara" (p. 202).

O que caracteriza o reino yorubá é a sua base municipal. Pouco antes da colonização, suas cidades compunham milhares de habitantes. O reino é uma federação de cidades.

De certa forma, o Benin nasce de uma linhagem Ifê, ou seja, yoruba. O apogeu do Benin se dá durante o reinado de Ewaré, o Grande, que por volta de 1440 conquista inúmeras cidades e entra em declínio quando encontra os portugueses, em 1684.

Mas também a costa oriental africana encontrará por essa mesma época seu apogeu, com a descrição de cidades costeiras de nomes sonoros como Masudi, Ibn Batuta ou Idrisi, de um país chamado Zinj, país

---

73 Idem, p. 197.

dos negros, de comércio exuberante, inclusive com a China, e de vastas populações que viajavam pelo perfumado oceano índico dos incensos e das especiarias.

Elikia M'Bokolo, historiador congolês, igualmente professor na *École de Hautes Études em Sciencces Sociales de Paris*, esquematiza a tese de Ki-Zerbo:

> África conheceu também uma multiplicidade de Estados que, à sua maneira, dividiram entre si, durante muito tempo, o espaço continental. Esquematizando um pouco, podemos extrair quatro regiões onde, por razões diversas e sob as mais variadas formas – cidades-Estado, reinos, impérios –, constatam-se uma concentração, uma multiplicação e uma sucessão das formações políticas de tipo "estatal". Essas regiões, aliás, tornaram-se uma espécie de mitos geográficos que atraem os aventureiros, os viajantes e os exploradores, e também vários dos primeiros fotógrafos que se lançaram à "descoberta" do continente misterioso.
>
> A primeira dessas regiões é o Sudão, como entendido pelos geógrafos árabes da Idade Média quando eles descreviam o Bilad al-Sudan, ou seja, "o país dos negros". Do Senegal ao Chade, entre as margens do Saara ao norte e a região das savanas e das florestas ao sul, esses países abrigaram Estados prestigiosos. Em seu *Livre des Itinéraires et des royaumes* (1068), o geógrafo árabe El-Bekri distingue nada menos do que 10 Estados. Ao longo de toda a Idade Média, foram sobretudo o Gana, o Mali e o império de Gao que fascinaram a imaginação, primeiro dos árabes, e depois dos europeus. Excepcional por sua extensão, o império de Gao controlava nominal e efetivamente um imenso território cujos limites extremos iriam, em termos atuais, de oeste a leste, do Senegal à Nigéria e, do norte ao sul, de Thégazza ao Saara até as proximidades de Ouagadougou. Esses Estados não sobreviveram às tensões internas de sua sociedade e de seu sistema político e às ambições expansionistas de seus vizinhos do norte, especialmente o Marrocos que, em 1851, apoderou-se do império de Gao. Mas surgiram outras formações que invocavam o Islã, como o Kanem--Bournou nos países chadianos e o califado de Sokoto na Nigéria, ou que, ao contrário, estavam fundados sobre as crenças da terra, como o reino Mossi (Burkina Faso).
>
> Mais ao sul, além da grande floresta, as savanas que vão do Congo e de Angola em direção a Malauí e a Moçambique também viram a criação de formações políticas impressionantes, algumas das quais – o reino do Kongo

e o império do Monomotapa – foram muito conhecidas, tanto em países islâmicos quanto na Europa da Renascença. Mas Estados menos conhecidos não eram menos dinâmicos, se pensarmos, por exemplo, no império lunda: no auge de seu poderio, nos séculos XVIII e XIX, este império se estendeu sobre terras que hoje pertencem a Angola, República Democrática do Congo e Zâmbia, e mantinha relações comerciais regulares com os negociantes estrangeiros estabelecidos na costa atlântica ou na costa do Oceano Índico. Ao longo de todo o século XX, apesar das fronteiras coloniais, os lunda continuaram a reconhecer, através de manifestações materiais, políticas e simbólicas as mais variadas, a autoridade de seu "imperador", o Mwata Yanvu, reduzido à condição de simples "chefe supremo" pelos poderes coloniais e por seus sucessores africanos.

Na parte leste do continente, os Estados "tradicionais" se concentraram numa espécie de arco de círculo que ia dos planaltos abissínios aos Grandes Lagos. A Etiópia foi um caso extremo porque, sobre o mesmo território, viu-se suceder um longo cortejo de Estados, dos quais o mais antigo – Axum – remontava ao início da era cristã: o *Kebra Nagast – a Glória dos Reis*, livro escrito provavelmente no século XIV, que representa a visão ideológica de sua própria história pelos reis da Etiópia e estabelece a tradição segundo a qual o reino remontaria a Salomão, de quem a rainha de Sabá teria concebido Menilik, o primeiro negus da Etiópia. Seja como for, sabe-se que seu herdeiro distante, Menelik II (1844-1913), deu à Etiópia suas fronteiras atuais. Mais ao sul, na região dos Grandes Lagos, foi preciso esperar o século XV para ver com precisão esses Estados – Bunyoro, Buganda, Ankole, Rwanda, Burundi... – se constituírem progressivamente; alguns deles estão ainda no foco da atualidade.

Na costa atlântica enfim, do Senegal ao Gabão, raras foram, fora do reino de Benin (hoje na Nigéria), as formações políticas de tipo estatal anteriores ao desenvolvimento, a partir do século XVI, das trocas comerciais com os europeus. Com Estados tais como o reino ashanti (Ghana), e do Daomé (República do Benin) ou ainda o reino Bamum (Camarões), encontramo-nos no ponto de cruzamento de duas dinâmicas: uma dinâmica imprimida do exterior pelos europeus, que representa tanto uma ameaça quanto uma oportunidade, e uma dinâmica vinda do interior, na qual os africanos vão buscar os elementos de resposta aos desafios exteriores.

Com essas origens diversas, a maioria dos antigos Estados africanos se organizaram de maneira a desfrutar de uma duração suficientemente longa, a ponto de alguns só terem ruído sob o choque da conquista colonial, e de outros, os mais sólidos ou mais hábeis, poderem subsistir, mediante alguns arranjos, no bojo do sistema colonial, e mesmo se manter até nossos dias[74].

O declínio dessas experiências terá duas causas fundamentais. De um lado, a expansão muçulmana avassaladora sobre os estados negros ao sul do Saara e de outro, a chegada dos europeus.

O que é um Estado? Antes da modernidade, das grandes navegações e dos colonialismos, em que os Estados são uma única e mesma coisa, podemos imaginar, sequer, como eram os Estados?

As aspas todas de M'Bokolo expressam o desconcerto da designação. Mas, para quem lê, "imperador" é similar a imperador Julio César ou imperador Napoleão.

As formas de cultura experimentadas em cada uma das regiões da África, da Ásia, dos indígenas americanos de norte a sul, dos Incas, Maias, Astecas, dos mujiques russos, das diversas tribos europeias anteriores à formação dos Estados, nada disso nos é dado saber e o exercício da história só é político, partindo do presente e indo ao passado efetivar-se. Podem ter sido de qualquer forma, dependendo de muitos fatores, mas jamais saberemos exatamente como foi.

A única razão da permanência do termo é ideológica, ou seja, permanece aí antecipando o fenômeno moderno, naturalizando a hierarquia. Nada sabemos desses arranjos políticos e culturais, fruto de uma imprecisão absoluta das fontes.

Modernamente, as mudanças no caráter do Estado refletem formas inovadoras de lidar com as populações, entendidas doravante como um redil, um conjunto relativamente simétrico de identidades correlatas sob a denominação de macrossolidariedade.

Como há um pressuposto que o desenvolvimento, o progresso e a evolução são conceitos positivos, então o termo Estado passa a ser encarado como um dispositivo que previne contra o seu inverso, o atraso, a barbárie, a tradição. Se abdicássemos dessa positividade e aceitássemos

---

74 M'BOKOLO, Elikia. As zonas de influência. In: *Antologia da Fotografia Africana e do Oceano Índico, séculos XIX e XX*. Reveu Noire, Paris, 1998, p. 11-2.

a comunidade, o grupo, a aldeia como uma experiência válida, nossa compreensão sobre o passado de qualquer grupo seria muito mais abrangente e respeitosa e não necessitaríamos de fórmulas prontas a erradicar a diversidade extraordinária que deve ter sido o passado de experiências muito complexas.

A operação realizada por Ki-Zerbo inverte aparentemente a leitura histórica do eurocentrismo, colocando a civilização nascida na África em anterioridade à própria civilização europeia e subordinando, de certa forma, esta àquela.

Contudo, quais valores realmente são consolidados?

Os valores das instituições eurocêntricas, tais como hierarquia, poder, submissão, ou reinos, impérios e estados. Isto porque a história, como já vimos, é uma ferramenta inventada na Europa do século XIX e todo o seu ferramental é elaborado para erradicar outras formas de vida e de sociabilidade.

Se a fonte comum entre a Europa e a África é a civilização egípcia, a civilização passa a ser o único parâmetro da história e a mera inversão de sua gênese e de seu consórcio (uma com a Grécia e outra com os reinos sudaneses) não é suficiente para erradicar os princípios colonizadores contidos em seu *corpus* metodológico.

Ki-Zerbo não somente se submete a esses métodos, mas cria uma história da África que é em tudo um espelhamento da história europeia, com seus ciclos de evolução, seu desenvolvimento previsível, seu progresso.

Nessa época, Franz Fanon avisava:

> Para assimilar a cultura do opressor e nela aventurar-se, o colonizado teve de apresentar garantias. Entre outras coisas, teve de fazer suas as formas de pensamento da burguesia colonial[75].

Mas me parece mais um caso do roto falando do esfarrapado. O antilhano Fanon também teve que incorporar as mesmas formas de pensamento só aparentemente críticas do escopo teórico marxista, ofertado pelo colonizador para os intelectuais rebeldes colonizados, como arma não só para entender a realidade mas, principalmente, para "emancipar-se". Eis o redil onde encarceraram a intelectualidade colonizada.

---

[75] FANON, Franz. *Os Condenados da Terra*. Juiz de Fora: Ed. UFJF, 2005, p. 66.

CAPÍTULO 5

OS REGISTROS DA PRIMEIRA CHEGADA DO EXTERIOR, OS PORTUGUESES

Os problemas históricos apontados até aqui não se dissolvem absolutamente quando, a partir do século XV, os europeus conseguem abordar a África pela costa atlântica.

Contudo, não foram somente os portugueses que chegaram no raiar da modernidade. As disputas entre portugueses, holandeses, franceses e ingleses, principalmente pela costa do Senegal e da Gâmbia, duraram muito tempo, escamoteados por companhias comerciais europeias.

Os franceses acabariam por ocupar a ilha de São Luís e tomam Goreia e Arguim dos holandeses que voltariam a ser francesas antes do fim do século XVII, avançando até o Buré.

Além desses, podemos detectar feitorias dinamarquesas e holandesas na Costa do Ouro, britânicas em Gâmbia, Serra Leoa e Costa do Ouro, francesas na Senegâmbia e Costa do Marfim.

Da perspectiva da história aos moldes europeus, há um vazio entre o século XV e o XIX, exceto no que tange aos próprios europeus, tais como cálculos e estimativas, relativos aos movimentos diaspóricos que a escravidão detonou.

Segundo alguns historiadores, já desde o século XIV o mundo europeu cobiçava o ouro do Bilad al-Sudan, o Sudão atual, conhecido como "o país do ouro". Já no século XV os italianos procuraram em vão chegar ao Sudão, assim como os portugueses, mas apenas estabeleceram rotas comerciais que faziam chegar alguns produtos manufaturados italianos em troca do vil metal, impulsionando o comércio cristão no ocidente, aproveitando as rotas comerciais do sal do Saara. Mas são especulações ainda.

De fato, a mítica Tumbuktu somente seria encontrada muito depois, na narrativa do francês René Caillé, *Journal d'un voyage à Tombouctou et à Jenné dans l'Afrique centrale* (1824-1827). Ninguém mais testemunharia seu esplendor. De lá para cá, não se entende como Tumbuktu tenha se tornado tão pobre. Seria por que as narrativas míticas não traduzem nenhuma correspondência na cultura europeia ou por que a sanha do assalto europeu tenha destruído completamente o seu brilho? Jamais saberemos.

Devemos, contudo, reconhecer no alerta de Paul Gilroy aspectos importantes:

> Existe o perigo de que, afora a arqueologia das sobrevivências tradicionais, a escravidão torne-se um feixe de associações negativas, que é melhor deixar para trás. A história das fazendas e usinas de açúcar supostamente oferece pouca coisa de valor quando comparada às concepções elaboradas na antiguidade africana contra as quais são desfavoravelmente comparadas. Os negros são instados quando não a esquecer a experiência escrava que surge como aberração a partir do relato de grandeza na história africana, então a substituí-la no centro de nosso pensamento por uma noção mística e impiedosamente positiva da África que é indiferente à variação intrarracial e é congelada no ponto em que os negros embarcaram nos navios que os levariam para os inimigos e horrores da *Middle Passage*[76].

Para evitar esse congelamento da história, devemos investigar o movimento genérico da aproximação e o movimento específico, contingente a cada contato. E aqui deixo de lado qualquer indulgência, pois

---

76 GILROY, Paul. *O Atlântico Negro*. São Paulo: Ed. 34, 2001, p. 355.

o mérito de ser sujeito da história é assumir a complexidade humana em toda a sua estatura e reconhecer que são também as contingências que fazem movimentar os projetos humanos.

Genericamente, trago o testemunho de um historiador africano nestes termos:

> A volta à África feita pelos europeus levou à constituição, a partir das cidades costeiras do Oceano Atlântico, de uma espécie de fronteira móvel e expansiva, de onde as influências europeias têm progressivamente penetrado no continente. De Saint-Louis do Senegal ao Cabo, fortes e, em volta deles, cidades se formaram: enquanto os europeus ficavam a maior parte do tempo enclausurados nesses fortes, à espera de mercadorias trazidas pelos africanos, formou-se bastante cedo uma categoria de representantes e intermediários negros ou mestiços, especializados no comércio a longa distância. Dois tipos de troca foram progressivamente aparecendo: o comércio "por revezamento", no qual os produtos passavam de mão em mão, de um grupo e de um território a outro, cada grupo procurando controlar estritamente o seu espaço e retirar sua parte de lucro; o comércio "em rede", no qual um grupo de comerciantes especializados, ou, no caso de tráfico negreiro, acompanhava as mercadorias de um ponto a outro da cadeia comercial. Não se devem minimizar as influências que por esses diversos caminhos se infiltraram nas sociedades africanas. A mestiçagem, ao mesmo tempo biológica e cultural, foi bastante profunda em todas as cidades costeiras, incluindo as da África do Sul, onde a interdição dos "casamentos mistos" (1685) e todas as práticas discriminatórias e racistas cedo foram institucionalizadas. No interior, mudanças na maneira de viver começaram a aparecer, em particular no terreno da alimentação, com a adoção, a cultura e o consumo de plantas vinda do Novo Mundo, como a mandioca e o amendoim[77].

No entanto, os contatos foram a princípio estreitos a um conjunto de fortificações nada casuais, repercutindo de acordo com certas interpretações sobre as específicas condições dos povos ali já estabelecidos. Tanto a cachaça produzida da cana-de-açúcar brasileira quanto, posteriormente, o tabaco, além dos zimbos, dinheiro feito de conchas, foram usados para o escambo.

---

[77] M'BOKOLO, Elikia. *As Zonas de Influência*. Op. cit. p. 13.

Assim, duas questões de ordem teórica devem ser reveladas. De um lado, a certeza de que na África já existia o trafico de escravos e que os portugueses se aproveitaram dessa experiência para consolidar seu comércio. Segundo um dos autores dessa interpretação, "todo lugar e época que conheceram a concentração de riqueza e de poder, como a África de antes do tráfico, e sobretudo depois de sua implementação, também testemunharam a exploração do homem pelo homem. Recusar tamanha obviedade não contribui para que se ultrapasse a tão comum associação africano/selvagem"[78].

Outros, como Jacob Gorender, consideram a produção de escravos como uma criação alienígena moderna, mais precisamente europeia, sendo que somente depois os portugueses "não demorar(i)am a deixar semelhante tarefa aos africanos", seduzindo-os com mercadorias europeias e americanas pelo estímulo do escambo. De fato, "o implante de escravos numa comunidade que desconhece esse modo de exploração reordena sua hierarquia social, levando-a a cunhar novos conceitos"[79].

Tal polêmica explica a fragilidade da reconstrução histórica em tempos reconhecidamente "históricos", dependendo dos interesses de cada historiador.

Os primeiros contatos, ao que se sabe, entre portugueses e africanos, foram marcados por alianças expansionistas a partir do litoral na costa ocidental africana. Contudo, no Continente Negro,

> houve, como se apontou a respeito dos ovimbundos de Benguela, comunidades africanas que repeliram o tráfico de escravos. No entanto, na virada dos Quinhentos, emergem na África Ocidental e Central Estados nativos – verdadeiros reinos negreiros – estruturados em torno do comércio entre o interior e o litoral. Vizinhos a Luanda, o reino do Dongo desabou sob os reides preadores europeus. Não obstante, no sertão angolano, suficientemente perto para fazer escambo com os portos de trato, mas bastante longe para evitar os ataques dos portugueses, os reinos de Matamba e de Caçanje se fortaleceram com o trato atlântico de escravos ao longo do século XVII. No século seguinte, na Costa da Mina, o reino

---

78 FLORENTINO, Manolo. *Em Costas Negras*. São Paulo: Cia. das Letras, 1997, p. 75.

79 ALENCASTRO, Luiz Felipe de. *O Trato dos Viventes*. São Paulo: Cia. das Letras, 2000, p. 144.

do Daomé aproveita a concorrência intermetropolitana europeia em seu litoral para assegurar sua independência e tirar melhor proveito do tráfico de escravos com os europeus[80].

Assim, o "Estado do Daomé surgiu no bojo do desenvolvimento do comércio negreiro em pleno século XVII, fundado no monopólio estatal sobre as transações com escravos"[81].

Quanto ao Dongo, a batalha de Ilamba (1585) "na qual os guerreiros dos três esquadrões – os três *embalos* (tal era o nome quimbundo dos contingentes militares dos ambundos) – haviam sido quase todos mortos ou capturados. Jazia dizimada a aristocracia ambundo. Junto com centenas de narizes decepados, as cabeças dos chefes foram ensacadas e levadas para Luanda nas costas de vinte carregadores"[82].

O colaboracionismo africano, todavia, é muito mais extenso. Os jagas, temidos guerreiros portadores de machados de guerra confeccionados em Portugal, estiveram na vanguarda dos grandes predadores africanos de escravos.

Nzinga ou Jinga (1582-1663), que perdera seus direitos sobre o trono do Dongo, "adere num primeiro tempo à comunidade dos jagas e funda o reino de Matamba. Em seguida, na chefia da sociedade guerreira até então comandada por homens, Jinga vai assumir completamente as funções masculinas, criando um harém de rapazes 'transformados em mulheres, até em seu vestir, como se eles fossem fêmeas e ela, varão', conta Cadornega. Seguindo os ritos iniciatórios e os costumes dos jagas, Jinga praticava a antropofagia e o infanticídio".

Antes, contudo, em 1621, havia sido batizada pelos capuchinhos e permitira a fundação até da Igreja Santa Ana de Matamba, que no período de seu afastamento das seduções da Igreja, acabaria "frequentada exclusivamente por galinhas". Durante esse período, juntamente com os jagas, havia sido parceira dos predadores portugueses.

Mas os jagas já eram velhos parceiros dos lusos:

---

80 ALENCASTRO, Luiz Felipe de. *O Trato dos Viventes*. São Paulo: Cia. das Letras, 2000, p. 118-9.

81 FLORENTINO, Manolo. *Em Costas Negras*. São Paulo: Cia. das Letras, 1997, p. 75.

82 ALENCASTRO, op. cit. p. 173.

Os africanos do período pré-europeu desconheciam as aguardentes, consumindo apenas bebidas fermentadas. Nos descobrimentos, a bebida preferida dos povos da África Central era o malafo, que os portugueses denominavam "vinho de palma". Extraído de diversos tipos de palmeiras, entre as quais o dendezeiro, o malafo conhecia grande demanda como bem de consumo, de troca e de cerimonial. Na tradição do Império Lunda (1500-1850), implantado no nordeste de Angola, o malafo se associava à masculinidade e ao poder político.

Guerras dos jagas e dos preadores europeus desorganizam a cultura e o trato de malafo desde o final do século XVI. Andrew Battel conta que os ambundos e os povos sedentários de Angola tinham o cuidado de extrair a seiva das palmeiras sem cortá-las, preservando os palmeirais. Ao passo que os jagas derrubavam as palmeiras para fazer malafo, destruindo as plantações à medida que avançavam. De seu lado, em represália aos sobas recalcitrantes, os portugueses costumavam cortar os palmeirais das aldeias atacadas. Alem do malafo, a palmeira-dendê – denominada por Cadornega de "rainha das árvores" – fornecia aos nativos do Congo e de Angola o coquinho (do qual se fazia a farinha emba), o vinagre e o azeite alimentar, os unguentos medicinais, o sabão, as estacas para as casas, as fibras para tecidos e cordas. Representando a perda do poder social e econômico dos sobados, a derrubada dos palmares constituía para os ambundos um de-sastre de grandes proporções. Relato quinhentista conta o ataque de Paulo Dias Novais contra um sobado: "o destruíram, queimando-lhe a terra e cortando-lhe os palmares, que é a cousa que eles (os nativos) mais sentem". Na fieira dos documentos ressai uma frase enfatizando as consequências nefastas da perda dos dendezeiros e do fabrico de malafo: os ambundos sofrem mais com a perda dos palmares do que com a captura ou a morte de seus próprios filhos. Metáfora nada figurada, pois as bebidas alcoólicas importadas em substituição ao malafo tornam-se um dos principais mo-tores do tráfico de africanos para as Américas[83].

Aparentemente, os diversos grupos Jaga praticamente desapare-ceram depois do século XVII, sendo incorporado pela população de Angola. Contudo, um grupo resistiu à assimilação. O relato a seguir refere-se ao jaga Cassanje que ocupou a Baixa do Cassanje, junto do Rio Coango e constituiu o Jagado do Cassanje, que durou até quase ao fim

---

83 Idem, p. 311-2.

do sec. XIX, quando foi atacado diversas vezes pelas tropas portuguesas. A memória seguinte foi escrita por um major da infantaria portuguesa em 1853. Vamos analisar o documento, na tentativa de entendermos o conceito de Estado aqui inscrito.

MEMÓRIA SOBRE O SERTÃO DE CASSANJE

Duas coisas me convidam a fazer esta memória sobre Cassanje e são: 1º A importância deste sertão, porta dos sertões da Lunda, por onde vem o grosso do comércio de Angola; e 2º os acontecimentos que ali ultimamente tiveram lugar.

Tendo ido em 1850 a Cassanje à testa da Divisão Portuguesa, que acabava de submeter o sertão do Bondo, onde depus o Soba Andula Quissua, e fiz colocar no estado o leal e prudente Quissua Camoaxe, que hoje bem governa aquele importante sertão, e havendo sido eu obrigado por dignidade do Governo Português a invadir a Capital do Estado do Jaga Cassanje, D. Pascoal Machado, por circunstâncias hoje bem conhecidas, para que de novo as relate, e mesmo porque acabo de o fazer no Diário que escrevi daquela expedição, e tendo ouvido a alguns velhos a história de Cassanje, desde o tempo em que aquele país foi ocupado pelos ditos Cassanjes, não achei destituída de interesse a narração que me fizeram, para deixar de tomar alguns apontamentos sobre ela, certo de que será de bastante curiosidade para muita gente o conhecimento desta Memória.

<u>CAPÍTULO 1º</u>: *Cassanje, propriamente dito, fica nas terras entre o Bondo Songo, e Rio Quango, que é o Zaire.*

Avançar um passo sobre a história deste país antes da ocupação dele pelos Cassanjes coisa é por certo impossível, sem talvez cair em equivocações. Sabe-se contudo que este país se achava ocupado pelos povos Quilambas, divididos em diferentes pequenos Estados, ou Sobados, tais eram Quilamba – Muauzumbe – Quizinga – Quicungo – Quiaupenge – Cunga – Muxinda – Lubolo – Bango Aquissua – Dambe Aquissua – Indua Quissua.

Cassanje é uma extensa planície cercada por uma cordilheira de montanhas, que começando nas margens do Quango, na extrema do Quembo, vem descrevendo uma curva em volta da planície, servindo de fronteira ao Songo Bondo, e passando o Iliongo, vem terminar outra vez no Quango. Contudo as terras na proximidade do Quango, ou Zaire, não são todas planas, porque há algumas montanhas, ainda que não de grande altura.

O Potentado Colaxingo era dos régulos sujeitos ao Matiamo da Lunda, e sendo expulso daquele Estado, veio habitar o país que fica entre o Distrito de Ambaca e o Golungo-Alto, mas sendo muito turbulento, foi lançado fora daquelas terras e com seu povo foi formar suas senzalas nas terras em que hoje se acham estabelecidos, e mudaram o nome à terra, dando-lhe o título do seu Jaga. Nada se pode referir a épocas certas, porque a fonte donde tirei estes apontamentos foram, como já disse, os velhos Maquitas, que recebendo de seus pais e avós por tradição estas notícias, já se vê que nada podiam dizer das datas de sua história. O primeiro Jaga estabelecido em terras Portuguesas chamava-se Colaxingo, e pela sua morte, sua família tomou por apelido o nome de seu Chefe, e foi desta família que, por não sei quanto tempo, se tiravam os Jagas que governavam o Estado, até que de Libolo veio o régulo por nome Gonga, poderoso, e assentou com seu povo a sua residência em terras de Cassanje, e por ser temido, foi convidado pelos Cassanjes, para com os de sua família entrarem no Estado, sucedendo aos de Colaxingo, no que convieram; mas os de Colaxingo, mais por medo que por simpatia, propuseram este pacto, pois temiam muito os da família Gonga, e assim ficaram sendo estas duas famílias as únicas que tinham direito ao estado de Jaga; algum tempo depois veio dos Estados do Rei Ginga outro régulo chamado Calunga, e pelas mesmas circunstâncias que concorreram em Gonga foi convidado a ter entrada no Estado, e é esta a origem de estar hoje o Estado de Cassanje nas três famílias de Colixingo – Gonga – e Calunga. Começaram os Songos a transitar o caminho da Lunda para Cassanje, caminho muito mais curto que o do Songo Grande, e daí vem a origem da Feira do Cassanje, porque alguns portugueses começaram a ir ali comerciar pela abundância de marfim que os Cassanjes traziam da Lunda: os Jagas consentiram no estabelecimento da feira, mas conservando o caminho oculto, e não consentindo que português algum passasse além do Rio Zaire ou Quango.

<u>CAPÍTULO 2º:</u> *Eleição do Jaga, e cerimónias que se seguiam a este acto.*
Tratei no Capítulo antecedente do estabelecimento dos Cassanjes nas terras em que actualmente se acham, e da forma por que se estabelecem para a sucessão: – trato agora da forma da eleição, que se seguia a este acto. Morto o Jaga, é o Tendala quem convoca o colégio eleitoral, que é composto dos Macotas, Cazas, Catondo, e Tendala, que reunidos começam por descortinar e examinar a qual das famílias pertence o Estado: decidida esta questão, trata-se de ver qual a pessoa que deve ser eleita;

e aqui há sempre grandes questões, e às vezes chegam a vias de facto, quero dizer, a pegar em armas, para por elas decidir a contenda; mas ordinariamente não se chega a tanto, porque os Macotas têm o cuidado de guardar grande segredo sobre quais são os que têm votos, ou são indicados por cada um dos membros do Colégio eleitoral. Terminadas estas questões, e decidido definitivamente quem deve ser o eleito, passa o Catando a formar uma casa e quintal que deve receber o novo Jaga, assim como os outros Macotas a fazerem suas casas próximas àquela, e a esta senzala se chama Quilombo do Catando; marcada a hora para a cerimónia, vai o Tendala ao lugar em que está o eleito, entre na casa, e, à maneira de que agarra um assassino, o conduz fora da casa, e aí, reunido o povo, começa a grita, e toques de marimbas, e tambores, e o novo Jaga é levado às costas de seus filhos até ao lugar do Quilombo: é metido na casa que lhe está preparada, e por espaço de muitos dias ninguém mais o vê, a não ser dois parentes, e o Tendala. Passados dois meses, vai o Jaga habitar por 20 ou 30 dias uma casa de antemão preparada na margem do Rio Undua (rio célebre por dar o nome ao terrível e mortal juramento) e nesta casa é o Jaga presente a depor todos os Maquitas do Estado, e aqui nomeia os Macotas da segunda ordem, e mais dignidades de Quilombo, que são vitalícios, à excepção dos três eleitores que são hereditários nos sobrinhos, e aqui escolhe a sua Bansacuco, principal mulher do Jaga. No fim do tempo marcado, vem o Jaga acompanhado de todo o Estado para o lugar em que deve formar o seu Quilombo, e depois de concorrerem todos, o Jaga arma o arco, dispara uma frecha, e aonde ela for cair é nesse lugar que se edifica a sua casa, a que se chama – Semba – e em volta dela se formam as casas da Bansacuco, e das outras concubinas, que às vezes chegam a 50, que tantas teve o Jaga Bumba: depois seguem as pequenas senzalas das casas dos Macotas, suas concubinas, e mais povo, que pertencia ao antecessor do eleito Jaga, isto é, o povo que ele trouxe da senzala, aonde era Maquita. Resta o sambamento, última das cerimónias para o Jaga ficar no pleno gozo da sua soberania. Não tem marcada a época do Sambamento depois da eleição, pelo menos, se se acha, os Jagas não o têm cumprido, porque até alguns não o têm feito, e têm morrido, sem esse bárbaro estilo. (O cerimonial do Sambamento foi abolido, quando se celebrou o baptismo do Jaga D. Fernando, permitindo-se contudo o banquete, mas sem derramamento de sangue humano). Quando o Jaga resolve fazer o Sambamento, manda ao Songo a algum dos Sobas buscar o nicango, que é um preto que não tenha relação de parentesco algum com ele Jaga nem Macota algum: chega o nicango, é tratado no Quilombo da mesma maneira que o Jaga, nada lhe falta, e até se cumprem as suas ordens como emanadas do Jaga. Designado o dia do Sambamento, são avisados todos os Maquitas, e o maior número de pessoas dele que possa vir ao Quilombo, e no dia marcado, na frente da casa do Jaga se colocam todos os Maquitas e Macotas no círculo, e reunido em volta o povo, senta-se no centro o Jaga no banco de ferro, que tem um palmo de alto com o assento em forma circular, côncavo, e furado no centro, e coloca-se ao lado a Bansacuco, e mais concubinas, e começa o Cassanje Cagongue a tocar no Gongue, que são duas campas de ferro, com um varão de palmo de comprido, tangendo o Cassanje Cagongue as campas durante o cerimonial; é trazido o nicango, e voltado de costas na frente do Jaga, este com um cutelo de meia lua abre o nicango pelas costas até lhe arrancar o coração, que trinca e lança fora, para depois ser queimado. Feito isto, os Macotas pegam no corpo do nicango, e voltam sobre o ventre do Jaga todo o sangue que sai pelo furo da cavidade aonde estava o coração; tendo caído no banco, sai pelo furo que tem, e imediatamente os Maquitas, esfregando as mãos no lugar onde cai o sangue, esfregam o peito e barba, fazendo grande grita, exclamando que o Jaga é grande: e estão cumpridos os ritos do Estado. O nicango é levado para distância, aonde é esfolado, dividido em pequenos bocados, e cozinhado com carne de boi, cão, galinha e outros animais e, pronta a comida, é servido o Jaga, depois os Macotas, Maquitas, e todos os do povo reunidos, e desgraçado do que lhe repugnar tal comida, porque é vendido como escravo, e toda a família; e depois de muitas danças, e cantorias, termina o Sambamento. Era costume mandar ao Director da feira de Cassanje uma perna do nicango, mas o Director voltava a oferta com o tributo de uma ancoreta de aguardente, e fazendas, sem o que o Jaga não consentia que lhe voltasse o que havia mandado, e houve um Jaga, que por o Director repugnar a oferta, e não mandar o tributo, quis obrigá-lo como seu súbdito a comer da carne do nicango, o que se compôs, satisfazendo o Director ao costume. O Jaga que tivesse sambado ordinariamente não vivia mais que dois anos depois desta cerimónia porque o matavam, não só porque os interessados queriam ir ao Estado, mas porque os Macotas recebem nas eleições muitos presentes. Além deste assassinato, quando o Jaga sonhava com algum dos seus antecessores, no dia imediato mandava-lhe dois escravos de presente, e estes desgraçados eram esquartejados sobre a sepultura do presenteamento: isto era muito ordinário como se pode supor em gente tão supersticiosa.

CAPÍTULO 3º: *Morte e funeral do Jaga*

Quando os Macotas viam que a doença que acometia o Jaga era grave, tratava-se de despedir todos da casa, e este entregava ao sobrinho herdeiro (Bumba Ata) todos os escravos, e mais haveres do Jaga, deixando só seis escravos para o caso de morte, como abaixo se vê, e o enfermo era ordinariamente sufocado, e esta era a maior parte das vezes a morte do Jaga de Cassanje. Morto o Jaga, é conservado no lugar em que morre três dias, no fim dos quais o Tendala lhe arranca um dente, que é entregue ao herdeiro, que o deve apresentar ao novo Jaga para ser colocado com os dos outros Jagas na caixa das malungas (atributos do Estado, sem os quais Jaga algum pode exercer o estado); depois é vestido com os melhores panos, e na própria casa em que morre se forma uma espécie de carneiro, aonde é colocado com os seis escravos vivos e, depois de chio de terra o carneiro, por todo o espaço do Quilambo, se plantam árvores, e é abandonado por todo o povo; os que pertenciam ao defunto vão habitar outra senzala com o herdeiro, que fica sendo Maquita, com o nome do Jaga, e os que pertencem aos Macotas vão com seus senhores formar senzalas até nova eleição.

CONCLUSÃO

Em consequência da conquista feita das terras do Cassanje e Hiongo, pela rebelião do ex-Jaga Bumba, e dos assassinatos dos dois Feirantes, ficou Cassanje sujeito à Coroa como domínio português, e por essa ocasião foram abolidos todos os usos gentílicos, que fossem contra a Religião Católica, e Leis Portuguesas. É de esperar que o Governo, tomando em consideração tão útil aquisição, como é a vassalagem de Cassanje (donde nos vem todo o marfim, e grande parte da cera que se exporta de Angola), dê todas as providências para a conservação do que com tanto trabalho se alcançou, porque dali depende o pouco comércio que tem a Província de Angola.

Luanda, 20 de Abril de 1853

Francisco de Salles Ferreira, Major de Infantaria[84].

---

84 Annaes do Conselho Ultramarino (Parte não oficial), Série 1 (fev. de 1854 a dez. de 1858), Lisboa: Imprensa Nacional, 1867, p. 26-28.

Mas também, segundo a visão dos estrangeiros, os grupos que se aliavam aos portugueses adquiriam o perfil mais lustroso:

> É sem dúvida a capitania de Benguela o ponto certo de toda a navegação africana e o mais rico lugar de toda a costa, não só porque dos fundos exportados se pagam de direitos de saída anualmente mais de cem contos, mas porque a experiência tem feito ver a todos os muitos colonos, sem princípios e de costumes depravados, que entrando em crédito no tráfico do comércio, têm em poucos anos alcançado somas imensas, pela vantagem do negócio do sertão e permuta das fazendas da Europa, Ásia e geribitas (cachaça) da América[85].

Dessa forma, eram muitos os expedientes para conquistar a colaboração dos diversos grupos no consórcio do tráfico. Além disso, com a crescente presença de europeus, a mestiçagem resultante foi conquistando cada vez mais poder na hierarquia imposta pelo trato. Em São Tomé, por exemplo, desde meados do século XVI, os mestiços experimentaram significativa ascensão social, cujo resultado foi um alvará manuelino de 1520 que decretava a "entrada de mulatos nos postos municipais da ilha, na medida em que fossem casados e 'homens bons' (proprietários)"[86].

Segundo um estudo da Universidade de Cambridge denominado *The Trans-Atlantic Slave Trade Database*, durante os mais de trezentos anos de escravidão mais de 11 milhões de escravos africanos foram trazidos para a América. Contudo, entre 1801 e 1862, 66.974 homens, mulheres e crianças, com idades entre 8 e 25 anos, saíram de Serra Leoa; 80.597 saíram da Costa do Ouro; 222.407 saíram da Baía de Benin; 217.781 saíram da Baía de Biafra; 952.937 saíram do Congo e Angola e 236.504 saíram de Moçambique. Nesse mesmo período, 47 mil chegaram ao estado da Carolina, EUA; 502.998 chegaram a Cuba; 69 chegaram à Jamaica; 65.049 chegaram à Guiana; 161.883 chegaram à Bahia e 893.925 chegaram ao sudeste do Brasil. Nos últimos anos do tráfico, contudo, vieram o cego, o surdo, príncipes, chefes religiosos, mulheres com bebês, mulheres grávidas, foram arrancados

---

85 RODRIGUES, Jaime. *De Costa a Costa*. São Paulo: Cia. das Letras, 2005, p. 51.

86 ALENCASTRO, op. cit., p. 347.

da África impiedosamente para saciar um mecanismo de exploração que rapidamente se esgotava. Estes são os números astronômicos da diáspora africana.

Mas nem de perto representam ainda o total, pois para cada homem, mulher ou criança chegado à América, quatro ou cinco morreram nas batalhas de apresamento, nas longas marchas africanas, nos tumbeiros. Calcula-se em cem milhões a sangria humana do escravismo na África[87].

Na África, esse processo foi conectado com outro que completou um vasto sistema de influências que, paulatinamente, foram erradicando as experiências e as formas de vida tradicionais, de tal sorte que o apagamento histórico daí resultante consiste numa barreira intransponível para os historiadores.

---

[87] KI-ZERBO, op. cit., p. 278-9.

CAPÍTULO 6

A GRANDE INVESTIDA DO NORTE DO CONTINENTE, OS MUÇULMANOS

A grande expansão dos povos do norte da África se deu em tempo bastante restrito e quase que exclusivamente na metade oriental do continente. Entre 1820 e 1880 a vaga do norte cobriu uma extensão considerável e suas influências podem ser sentidas ainda hoje.

Houve primeiro o nascimento de um imperialismo egípcio, impulsionado por Mohammad Ali (1805-1849) e seus sucessores. Eles estimularam a ida para o sul de agentes e representantes econômicos, dos quais os mais audaciosos se lançavam, cada vez mais, em atividades de natureza política: jallaba (vendedor especializado no comércio do sul); bahhara ("gente do rio", que trabalho no eixo do Nilo); e khatoumiens, que constituíam um grupo hetoróclito de árabes, europeus, sudaneses e levantinos, unidos pelo mesmo apetite de lucro. Essa gente criou zariba (entrepostos comerciais), daym ou dem (postos fortificados) antes de procurar erguer para si reinos que se dizem vassalos do khédive. Essa zona de influência devia penetrar cada vez mais em direção ao sul para atingir, nos anos 1880, os países situados nas atuais fronteiras do Sudão, da República Centroafricana e do Congo (Kinshasa). Alguns comerciantes mantinham relações regulares com o Buganda e seus vizinhos.

Assistiu-se também à penetração dos swahili na África Oriental. Grupo heteróclito, de origem árabe e shirazi, estabelecido há longa data em Zanzibar e nas cidades-Estado da costa do Quênia e da Tanzânia, incluindo mestiços e negros islamizados, e sustentados por financistas indianos, esses swahili reconheciam formalmente a autoridade do sultão de Oman. Conscientes dos recursos do continente negro, este decidiu, em 1840, transferir sua capital de Oman para Zanzibar, o que deu um impulso decisivo às trocas cujas principais mercadorias eram o marfim e os escravos.

Multiplicando os postos e polos comerciais, os swahili estavam bem estabelecidos na Tanzânia nos anos 1850-1860, perto de Tábora, no centro do país, e em DiUjiji, às margens do lago Tanganyika. Logo eles atravessaram o grande lago para se estabelecer no terço oriental do Congo (Kinshasa), em centros tão estratégicos como Kasongo, Nyangwe e Kinsangani. Ao mesmo tempo, suas operações os conduziam ao norte, em direção aos antigos reinos interlacustres, e ao sul em direção ao Katanga. E dizer que sem a intrusão oriental todos esses países teriam se tornado possessões efetivas ou nominais de Zanzibar. Aliás, os europeus foram obrigados a passar pelos árabes ou "arabizados" swahili para penetrar nessas regiões: o explorador Henry M. Stanley só pôde atravessar o "continente misterioso" graças à ajuda dos comerciantes swahili e de seus carregadores; por sua vez, o rei dos belgas, Leopold II, só pôde administrar as províncias orientais de seu "Estado Independente do Congo" (atual República Democrática do Congo) se apoiando nas estruturas criadas pelos swahili e em agentes swahili como Tippo Tip.

A influência egípcia e zanzibarita constituía uma temível concorrência para os europeus. Antes de superá-la, eles lançaram mão de tudo para desqualificar os "árabes". Na medida em que a própria Europa havia renunciado ao tráfico de escravos negros no início do século XIX, foi fácil para ela equiparar os "árabes", os "arabizados" e, de maneira mais geral, os muçulmanos aos negreiros, e apresentar o seu próprio imperialismo como uma operação "humanitária". Foi preciso, para legitimar o colonialismo junto à opinião pública, tornar o povo europeu sensível a este problema através das imagens suficientemente fortes: daí essas terríveis fotografias amplamente divulgadas na imprensa, nos manuais escolares e nos estabelecimentos religiosos, que mostravam longas filas de escravos, acorrentados uns aos outros, transportando pesadas cargas de marfim[88].

Esse trecho fundamental para a compreensão do período entre a movimentação dos europeus na costa oeste desde fins do século XIV e a emergência do colonialismo do século XIX é um indicativo das complexas relações estabelecidas entre os diversos grupos e os europeus e entre eles próprios.

A rigor, até que a "Associação Africana", uma instituição inglesa patrocinada por ricos industriais e financistas, patrocinasse a primeira expedição de Mungo Park, entre 1795-1797 ao Níger Superior, o interior da África era praticamente desconhecido dos europeus.

> O Norte da África constituía uma parte do mundo muçulmano, que se encontrava ainda praticamente fechado aos cristãos do Ocidente. Os Estados da Barbaria, famosos pelo corso, eram conhecidos sobretudo através dos relatos dos raros escravos cristãos que tinham sido capturados pelos corsários e assaz afortunados em fugir ou obter resgate. Alguns europeus, disfarçados com traje árabe, viajaram ao longo do Nilo, desde o Cairo. Um ou dois, incluindo o escocês James Bruce, penetraram na capital da Etiópia, Gondar, ou na do reino Funj, Sennar, nas margens do Nilo Azul. Entre os outros grandes rios da África, o Zambeze era conhecido numa extensão de cerca de 1.100 km desde a foz, e o Congo, em menos de 160 km. Nenhum europeu jamais vira o Níger, cuja foz era desconhecida.
>
> As únicas sociedades africanas conhecidas pelos europeus de Setecentos eram as das regiões florestais da África ocidental e da África centro-ocidental[89].

Mas os dispositivos necessários à movimentação que substituiria os modos de vida de uma infinidade de grupos já estavam em andamento. Talvez nesse ponto seja lícito especular que a interpretação vigente ainda de que havia escravidão em África antes da chegada dos europeus seja

---

88 M'BOKOLO, Elikia. *As Zonas de Influência. Antologia da Fotografia Africana*. Op. cit. p. 11.

89 OLIVER, Roland; FAGE, J. D. Breve *História da África*. Lisboa: Sá da Costa Editora, 1980, p. 157.

fruto dessa apropriação posterior efetuada pelo mundo muçulmano na miragem que resultara da ação dos portugueses na África Ocidental.

É uma vez mais Ki-Zerbo quem explica essa lacuna nestes termos:

> Do século XVI ao fim do século XIX, através da escravatura, que se estende por toda a parte, vai a África Negra em busca de um lento e doloroso reajustamento. Já sublinhamos a importância do comércio na constituição dos Estados negro-africanos. O trafico negreiro não deixará de ter a sua influência também neste sentido e, no decorrer dos séculos XVII e XVIII, os Estados do litoral vão conhecer um desenvolvimento considerável, embora em grande parte frágil. No Sahel e na zona intermédia vão se constituir reinos também nos séculos XVII e XVIII, mas, ao contrário dos grandes impérios de que tomarão o lugar, terão uma base mais estreitamente étnica, por exemplo no país volofo, peule, bambara, achanti, etc. É apenas no século XIX que os chefes africanos, aproveitando bem todos os elementos tanto étnicos como religiosos e comerciais, tentarão recriar grandes conjuntos interafricanos da Idade Média. Os Mandeus e os Toucoulcurs, os Peules, os Achantis, também se distinguirão neste último esforço. Mas já a lógica do desenvolvimento e do domínio europeu precipitava a colonização imperialista e o princípio do século XX assistia à partilha da África[90].

Embora o discurso de Ki-Zerbo seja de um pessimismo atroz, o mundo africano em suas reentrâncias e fissuras, em suas complexidades e singularidades ainda guardaria grande parte de sua sabedoria num território inesperado da cultura.

Existem poucas formas de retrucarmos a naturalização do poder no passado africano, de recusarmos o formato viciado e preconcebido da realização estatal no coração do passado. Pierre Clastres realizou em parte esse enfrentamento nos seus estudos sobre os indígenas sul--americanos ("arqueologia do Poder" e "sociedade contra o estado").

No caso africano, ainda está para aparecer aquele que negará mais essa naturalização. Contudo, podemos inferir outras experiências se resgatarmos, aqui, a experiência de Salé.

---

90 KI-ZERBO, op. cit. p. 295.

CAPÍTULO 7

A REPÚBLICA MOURA DE RABAT-SALÉ, COSTA DA BARBARIA

Os *Renegados* eram figuras razoavelmente conhecidas na Europa do século XV e XVI. Chamavam-se *renegados* por terem abraçado a fé do islã e se afastado da cristandade. Devem ter sido numerosos e seu aparecimento ainda está inscrito numa sombria rede de interpretações. Fugiram da Europa e se instalaram no norte da África. Homens e mulheres, os renegados escolheram uma outra forma de viver a vida.

Optaram por viver em Argel, Tunis, Trípoli e Salé, todos com graus muito variados de experiência política e organização social. Conhecida, então, como costa da Barbaria, essa era uma região misteriosa para os europeus e um resistente abrigo de piratas, base da economia local por pelo menos três séculos da modernidade e não se sabe quantos antes dela.

Levantarei algumas hipóteses para o aparecimento dos renegados: a centralização da igreja após o concílio de Trento e os cercamentos.

1610 foi o último levante mouro na Espanha, revelando uma expansão da cultura islâmica muito tempo depois da data consagrada de 1492 como sendo o final do processo de Reconquista. Além disso, as expedições depurativas conhecidas como Cruzadas às terras de Oriente haviam instado trocas culturais bastante significativas.

Com a centralização da Igreja em 1543, data inicial do Concílio de Trento, também conhecido como o concílio da Contrarreforma, os rigores e o peso sobre as pessoas destas diretrizes implicaram muitas consequências.

Guerras religiosas na Inglaterra e França, Inquisição na Espanha, expulsão dos judeus para as regiões ao norte da Europa.

Ao mesmo tempo, na Inglaterra tinha início o processo dos cercamentos, cujo significado prático encerrava com as comunidades autônomas transformando as terras comunais em propriedade. O aparecimento dos levellers, diggers e ranters foi uma reação contundente sobre a prevalência da lei Negra, que impedia os comunais de caçar em territórios até então livres e representava o fim de sua base alimentar.

Em toda a Europa a reação a essas duas formas de centralização se fez sentir como muitas formas de revoltas.

Em grande parte, esses revoltosos tenderão a caminhar para fora do território submetido a essas centralizações. Muitos deles serão os renegados do islã, que não dependia de nenhum clero oficial nem de dogma e que pairava sob as mentes europeias como uma feroz ambiguidade. De um lado, repercutia um inclemente discurso dos assecias do demônio, enquanto de outro estimulava uma espécie de "paraíso do Alcorão, com suas huris, escanções e jardins e fontes de vinhos que desde há muito habitava a imaginação de cristãos insatisfeitos com a ênfase na cristandade, virgindade e automortificação de suas próprias tradições"[91].

Por outro lado, a pirataria apresentava-se à essa mesma imaginação como o território da liberdade arrancada com os cercamentos. Eram, enfim, os primeiros renegados da modernidade europeia e, consequentemente, do poder hierárquico que atingia cada vez mais os grupos autônomos que haviam subsistido talvez por milhares de anos.

E o que esses renegados encontraram na costa da Barbaria?

Aparentemente duas vagas ocupacionais antecederam o período que estamos estudando. Primeiramente os muçulmanos e depois o império otomano. Todavia, pela forma que ainda será descrita a organização política ali vigente ainda no século XV demonstra uma tradição muito

---

[91] WILSON, Peter Lmborn. *Utopias Piratas*. São Paulo: Conrad, 2001, p. 24.

mais antiga de igualitarismo que se adaptou aos contatos invasores e preservou sua substância e fundamentos.

> O governo de Argel parece não ter sido nem anárquico nem anarquista – mas sim, pelo contrário, de um modo estranho e inesperado, democrático. Ao contrário das nações europeias, que pouco a pouco sucumbiram ao absolutismo dos reis, Argel exibia sinais de uma estrutura mais "horizontal" e igualitária[92].

Na descrição do autor aqui utilizado, Argel, Tunis ou Trípoli eram cidades-Estado dirigidas por várias câmaras de soldados janízaros. O soldado janízaro é para nós uma incógnita abissal. É um escravo soldado tipicamente otomano, aparentemente recolhido como "tributo em meninos" para o império em que vai compor o corpo dos escravos do sultão.

Em Argel, esses janízaros compõem a mais alta corte de poder, a Ocak, e desempenham a função de regentes do sultão.

Todavia, essa subordinação é apenas aparente.

> Estruturalmente, a característica mais notável do Ocak de Argel era seu sistema de "democracia por antiguidade". Teoricamente – na maior parte das vezes até na prática – um recruta subia de posto ao ritmo de um posto a cada três anos. Se sobrevivesse por tempo suficiente, ele chegaria a ocupar o posto de comandante-em-chefe ou agha de Duas Luas... por dois meses. Então se aposentaria e entraria para o Divã, ou câmara de governo do Ocak, com direito a voto em todas as questões e compromissos importantes. Nada disso tinha a ver com "mérito", sendo apenas uma questão de tempo de serviço. Tanto o mais humilde servo albanês ou jovem camponês da zona rural da Anatólia quanto o exilado marinheiro europeu cativo que se converteu podiam igualmente ter esperança de um dia participar do governo – precisando apenas ficar vivo e servir à "república corsária", que era a verdadeira estrutura de poder dentro do protetorado otomano. Como Père Dan colocou: "O estado é um reino apenas no nome, já que, para todos os propósitos, eles o transformaram numa república". Não é de se admirar que o Ocak nunca parecesse ter problemas em recrutar novos membros. Em que outra parte do mundo era possível ter tal "mobilidade para cima"?[93]

---

92 Idem, p. 32.

93 Idem, p. 35.

Todavia, essa estrutura participativa era uma herança muito mais antiga do que supõe esse autor. E é fácil especular nesse sentido:

> Em 1659, o paxá nomeado pelos otomanos exigiu uma porcentagem maior dos ganhos corsários: isto causou uma revolução que acabou com o poder dos paxás de Argel. Um bulukbashi, Khalil, arregimentou o Divã para uma insurreição que "restabelecesse os antigos costumes". Alegava-se que estes "costumes antigos" eram uma constituição que colocava todos os poderes efetivos nas mãos do agha janízaro e do Divã. É claro que isto era mitologia pura, mas como os revolucionários de meados do século XVII da Inglaterra, França, Barcelona, Nápoles e de outras partes, o Divã de Argel insistia que só queria voltar para as formas antigas. Ninguém naquela época admitiria ser um "revolucionário". O resultado, no entanto, foi revolucionário. Poucos anos depois, d'Aranda pode escrever: "O paxá... reconhece alguma subordinação ao grão-senhor da boca para fora, mas dá pouca importância às suas ordens... Os soldados lhe inspiram mais medo do que o grão-senhor". Eles haviam se tornado os governantes de Argel, deixando o paxá como dignatário protocolar, recebendo salários, mas sem poder[94].

Seja qual for a influência e a tradição desses "costumes antigos", estamos diante de um fenômeno que é, ao mesmo tempo, um indicativo e um testemunho, indicativo de um outro tempo e um testemunho que a modernidade registrou.

Com alguma ousadia, podemos imaginar as repercussões e as difusões desse modelo na antiguidade africana, para aqueles reinos ou, pelo menos, acreditarmos que aquelas experiências narradas por Ki-Zerbo possam representar indícios tão diferenciados daquilo que entendemos como Estado quanto esse aqui resgatado.

---

[94] Idem, p. 38.

CAPÍTULO 8

PERMANÊNCIAS

Quando escreveu *Os Condenados da Terra*, necessariamente Franz Fanon foi obrigado a buscar permanências comunais africanas. Preocupado com o papel do intelectual colonizado há muito pela navalha cultural metropolitana, Fanon sonhara no movimento de independência e de descolonização fundir as novas nomenclaturas libertárias às velhas tradições pontuais da África nestes termos:

> O intelectual colonizado assiste, numa espécie de auto de fé, à destruição de todos os seus ídolos: o egoísmo, a recriminação orgulhosa, a imbecilidade infantil daquele que quer sempre ter a última palavra. Esse intelectual colonizado, atomizado pela cultura colonialista, descobrirá também a consistência das assembleias de aldeias, a densidade das comissões do povo, a extraordinária fecundidade das reuniões de bairro e de célula. O problema de cada um não deixa mais, doravante, de ser o problema de todos, porque, concretamente, todos serão descobertos pelos legionários, e logo massacrados ou todos serão salvos. O "salve-se quem puder", essa forma ateia de salvação, nesse contexto, está proibido.

Fala-se muito, há algum tempo, de autocrítica. Mas primeiro, sabe-se o que é uma instituição africana? Seja nas djemaas da África do Norte ou nas reuniões da África Ocidental, a tradição estabelece que os conflitos que surgem numa aldeia sejam debatidos em público. Autocrítica em comum, é claro, com uma nota de humor, entretanto, porque todos estão descontraídos, porque todos queremos, em última análise, as mesmas coisas. O cálculo, os silêncios insólitos, as segundas intenções, o espírito subterrâneo, o segredo, tudo isso o intelectual abandona à medida que mergulha no povo. E é verdade que se pode dizer então que a comunidade já triunfa nesse nível, que ela cria a sua própria luz, a sua própria razão[95].

As permanências, em alguns locais da África, são exemplos dessa outra sociabilidade, em tudo diversa da nossa contemporaneidade. Por vezes, recusando os princípios fundamentais exógenos, como o caso dos kpelle:

Os kpelle, da Libéria, se recusam a mudar do cultivo seco para o cultivo inundado de arroz seu principal alimento, como os "especialistas" em desenvolvimento econômico recomendam. Os kpelle têm plena consciência de que o cultivo inundado (irrigação) de arroz é muito mais produtivo do que o seco. Mas o cultivo seco é conduzido comunalmente, com cantoria, festa e bebidas, de uma forma impossível no cultivo inundado – e é um trabalho muito mais fácil, numa "estação de trabalho" muito mais sadia e confortável. Se a cultura deles "morrer" em decorrência dessa escolha eminentemente ponderada, será um assassinato, não um suicídio[96].

Outras vezes, como no caso dessa reunião de pigmeus com o objetivo de debater os problemas dos povos da floresta, realizada na República do Congo, em que os valores da alfabetização e de saúde parecem ser requisitados, mas cujo modo nômade de viver não é absolutamente negociável:

O primeiro Fórum Internacional para Povos Indígenas da região do Congo aconteceu em Impfondo, um povoado isolado do resto da República

---

95 FANON, Franz. *Os Condenados da Terra*. Juiz de Fora: IFJF, 2005, p. 64-5.

96 BLACK, Bob. *Grouchou-Marxismo*. São Paulo: Conrad, 2006, p. 84.

do Congo, na África, e reuniu representantes de diversos povos que vivem há séculos nas florestas da região – muitos deles mais conhecidos como pigmeus.

Em pauta, principalmente a discriminação que une pigmeus – apelido adotado por algumas das comunidades, mas tomado como ofensa por outras – e outros povos das florestas africanas.

Um representante indígena dos Camarões afirma que os povos das florestas da África Central são "o Terceiro Mundo do Terceiro Mundo", já que o estilo de vida nômade das tribos dificulta o acesso aos serviços de educação e de saúde.

Para muitos pigmeus, é difícil ter acesso a certidões de nascimento, escolas, eleições ou qualquer participação mais ativa na sociedade.

Para piorar a situação, muitos enfrentam dificuldades de se manter nas florestas tradicionais, sob pressão de madeireiros e agricultores.

Trabalho semiescravo

Outra reclamação comum diz respeito às relações de trabalho semiescravo em algumas fazendas, administradas por pessoas que consideram os indígenas "sub-humanos".

Embora a conferência tenha acontecido em um povoado em uma clareira da densa floresta tropical congolesa, foi apresentado até um projeto de usar tecnologias de posicionamento por satélite para mapear e proteger as áreas sagradas e de caça dos povos indígenas.

O único caminho para o povoado de Impfondo é o rio Oubangui, um tributário do Rio Congo, pouco abaixo da Linha do Equador.

A eletricidade da cidade é produzida por um gerador que funciona intermitentemente, quando há óleo para abastecê-lo.

Entre os participantes do encontro, Ilundu Bulanbo Stephane, um pigmeu twa da região leste da República Democrática do Congo, chama atenção por vestir um elegante terno cinza e gravata listrada.

Ao ser fotografado, ele brinca, em francês impecável, "as pessoas não esperam ver pigmeus vestidos como ministros de Estado".

Embora admita que muitos povos indígenas ainda precisam se adaptar ao século 21, ele destaca que os pigmeus também têm muito a ensinar.

"Somos um povo pacífico, igualitário e que vive em paz com os outros. Esses são valores que pedimos que outros copiem."

John James da República do Congo

Fonte: *BBC-Brasil*

Mas a surpresa das permanências nem sempre estão imunes a equívocos. Acabam por se revelarem como rupturas sutis e brutais no equilíbrio das sociabilidades ancestrais.

Exemplo maior da permanência de comunidades colaborativas e da incidência de uma outra forma de sociabilidade pode ser encontrado ainda hoje na peregrinação à cidade de Touba, no Senegal.

Em Busca da Energia Espiritual

Por: Leonardo Landi, Colaborador: De Nigrizia

Todos os anos, durante três dias, a quente e poeirenta cidade de Touba, no Senegal, torna-se meta do Grande Magal (Grande Crescimento). Mais de um milhão de senegaleses vão à cidade santa venerar o grande marabuto Bamba e pedir a sua intercessão.

Comboios à pinha com centenas de pessoas em cima do tecto dos vagões, automóveis com famílias inteiras lá dentro, autocarros e furgões cheios de carneiros vivos para o sacrifício dirigem-se para a cidade santa. A peregrinação – este ano ocorreu a 23 de Maio – realiza-se no aniversário da partida para o exílio do xeque Ahmadou Bamba, fundador da irmandade *sufi* da Muridiyya.

Nascido em 1853 em Mbacké, na província de Baol, Ahmadou Bamba estabeleceu-se em 1886 na cidade de Touba, onde começou a pregar a sua doutrina.

A zona encontrava-se nessa altura a braços com uma guerra que opunha os colonizadores franceses ao rei de Kayor, Lat Dior. A derrota deste último provocou uma profunda crise na sociedade. Nesta contingência e de acordo com a tradição *sufi*, o xeque Bamba pregava que "a maior *jihad* (guerra santa) não é a que se faz contra o inimigo externo, mas contra si mesmos, para purificar a alma". Esta mensagem espalhou-se rapidamente entre um povo cansado de guerras. Rapidamente acorreram a Touba multidões de pessoas de todas as classes sociais, desejosas de escutarem o xeque, e foi assim que a religião muçulmana se espalhou entre as populações de língua *wolof*, até então só parcialmente islamizadas. Os franceses, receando a autoridade que o xeque Bamba ia granjeando, enviaram-no para o exílio por duas vezes. A popularidade da irmandade ia crescendo gradualmente até se tornar uma das mais importantes do Senegal. A organização da Muridiyya baseia-se na obediência e no amor entre o marabuto e o seu discípulo (*muri'd* ou *talibé*).

À morte do xeque Bamba, em 1927, a direcção da irmandade continuou nas mãos da sua família, que adoptou uma complexa hierarquia de marabutos, que, através de laços clânicos e familiares, engloba grande parte da sociedade senegalesa. A Muridiyya tornou-se assim rica e poderosa e a grande mesquita de Touba possui um dos mais altos minaretes do mundo islâmico. A irmandade, graças sobretudo aos seus membros emigrados na Europa e nos EUA, até tem algumas páginas na Internet (http://touba. citeweb.net).

Hoje, mais de um milhão de pessoas se desloca à cidade santa para receber a*barakah* (energia espiritual), rezando no túmulo do mestre.

Os senegaleses dizem *Bamba gueej,* ou seja, Bamba é um oceano, onde cada um pode ir buscar água sem receio de que ela acabe. Há quem reze pedindo a cura de um filho doente, sucesso nos negócios ou ainda quem queira granjear méritos para o Além ou simplesmente atingir outro estado de alma. "*Magal* significa crescimento", explica-me um senegalês, "e quem vier a esta festa obterá um crescimento em todos os aspectos da vida."

Na cidade, ouvem-se dia e noite cânticos sagrados, considerados pelos *sufi* como meio de elevação espiritual. Ao recitar os poemas escritos pelo xeque Bamba, segundo fórmulas melódicas codificadas, o discípulo pode aproximar-se da realidade divina. Os textos apelam à misericórdia de Alá e invocam a intercessão do profeta Maomé e dos marabutos. "Salva-os, perdoa-lhes, sê benevolente com eles e não repares nos seus numerosos pecados. És o Único e, mesmo que te tenham desobedecido por negligência, não te trocaram por nenhum outro. Os seus corpos, cuja debilidade é manifesta, não podem suportar os teus castigos. Os seus corações jamais poisarão noutro lugar senão em ti. O uso ilícito de partes do corpo conduziu-os a praticar as acções mais abjectas. Não os castigues pelo que não enfraquece o teu poderio, dá-lhes aquilo de que tu não precisas" (do poema *Matlabu Chifa-i* ["A Busca do Remédio"], de Ahmadou Bamba).

A música profana é proibida em Touba (embora no Senegal quase todos os músicos sejam discípulos de mestres *sufi*; diz-se mesmo que o sucesso de Youssou N'Dor se deve aos amuletos preparados por um marabuto da Muridiyya). Outras actividades consideradas ilícitas ou inconvenientes estão interditas na cidade santa, como fumar tabaco.

A cidade santa não está sujeita à autoridade do Governo senegalês e a ordem é mantida pelos membros da irmandade. Os *baye fal,* um ramo da Muridiyya que zela pela disciplina, congregam na sua pessoa a gentileza para com o hóspede com uma atitude firme e enérgica diante de comportamentos menos dignos dos peregrinos. De facto, como sublinham os senegaleses mais velhos, agora já não vão a Touba apenas os fiéis, mas também pessoas sem escrúpulos que se aproveitam da confusão para roubarem.

Nos últimos anos, o urbanismo, a miséria e sobretudo a afirmação da lógica do dinheiro, com o consequente aumento dos fenômenos de desagregação e marginalização social, estão a criar sérios problemas no país. Não obstante, durante o Grande Magal são ainda muito fortes os laços de solidariedade: as casas ficam abertas e as pessoas sentem-se no dever de oferecer comida, bebida e hospitalidade.

Os peregrinos amontoam-se à roda dos túmulos e noutros locais sagrados, por vezes atropelando-se uns aos outros com maus modos, de tal forma que os *baye fal* são obrigados a distribuir sonoras pauladas, para evitar que alguém morra esmagado pela multidão.

Paralelamente, realiza-se um grande e colorido mercado, onde se vende de tudo um pouco: os que vêm de outras regiões do país trazem as suas mercadorias, tal como os que vêm da Europa e das Américas. A dimensão do sagrado entrelaça-se, em Touba, com as estratégias econômicas de sobrevivência e com a extrema vitalidade do povo senegalês. Mulheres lindíssimas, com penteados refinados, misturam-se com os ascetas que pedem esmola, vestidos com andrajos recolhidos aquém e além, para simbolizar tanto a pobreza como a vontade de não malbaratar aquilo que Deus lhes deu[97].

Mas essa permanência, por vezes, é enganosa. Vejamos essa interpretação da comunidade sufi de Touba, criada por Bamba. Aí temos o exemplo de como é possível a assimilação entre a "ética muçulmana e o espírito do capitalismo":

---

[97] http://www.alem-mar.org/cgi-bin/quickregister/scripts/redirect.cgi?redirect=EEukVAFllVSrBhHdrL

Bamba, da irmandade Mouride: salvação pelo trabalho

A maior força política e religiosa do Senegal hoje é a chamada irmandade Mouride, braço do islamismo sufista africano, relata a Reuters. Sua doutrina une "capitalismo militante" ao islã moderado – o trabalho duro é o caminho mais curto para o Paraíso. "Trabalhe e não reclame", resume Moustapha Diao, que vive na comunidade senegalesa do Harlem, em Nova York. Eles atuam como camelôs em vários lugares do mundo.

Parte do dinheiro obtido com as vendas alimenta a irmandade no Senegal e fez seu centro de ação, a cidade de Touba, se transformar de pequeno vilarejo em uma "pequena Meca" cheia de produtos importados. Além disso, o próprio movimento se fortaleceu com esse fluxo financeiro, ao ponto de se tornar uma referência em qualquer parte do mundo. O elo entre seus integrantes são os morabitos, os guias religiosos. "Se vou a Nova York, mesmo que ninguém me conheça, quando digo que sou um mouride sou considerado um irmão. O que temos em comum [o morabito] é mais importante do que laços familiares e laços de comunidade e mesmo do que o fato de sermos do mesmo país", diz Djili Diop, 22.

A irmandade Mouride foi fundada 1880 por Cheikh Ahmadou Bamba, místico muçulmano, poeta e pacifista perseguido pelas autoridades coloniais francesas. O trabalho duro é ensinado desde muito cedo como parte da missão religiosa – crianças de dez anos ajudam em lavouras, o que rende à irmandade acusações de exploração violenta de mão de obra infantil. Desde meninos, os seguidores de Ahmadou Bamba aprendem sua doutrina, em especial a que diz: "Reze como se fosse morrer amanhã, trabalhe como se fosse viver para sempre"[98].

---

98 http://blog.estadao.com.br/blog/index.php?blog=1&cat=283

Parte II

Diáspora Africana

Justificativa: A diáspora africana inaugura o complexo movimento diaspórico da modernidade. Nesse sentido, não é única e, talvez, nem mesmo paradigmática, mas é fundamental na compreensão dos grandes deslocamentos humanos e nos contrastes que surpreendem os encontros que daí advieram.

O trabalho com o conceito de diáspora de Stuart Hall traz importantes contribuições que devem aparecer no desenvolvimento dos temas ao longo de toda esta segunda parte. Mas a afirmação da diáspora tem um significado cultural híbrido indissociável, de modificação dos ambientes e de automodificação. A cultura africana dimensionou todos os lugares em que chegou e se modificou nesse contato.

Para tanto, pretendo apresentar uma gama de movimentos de diásporas no mundo contemporâneo para então centrarmos esforços na diáspora africana, que será apresentada em três momentos distintos. O primeiro referente ao século XVI em três zonas divergentes: Brasil,

Caribe e Estados Unidos. O segundo, ao século XIX e XX, como consequência direta do colapso do colonialismo, em que os antigos colonizados parecem exigir o cumprimento de compromissos históricos referentes à desorganização de suas antigas sociabilidades. A invasão que promovem em suas antigas metrópoles é fundamental para entendermos os problemas atuais que assolam a Europa. Finalmente, o terceiro movimento que consiste na diáspora muitas vezes restrita e interna ao próprio continente, dos refugiados da fome e dos genocídios.

Para o caso brasileiro, proponho quatro encontros que no seu conjunto dão uma ideia das complexidades e alterações que o deslocamento provocou em nossa história. Já o caso das Antilhas, concentro em dois temas fundamentais para a compreensão das singularidades regionais: o caso cubano e o da rebelião de Demerara, que guarda os ecos do Haiti, mas que é apresentada como um tessume de códigos e rituais de compromissos e de resistências, de favor e de submissão. Quanto aos Estados Unidos, primo por resgatar algumas vozes de escravos para construir a trajetória da segregação, passando pela guerra civil e pela construção da eugenia, já no século XX.

Desse modo, penso atingir diferentes objetivos relacionados à diáspora africana, consolidando múltiplas experiências históricas seja no tempo, seja no espaço.

A terceira parte deste segundo momento do livro refere-se ao último movimento de diáspora decorrente tanto dos genocídios que caracterizaram os anos 1990 em algumas regiões da África, quanto a destruição de modos de vida e sociabilidade em decorrência de interesses econômicos e geopolíticos das atuais potências mundiais.

Desse modo, acredito que a diáspora africana possa constituir-se num referencial em permanente transformação, adquirindo em tempos diversos, diversos significados. Há, todavia, uma preocupação em desmobilizar quaisquer intenções de vitimização, realçando a condição de sujeito em permanente conflito com as estruturas de poder, ora abrigando-o, ora refutando-o.

CAPÍTULO 9

PARA UM CONCEITO DE DIÁSPORA

De muitas formas, Stuart Hall é um dos pensadores da diáspora mais importantes da atualidade. Sua própria condição diaspórica e sua inserção no meio acadêmico inglês parecem autorizar essa distinção. Além do mais, seu pensamento é, em grande medida, original, apontando grande independência em relação à cultura colonizadora europeia.

Em um de seus artigos do livro *Da Diáspora*, síntese de seu pensamento sobre o assunto, em que ele procura entender, como apresentação, o movimento diaspórico dos caribenho para a Inglaterra a partir, basicamente, de 1948, afirma o seguinte:

> Na situação da diáspora, as identidades se tornam múltiplas. Junto com os elos que as ligam a uma ilha de origem específica, há outras forças centrípetas: há a qualidade de "ser caribenho" que eles compartilham com outros migrantes do Caribe. (George Lamming afirmou uma vez que sua geração – e, incidentalmente, a minha – tornou-se "caribenha", não no Caribe, mas em Londres). Existem as semelhanças com as outras populações ditas de minoria étnica, identidades "britânicas negras" emergentes, a identificação com os locais dos assentamentos, também as reidentifica-

ções simbólicas com as culturas "africanas" e, mais recentemente, com as "afro-americanas" – todas tentando cavar um lugar junto, digamos, à sua "barbadianidade" (relativo, aqui, a Barbados, ilhas do Caribe)[99].

Os retornados, aqueles que depois de trabalharem uma vida inteira voltam após a aposentadoria para o rincão natal, não mais se reconhecem ali, como, aliás, aparentemente como lembra Hall, todos nós ao citar Iain Chambers:

> Não podemos jamais ir para casa, voltar à cena primária enquanto momento esquecido de nossos começos e "autenticidade", pois há sempre algo no meio. Não podemos retornar a uma unidade passada, pois só podemos conhecer o passado, a memória, o inconsciente através de seus efeitos, isto é, quando este é trazido para dentro da linguagem e de lá embarcamos numa (interminável) viagem. Diante da "floresta de signos" (Baudelaire), nos encontramos sempre na encruzilhada, com nossas histórias e memórias ao mesmo tempo em que esquadrinhamos a constelação cheia de tensão que se estende diante de nós, buscando a linguagem, o estilo, que vai dominar o movimento e dar-lhe forma. Talvez seja mais uma questão de buscar estar em casa aqui, no único momento e contexto que temos[100].

Na diáspora, há algo de irreversível, uma mudança fatal e há, também, em sua formação, um processo de identidades extremamente variado, em que se envolvem solidariedades e animosidades, aproximações e reações entre os diversos grupos levados pelos deslocamentos. Por vezes, temos uma visão conceitual bastante simplista da diáspora:

> Essencialmente, presume-se que a identidade cultural seja fixada no nascimento, seja parte da natureza, impressa através do parentesco e da linhagem dos genes, seja constitutiva de nosso eu mais interior. É impermeável a algo tão "mundano", secular e superficial quanto uma mudança temporária de nosso local de residência. A pobreza, o subdesenvolvimento, a falta de oportunidades – os legados do Império em toda parte – podem

---

99 HALL, Stuart. *Da Diáspora*. Belo Horizonte: UFMG, 2003, p. 27.

100 HALL, idem.

forçar as pessoas a migrar, o que causa o espalhamento – a dispersão. Mas cada disseminação carrega consigo a promessa do retorno redentor[101].

Esse pressuposto está assentado sobre uma invenção de tradição que foi imposta "de fora". Senão vejamos, e aqui continuo acompanhando o raciocínio de Hall, aproveitando para fazer desse esforço intelectual em apresentar um conceito para a diáspora, embora específico para o Caribe, para mim, pelo menos, válido também para a África, em termos e graus. Continuo. O termo diáspora é judaico e refere-se ao povo escolhido em sua fuga da escravidão do Egito conduzido por Moisés, no Velho Testamento. Vejamos a análise que Hall faz dessa metáfora bíblica:

> Nessa metáfora, a história – que se abre à liberdade por ser contingente – é representada como teleológica e redentora: circula de volta à restauração de seu momento originário, cura toda ruptura, repara cada fenda através desse retorno. Essa esperança foi condensada, para o povo caribenho, em uma espécie de mito fundador. Pelos padrões usuais, trata-se de uma grande visão. Seu poder – mesmo no mundo moderno – de remover montanhas jamais deve ser subestimado.
>
> Trata-se, é claro, de uma concepção fechada de "tribo", diáspora e pátria. Possuir uma identidade cultural nesse sentido é estar primordialmente em contato com um núcleo imutável e atemporal, ligando ao passado o futuro e o presente numa linha ininterrupta. Esse cordão umbilical é o que chamamos de "tradição", cujo teste é o de sua fidelidade às origens, sua presença consciente diante de si mesma, sua "autenticidade". É, claro, um mito – com todo o potencial real dos nossos mitos dominantes de moldar nossos imaginários, influenciar nossas ações, conferir significado às nossas vidas e dar sentido à nossa história.
>
> Os mitos fundadores são, por definição, transistóricos: não apenas estão fora da história, mas são fundamentalmente a-históricos. São anacrônicos e têm a estrutura de uma dupla inscrição. Seu poder redentor encontra-se no futuro, que ainda está por vir. Mas funcionam atribuindo o que predizem à sua descrição do que já aconteceu, do que era no princípio. Entretanto, a história, como a flecha do tempo, é sucessiva, senão linear. A estrutura narrativa dos mitos é cíclica. Mas dentro da história, seu significado é

---

[101] Idem, p. 28.

frequentemente transformado. É justamente essa concepção exclusiva de pátria que levou os sérvios a se recusarem a compartilhar seu território – como têm feito há séculos – com seus vizinhos muçulmanos na Bósnia e justificou a limpeza étnica em Kosovo. É uma versão dessa concepção da diáspora judia e de seu anunciado "retorno" a Israel que constitui a origem da disputa com seus vizinhos do Oriente Médio, pela qual o povo palestino tem pago um preço tão alto, paradoxalmente, com sua expulsão de uma terra que, afinal, também é sua[102].

Até aqui, tanto no Caribe quanto em África, toma-se o "povo" no sentido acima descrito, de uniformidade e, pior, de ancestralidade. Apaga-se totalmente o passado e o substitui por uma forma de organização que é eminentemente histórica, não a-histórica ou transistórica: o Estado, o Império, enfim, uma forma de organização externa aos grupos de experiência e sociabilidade tangível e reconhecível de seus membros. Continuo seguindo Hall:

> Aqui então situa-se o paradoxo. Agora nossos males começam. Um povo não pode viver sem esperança. Mas surge um problema quando interpretamos tão literalmente as nossas metáforas. As questões da identidade cultural na diáspora não podem ser "pensadas" dessa forma. Elas têm provado ser tão inquietantes e desconcertantes para o povo caribenho justamente porque, entre nós, a identidade é irrevogavelmente uma questão histórica. Nossas sociedades são compostas não de um, mas de muitos povos. Suas origens não são únicas, mas diversas. Aqueles aos quais originalmente a terra pertencia, em geral, pereceram há muito tempo – dizimados pelo trabalho pesado e a doença. A terra não pode ser "sagrada", pois foi "violada" – não vazia, mas esvaziada. Todos que estão aqui pertenciam originalmente a outro lugar. Longe de constituir uma continuidade com os nossos antepassados, nossa relação com essa história está marcada pelas rupturas mais aterradoras, violentas e abruptas. Em vez de um pacto de associação civil lentamente desenvolvido, tão central ao discurso liberal da modernidade ocidental, nossa "associação civil" foi inaugurada por uma ato de vontade imperial. O que denominamos Caribe renasceu de dentro da violência e através dela. A via para a nossa modernidade está marcada pela conquista, expropriação, genocídio, escravidão, pelo sistema de engenho

---

102 Idem, p. 29.

e pela longa tutela da dependência colonial. Não é de surpreender que na famosa gravura de van der Straet que mostra o encontro da Europa com a América (c.1600), Américo Vespúcio é a figura masculina dominante, cercado pela insígnia do poder, da ciência, do conhecimento e da religião: e a "América" é, como sempre, alegorizada como uma mulher nua, numa rede, redeada pelos emblemas de uma – ainda não violada – paisagem exótica.

Nossos povos têm suas raízes nos – ou, mais precisamente, podem traçar suas rotas a partir dos – quantro cantos do globo, desde a Europa, África, Ásia; foram forçados a se juntar no quarto canto, na "cena primária" do Novo Mundo. Suas "rotas" são tudo, menos "puras". A grande maioria deles é de descendência "africana" – mas, como teria dito Shakespeare, "norte pelo noroeste". Sabemos que o termo "África" é, em todo caso, uma construção moderna, que se refere a uma variedade de povos, tribos, culturas e línguas cujo principal ponto de origem comum situava-se no tráfico de escravos[103].

Ora, a resultante prática dessa complexidade se dá em constantes hibridizações culturais, de tal sorte que o "colonizado produz o colonizador e vice-versa". "É a lógica disjuntiva que a colonização e a modernidade ocidental introduziram no mundo e sua entrada na história que constituíram o mundo, após 1492, como um empreendimento profundamente desigual, mas 'global'".

É esse o modelo eurocêntrico de dominação que caracteriza a modernidade e corrompe todos que são colocados sob sua influência. É essa desigualdade, quando muito, que fará com que acreditemos que a tradição que nos acomete funda nossas origens. Um único povo que aguarda a redenção futura, ou povos que disputam a parte superior da hierarquia social como estabelecidos ou como *outsiders.*

O resultado desses múltiplos encontros produz uma cultura híbrida que, todavia, não é de equivalência, embora não seja, também, de mera submissão. Mas é uma cultura que impede seus usuários de decifrarem o código inscrito em suas memes, suas memórias culturais, que aplacam a resultante de uma fornalha inesgotável de "poder", justamente o tipo de poder responsável pelos deslocamentos diaspóricos.

Pensemos, por um instante, nos sincretismos, exemplos contundentes dos hibridismos citados por Hall. As entidades africanas e os

---

103 Idem, p. 31.

santos católicos dividem espaços em zonas de contatos profundamente misturadas, contudo, a estrutura organizativa dos procedimentos rituais obedece, agora, a uma hierarquia profundamente similar à das entidades espirituais colonizadoras e que, com o tempo, prevalecerão, de tal sorte que sejam quase indistinguíveis em seus respectivos trânsitos, os rituais como espelhos. Penso, logicamente, tanto nas missas com motivos "africanos" produzidas pela Igreja Católica, quanto nos rituais do Candomblé, na assumição dos orixás acima da ordem social, no espaço cosmogônico dos avatares, daqueles que por isso mesmo "sabem" do futuro e "ordenam" o presente.

Nesses casos, como se vê, a equivalência é estética, a ordem de expressividade não foi profundamente alterada. Não há porque não imaginar que o animismo seja uma parte irrecusável do cotidiano, parcamente ritualizada, ao contrário da religião fundamental da colonização, cuja pantomima estética era parte fundamental do convencimento de sua autenticidade.

A colonização, cujo poder pode ser testado constantemente na herança de disputas preservadas da ordem eurocêntrica nos vastos territórios onde se inoculou, ou, como nos lembra na introdução, quando outro autor analisa as aproximações e distanciamentos de Hall de Marx, diz: "mas discordava do espaço relativamente pequeno destinado à cultura, à ideologia e ao simbolismo pelo marxismo clássico, e do eurocentrismo implícito no modelo de transformação capitalista de Marx, pois ignora o fato de que as potências metropolitanas impuseram o capitalismo nas colônias, ele não evoluiu rumo às colônias de forma orgânica, 'a partir de suas próprias transformações'"[104].

De fato, com raríssimas exceções, os grupos de africanos que se instalam no novo mundo empurrados pela diáspora reproduziram as mesmas organizações sociais dominantes na Europa e discutíveis em África. Penso nos quilombos, penso nas ordens religiosas, penso nas organizações de resistência desde os movimentos contemporâneos até o malê para o caso brasileiro.

Exemplo clássico do que afirmo é a utilização da manifestação religiosa do Vodu pelos Ton-ton Macoutes. A feitiçaria vodu africana tinha como função, além das intervenções cotidianas relativas à saúde, aparelhar os guerreiros para o combate e não trazer malefícios aos ini-

---

104 HALL, Stuart. Op. cit. frase de Liv Sovik, p. 16.

migos. Mas foi sobretudo assim que ela foi utilizada no Haiti de Papa Doc e Baby Doc, para eliminação dos inimigos internos, sujeitos aos mesmos códigos de crenças e ao mesmo registro cultural.

Utilizada para produzir e enfatizar uma hierarquia política e, pois, como recurso de submissão.

Para efeito de estabelecermos alguma historicidade relativa ao termo, o vodu haitiano é conhecido lá como Sèvis Gine, ou "serviço africano", cuja origem diaspórica foi tanto o povo Ibo, oriundo da região do Congo, quanto o Yorubá, da Nigéria. Embora a origem dos escravos que para ali foram levados seja, em sua grande maioria, da Costa da Guiné, enquanto os escravos arrancados do Congo tiveram como destino primeiramente os Estados Unidos.

Originariamente, os ritos acabariam por sofrer dois contatos fundamentais. O primeiro com a influência do catolicismo europeu e o segundo com as práticas dos índios Taíno, povos originários da chamada ilha Hispaniola. O *Iwa*, ou *misteh*, mistério, representa os espíritos em cujo processo de sincretismo acabaria por assumir outras formas

Como outras práticas religiosas oriundas tanto da diáspora quanto do contato, como o Lukumi ou Regla de Ocha, cujo termo mais comum é a Santeria cubana, ou o Candomblé e a Umbanda no Brasil, o Vodu seria ainda mais alterado com a própria dispersão dos haitianos principalmente a partir dos anos 1960, levando essa manifestação para a República Dominicana, Cuba e Estados Unidos.

Dois exemplos podem consolidar a hipótese de um fim irreconciliável com suas origens africanas. O primeiro encontra-se na própria origem da revolução haitiana, quando, em agosto de 1791, numa das realizações da mais importante cerimônia vodu, o *Bwa Kyiman*, que seria já afrancesado como *Bois Caiman*, em que o espírito de Ezili Dantor incorporou um clérigo e recebeu como oferenda um porco preto selando a sorte tanto da presença colonial francesa quanto da própria história do Haiti que, em 1804, depois de matar e expulsar todos os brancos da ilha se tornaria a primeira nação inteiramente negra do mundo.

Nesse processo, o *Dahomey Vodun*, o grande espírito registrado em diversas partes da África Ocidental se tornaria, não muito depois dessa cerimônia marcante, o *Bon Dieux*, o Bom Deus, já outro espírito supremo que nada guarda daquele ancestral.

Tanto antes como depois da ferrenha ditadura de François e Jean-Claude Duvalier, o Papa Doc e o Baby Doc, podemos encontrar os claros sinais de outras práticas não autoritárias do Vodu.

O mais importante da prática do Vodu é a proteção da família, do grupo, da comunidade. Também a generosidade e a relação intensa com os mais velhos garantem uma perfeita integração social. Entretanto, desfigurada durante o regime de Papa Doc e assim exportada para outros países, a religiosidade Vodu receberia a contribuição do poder na forma daqueles bonecos onde se aplicam agulhas para ferir os inimigos.

Mas essa desfiguração tardia somente é explicada devido à histórica revolução haitiana. Mas suas consequências foram devastadoras para o seu povo, como uma vingança que não se esgota, de tal sorte que provocou esse texto de Frei Beto, escritor, autor de *Diário de Fernando nos cárceres da ditadura militar brasileira* (Rocco), entre outros livros, que pergunta: O Haiti existe?

Interessados em exibir na Europa uma coleção de animais exóticos, no início do século XIX, dois franceses, os irmãos Edouard e Jules Verreaux, viajaram à África do Sul. A fotografia ainda não havia sido inventada, e a única maneira de saciar a curiosidade do público era, além do desenho e da pintura, a taxidermia, empalhar animais mortos, ou levá-los vivos aos zoológicos.

No museu da família Verreaux os visitantes apreciavam girafas, elefantes, macacos e rinocerontes. Para ela, não poderia faltar um negro. Os irmãos aplicaram a taxidermia ao cadáver de um e o expuseram, de pé, numa vitrine de Paris; tinha uma lança numa das mãos e um escudo na outra.

Ao falir o museu, os Verreaux venderam a coleção. Francesc Darder, veterinário catalão, primeiro diretor do zoológico de Barcelona, arrematou parte do acervo, incluído o africano. Em 1916, abriu seu próprio museu em Banyoles, na Espanha.

Em 1991, o médico haitiano Alphonse Arcelin visitou o Museu Darder. O negro reconheceu o negro. Pela primeira vez, aquele morto mereceu compaixão. Indignado, Arcelin pôs a boca no mundo, às vésperas da abertura dos Jogos Olímpicos de Barcelona. Conclamou os países africanos a sabotarem o evento. O próprio Comitê Olímpico interveio para que o cadáver fosse retirado do museu.

Terminadas as Olimpíadas, a população de Banyoles voltou ao tema. Muitos insistiam que a cidade não deveria abrir mão de uma tradicional peça de seu patrimônio cultural. Arcelin mobilizou governos de países africanos, a Organização para a Unidade Africana, e até Kofi Annam, então secretário-geral da ONU. Vendo-se em palpos de aranha, o governo Aznar decidiu devolver o morto à sua terra de origem. O negro foi descatalogado como peça de museu e, enfim, reconhecido em sua condição humana. Mereceu enterro condigno em Botswana.

Em meus tempos de revista *Realidade*, nos anos 60, escandalizou o Brasil a reportagem de capa que trazia, como título, O Piauí existe. Foi uma forma de chamar a atenção dos brasileiros para o mais pobre estado do Brasil, ignorado pelo poder e pela opinião públicos.

O terremoto que arruinou o Haiti nos induz à pergunta: o Haiti existe? Hoje, sim. Mas, e antes de ser arruinado pelo terremoto? Quem se importava com a miséria daquele país? Quem se perguntava por que o Brasil enviou para lá tropas a pedido da ONU? E agora, será que a catástrofe – a mais terrível que presencio ao longo da vida – é mera culpa dos desarranjos da natureza? Ou de Deus, que se mantém silencioso frente ao drama de milhares de mortos, feridos e desamparados?

Colonizado por espanhóis e franceses, o Haiti conquistou sua independência em 1804, o que lhe custou um duro castigo: os escravagistas europeus e estadunidenses o mantiveram sob bloqueio comercial durante 60 anos.

Na segunda metade do século XIX e início do XX, o Haiti teve 20 governantes, dos quais 16 foram depostos ou assassinados. De 1915 a 1934 os EUA ocuparam o Haiti. Em 1957, o médico François Duvalier, conhecido como Papa Doc, elegeu-se presidente, instalou uma cruel ditadura apoiada pelos *tonton macoutes* (bichos-papões) e pelos EUA. A partir de 1964, tornou-se presidente vitalício... Ao morrer em 1971, foi sucedido por seu filho Jean-Claude Duvalier, o Baby Doc, que governou até 1986, quando se refugiou na França.

O Haiti foi invadido pela França em 1869; pela Espanha em 1871; pela Inglaterra em 1877; pelos EUA em 1914 e em 1915, permanecendo até 1934; pelos EUA, de novo, em 1969.

As primeiras eleições democráticas ocorreram em 1990; elegeu-se o padre Jean-Bertrand Aristide, cujo governo foi decepcionante. Deposto em 1991 pelos militares, refugiou-se nos EUA. Retornou ao poder em

1994 e, em 2004, acusado de corrupção e conivência com Washington, exilou-se na África do Sul. Embora presidido hoje por René Préval, o Haiti é mantido sob intervenção da ONU e agora ocupado, de fato, por tropas norte-americanas.

Para o Ocidente civilizado e cristão, o Haiti sempre foi um negro inerte na vitrine, empalhado em sua própria miséria. Por isso, a mídia do branco exibe, pela primeira vez, os corpos destroçados pelo terremoto. Ninguém viu, por TV ou fotos, algo semelhante na Nova Orleans destruída pelo furacão ou no Iraque atingido pelas bombas. Nem mesmo após a passagem do *tsunami* na Indonésia.

Agora, o Haiti pesa em nossa consciência, fere nossa sensibilidade, arranca-nos lágrimas de compaixão, desafia a nossa impotência. Porque sabemos que se arruinou, não apenas por causa do terremoto, mas sobretudo pelo descaso de nossa dessolidariedade.

Outros países sofrem abalos sísmicos e nem por isso destroços e vítimas são tantos. Ao Haiti enviamos missões de paz, tropas de intervenção, ajudas humanitárias; jamais projetos de desenvolvimento sustentável.

Findas as ações emergenciais, quem haverá de reconhecer o Haiti como nação soberana, independente, com direito à sua autodeterminação? Quem abraçará o exemplo da dra. Zilda Arns, de ensinar o povo a ser sujeito multiplicador e emancipador de sua própria história?

Assim, os movimentos de diáspora deslocam, reorganizam e modificam irreversivelmente quaisquer vestígios originários, alterados, embora presentes sob diversos signos, para um outro formato, que é basicamente organizativo, o que equivale a dizer, hierarquizado. E a história auxilia nesse apagamento, realocando no passado africano a mesma ordem hierárquica, na forma de Cidades-Estado, Estados, Impérios, Reinos.

CAPÍTULO 10

AS MUITAS DIÁSPORAS

Apresento genericamente diferentes diásporas na história, situando suas diversas modalidades sociais, culturais, religiosas e políticas. Detecto grupos étnicos e religiosos deslocados de suas procedências originais e analiso a condição do expatriamento, a experiência do exílio na América Latina, no continente africano, na Europa ou no Oriente. Referencio estudos baseados em casos específicos, capazes de contemplar as temáticas da diáspora e dos efeitos migratórios no presente e no passado. Como atividade prática, introduzo o estudante na reflexão sobre o ensino da história das diásporas, especialmente no que se refere às possibilidades de construir um espírito crítico e consciente diante do aprendizado e do ensino deste campo temático.

Existem inúmeros enclaves fronteiriços entre os mundos da desigualdade contemporânea. Entre os EUA e o México há um deles. De acordo com o Instituto para a Economia Internacional dos Estados Unidos, o êxodo de mexicanos e de outros desterrados da pobreza latino--americana para os Estados Unidos é o maior movimento migratório da história norte-americana.

Outro desses enclaves é Melilla, localizada na península mediterrânea do Marrocos, ponto mais próximo de ligação entre a África do Norte e a Europa.

Melilla acabou sendo responsável por uma aproximação marroquino-argelina, que permitiu a construção de um gasoduto através do estreito de Gibraltar por uma empresa binacional com sede em Rabat. Esse grande empreendimento, entretanto, não resolveu o problema do crescimento do número de desempregados do Marrocos, cuja migração para as cidades aumentou nos últimos cinco anos, provocando crises de saneamento, abastecimento e moradia. Desse modo, Melilla e Tarifa passaram a ser centros de imigração ilegal rumo ao sul da Espanha, com tentativas de fugas e risco de morte por afogamento.

A crise econômica do Marrocos gerou uma renegociação da dívida externa, ao mesmo tempo que o Conselho Internacional das Nações Unidas para o Controle de Narcóticos denunciava a utilização de seu território para o cultivo de ópio e coca.

Os problemas políticos internos têm sido denunciados pela Associação Marroquina de Direitos Humanos, que aponta o crescimento da tortura e da prisão política dos opositores do regime. Em 1992, Hassan II destituiu o primeiro-ministro Azedini Laraki e convocou um referendo para aprovação de uma nova Constituição, dando mais poderes ao Parlamento. A oposição cresceu, vencendo as primeiras eleições parlamentares em 1993 e, em 1994, o rei indicou para primeiro-ministro Abd Al Latif Filali, passando a defender uma integração cultural a partir do uso do idioma berbere na vida nacional.

Os objetivos dessas reformas políticas visavam recuperar o sentimento nacional, refazer a imagem do Marrocos no contexto europeu e fiscalizar a imigração clandestina para a Espanha. As reformas sociais – irrigação, desenvolvimento da cultura nacional e privatização das empresas estatais – envolveram em debates as oposições de esquerda no Parlamento, culminando com a formação de uma coalizão política que incluiu a União Socialista de Forças Populares, o Partido da Independência contra a União Constitucional e a União Nacional de Independentes, representantes das forças de direita. Em 1998, a União Socialista de Forças Populares obteve o cargo de primeiro-ministro. Em 1999, Hassan II morreu de pneumonia, sendo substituído por seu filho Sid Mohamed[105].

Outro enclave diaspórico contemporâneo pode ser detectado numa fronteira muito mais abstrata entre o Vietnã e o mundo ocidental. Depois da ocupação pelo Japão durante a Segunda Guerra, o Vietnã ainda sofreria uma guerra com os EUA encerrada em 1975 com a expulsão dos militares norte-americanos, uma guerra com o Camboja em 1979 e com a China, no mesmo ano. "Em 1985, o governo libertou os presos políticos e tentou aproximação com a Associação de Nações do Sudeste Asiático e com os Estados Unidos, permitindo o exílio de vietnamitas leais ao governo anterior".

Da mesma forma a Indonésia é patrocinadora de um êxodo humano, principalmente devido ao terrível governo Suharto, que governou as ilhas até 1998.

O Afeganistão que, depois de ser invadido pela URSS em 1979 e até agora, invadido pelos EUA, levou milhões de afegãos ao exílio para os países vizinhos.

Também os palestinos abandonam a região em que nasceram para se livrar dos constantes massacres e humilhações impostos pelos israelenses.

Os curdos, maior nação sem estado no mundo, são populações em constante deslocamento, assim como os refugiados dos conflitos na Bósnia-Herzegóvina. Ruanda é outra fonte de populações diaspóricas, desde que os conflitos entre Hutus e Tutsis ecoldiram nos anos 1960.

O caso do Burundi é também bastante complicado:

> Quando a Alemanha foi derrotada na Primeira Guerra, a Bélgica apossou-se da colônia e separou Ruanda de Burundi, que foi anexada ao Zaire. Os belgas optaram por um sistema de administração indireta, apoiado nas oligarquias tutsis. Esse processo acabou alimentando algumas manifestações nacionalistas que, na década de 50, culminaram na estruturação do Partido da Unidade e do Progresso Nacional (Uprona), dirigido por Luis Rwagasore, que chegou a ser indicado a primeiro-ministro em 1960. Temendo sua liderança, pela semelhança de seu carisma com o

---

[105] IOKOI, Zilda Márcia Grícoli. *Deslocamentos Populacionais e Novas Formas de Solidariedade*. São Paulo: Bei Comunicações, 2000, p. 23.

de Patrice Lumumba, do Zaire (hoje República Democrática do Congo), conseguiram assassiná-lo, alguns meses antes da independência. Em 1º de julho de 1962, ocorreu a independência, passando o governo a ser exercido por uma monarquia tutsi, articulada com os belgas.

A violência cresceu muito nos primeiros quatro anos dessa monarquia, tendo havido troca de primeiro-ministro por cinco vezes. Em 1966, um dos primeiro-ministros, Michael Micombeiro, por meio de um golpe de Estado, proclamou a República, expurgou em massa os funcionários hutus, promovendo até 1971 sistemático massacre dessa população com a morte de 350 mil pessoas e o exílio de aproximadamente 70 mil.

Em 1976, Jean Baptiste tomou o poder, prometendo o fim dos conflitos étnicos e a implantação de reformas democráticas. Democratizou o Uprona, distribuiu terras, legalizou os sindicatos. No plano externo, aproximou-se da Tanzânia e recebeu ajuda chinesa para explorar suas jazidas minerais. Em 1979, no primeiro congresso do Uprona, foi elaborada a nova Constituição, que entrou em vigou em 1981. Em 1988, hutus e tutsis voltaram à guerra, levando 60 mil hutus a se refugiarem em Ruanda.

Em 1989, retornaram ao país, depois que o cargo de primeiro-ministro fora entregue a Adrien Sibomana. O governo militar reconciliou-se com a Igreja católica, devolveu bens expropriados, privatizou empresas públicas e criou um Tribunal de Contas. Em 1992, promulgou uma nova Constituição pluripartidária e convocou eleições para 1993. Os tutsis foram derrotados pelos hutus, que elegeram Melchiour Ndadaye, da Frente para a Democracia do Burundi (Frodebu), com maioria hutu. Três meses depois de eleito, o presidente foi assassinado por um golpe que acabou fracassando. A primeira-ministra Sylvie Kinigi, asilada na Embaixada da França, manteve o controle do país. Os líderes fugiram ou foram presos, subindo ao poder o hutu Cyprien Ntaryamira.

Os partidários do presidente assassinado atacaram os membros do Uprona, provocando a morte de dezenas de milhares de pessoas e o êxodo de 600 mil. Nesse processo consolidam-se milícias armadas extremistas, responsáveis não só pelo acirramento da violência, como pelo atentado que matou o presidente do Burundi e de Ruanda.

Em 1995, o Uprona abandonou o governo, numa manobra para forçar a renúncia do primeiro-ministro, retornando ao poder quando alcançou seu intento. Em 1997, o observador especial da ONU, Paulo Sérgio Pinheiro, declarou que a sanção internacional estava provocando maiores dificuldades para a população do país e pediu a suspensão do embargo[106].

Outro ponto dramático de deslocamento populacional ocorreu em decorrência dos movimentos de libertação nas ex-colônias portuguesas. O caso de Angola e Moçambique deve ser observado com mais atenção:

> Em 1956, os angolanos fundaram o Movimento Popular para a Libertação de Angola (MPLA), de uma fusão de pequenas organizações nacionalistas. Seu objetivo era convencer o governo português a aceitar o direito dos angolanos à independência.
>
> Em 4 de fevereiro de 1961, um grupo do MPLA tomou de assalto algumas prisões e edifícios públicos em Luanda e iniciou o processo de lutas contra o colonialismo. Em 1962, foram criadas a Frente Nacional de Libertação de Angola (FNLA), dirigida por Holdem Roberto, a Frente de Libertação de Cabinda (FLEC) e a União Nacional para a Libertação Total de Angola (UNITA), liderada por Jonas Savimbi.
>
> Essas organizações indicavam a existência de diferentes grupos políticos e projetos para a emancipação angolana. Em 1964, o presidente Agostinho Neto reuniu as lideranças dos diversos grupos e definiu a estratégia para uma guerra popular prolongada. Havia um clima internacional favorável aos guerrilheiros e pouca probabilidade de vitória do exército colonial. A crise econômica em Portugal e também os problemas internos que sofria a ditadura salazarista já indicavam novas possibilidades políticas, tanto para a metrópole colonial, como para os projetos de libertação nacional.
>
> Em 25 de abril de 1974, uma insurreição militar em Portugal, denominada Revolução dos Cravos, reconheceu o direito dos povos africanos a sua autodeterminação, convidando o MPLA, a Unita e a FNLA a participar de um governo de transição, conforme foi definido no Acordo de Alvor de 1975. Entretanto, como havia muita divergência política e ideológica entre os grupos, os acordos não foram cumpridos. A FNLA recebia apoio do Zaire e dos Estados Unidos; a Unita era claramente apoiada pelo regime do *apartheid* da África do Sul e pelos colonos portugueses; enquanto o MPLA ligava-se ideologicamente aos países socialistas.
>
> Em Luanda, os adversários do MPLA foram criando muitos obstáculos ao controle da capital, ao mesmo tempo que o Zaire invadia Angola pelo

---

106 Idem, p. 66-7.

norte, enquanto a Unita e a África do Sul ocupavam o país pelo sul. A expulsão dos portugueses e da Unita se fez pela ação do MPLA, com a independência de Luanda e no ano seguinte de toda a Angola. A vitória se deu pelo apoio das tropas cubanas enviadas por Fidel Castro. Finda a guerra, o governo começou a recuperar todos os centros produtivos e a organizar a mão de obra, que precisava de alfabetização e de preparação profissional. Desenvolveu-se assim um amplo setor estatal capaz de promover o desenvolvimento, com a nacionalização do setor bancário e energético.

Em 1977, Nito Alves, da facção trotskista Revolta Ativa do MPLA, tentou tomar o poder, sem contudo obter bom termo no processo. Em 1978, o MPLA realizou seu congresso definindo-se como marxista-leninista, e modificou seu nome para MPLA – Partido do Trabalho. O bloco do poder sofreu uma perda em 1979, com a morte de Agostinho Neto, substituído por José Eduardo dos Santos. Em 1981, os sul-africanos tentaram avançar sobre a província de Cunene, sob a alegação de estar combatendo a Swapo e a Namíbia. No entanto, pretendiam entregar o poder à Unita e criar uma zona liberada. Em 1988, o governo de Pretora foi obrigado a iniciar negociações com Angola, África do Sul e Cuba (Acordo Tripartite), assinado em Nova York, pondo fim ao conflito.

No ano de 1991, foi firmado um acordo entre o MPLA e a Unita, mediado pelos Estados Unidos, a URSS e as forças da ONU. Com esse acordo, foram convocadas as eleições em 1992, tendo o MPLA obtido maioria dos votos. Entretanto, a Unita não se reconheceu derrotada e tomou em armas. Foram firmados acordos em 1993, mas não colocados em prática até 1995. Em 1997, organizou-se um Governo de Unidade Nacional e Reconciliação. Em 1998, a Unita perdeu o apoio de Mobuto Sese Seko, do Zaire, ficando mais debilitada. O território minado, a ausência de desenvolvimento econômico e a existência de mais de um milhão e meio de refugiados internos provocaram a criação de um setor contrário ao belicismo de Savimbi, estruturada na Unita-Renovada. Mas, em março de 1999, reiniciou-se a guerra, com o deslocamento de enormes contingentes populacionais, incluindo os capacetes azuis da ONU[107].

Parece que o preço da paz nesses eventos pós-colonialistas é o desenvolvimento e o poder de geri-lo que está em disputa ferrenha por todos os lados. No meio de tudo isso, as pessoas comuns, os pobres, as

---

107 Idem, p. 72-3.

comunidades que muito antes da chegada dos europeus existiam relativamente em paz justamente sem qualquer menção a desenvolvimento, no girar da vida viva.

O caso de Moçambique parece repetir a fórmula idêntica do poder na modernidade tecnicista típica do paradigma europeu, embora com alguma variação.

Em 1960, um massacre de uma comunidade pacífica em Mueba convenceu os moçambicanos da necessidade de lutar pela independência. Em 1961, Eduardo Mondlane, funcionário da ONU, retornou a Moçambique e iniciou as mobilizações em torno da libertação nacional. Em 1963, conseguiu reunir na Tanzânia vários grupos e formou a Frente de Libertação de Moçambique (Frelimo), que iniciou a guerra em 1963, conquistando algumas regiões no ano seguinte, e, em 1969, detinha o controle sobre um quinto do país. Nesse ano, as forças do próprio colonialismo português conseguiram eliminar Mondlane, e os conflitos internos na Frelimo começaram a se intensificar. Em 1974, ocorreu a Revolução dos Cravos em Portugal e, em 1975, Moçambique tornou-se independente, sendo eleito Samora Machel. Em 1977, a Frelimo optou por um programa socialista e, em 1980, apoiou a independência do Zimbábue.

Os problemas agravaram-se com os conflitos entre os interesses do país e os da África do Sul. Pretória acabou invadindo o território de Matola, em Maputo, e, em 1981, apoiou a Resistência Nacional de Moçambique (Renamo), organização formada por salazaristas e mercenários. Por meio de um conjunto de ações terroristas, a África do Sul atacava os campos de refugiados antirracistas residentes em Moçambique, ao passo que a Renamo dirigiu suas ações especialmente para o confronto com a população rural nas aldeias comunais.

Em fins de 1982, o governo empreendeu ampla repressão ao mercado clandestino e lançou ofensiva militar contra a Renamo. No ano seguinte, um extenso programa de reformas econômicas começou a ser implementado, com ênfase em projetos de vilas e granjas, para atender, por financiamentos, os pequenos setores comunitários, dando-lhes viabilidade econômica. No Quarto Congresso da Frelimo, houve grande esforço no sentido de atrair as bases sociais na discussão das quatro teses centrais. A principal delas foi a oposição às grandes fazendas estatais, consideradas responsáveis pela excessiva centralização e burocratização do poder.

O número de camponeses foi significativo nesse Congresso e a presença das mulheres dobrou em relação ao terceiro.

As ações terroristas da Renamo e a seca de 1985 provocaram uma redução de 70% na produção agrícola, aumentando ainda mais a miséria existente. Samora Machel denunciou a ajuda constante da África do Sul à Renamo e procurou articular um acordo entre os países envolvidos nos conflitos: Zâmbia, ex-Zaire, Angola e Moçambique. Em 1986, quando voltava de uma reunião para esse fim na Zâmbia, morreu num acidente aéreo, pouco esclarecido. Foi eleito para seu lugar Joaquim Chissano, ministro das Relações Exteriores. Também em Moçambique no ano de 1989 iniciaram-se reformas rumo a uma economia mista, compondo com a base estatizada alguns campos privados, especialmente em consequência da crise do bloco soviético e da necessidade de adequação às pressões internacionais ligadas ao FMI. Em 1990, em Roma, as duas partes assinaram um protocolo com vistas a um acordo de paz.

Em 1992, Chissano foi reeleito já no sistema pluripartidário, assinando com Afonso Dhlakama um acordo de paz que pôs fim a dezesseis anos de conflitos, que causaram mais de um milhão de mortos e 5 milhões de refugiados. Os dois lados deveriam entregar as armas para as forças de Paz da ONU em seis meses. As tropas do Zimbábue, que controlavam os corredores ligando seu país aos portos de Moçambique, seriam retiradas e o exército nacional deveria conter também parte dos guerrilheiros da Renamo. Em 1995, houve tensão nas negociações de paz, quando Dhlakama exigiu o controle governamental de cinco das dez províncias do país. Convencido a participar das eleições, o líder da Renamo sofreu ampla derrota no pleito de 1995 e aceitou colaborar com a paz.

No mesmo ano, o Clube de Paris aceitou conceder um auxílio de 780 milhões de dólares para a reconstrução do país. Chissano e a província de Mandela firmaram um acordo para instalar milhares de agricultores sul-africanos de origem europeia numa área de 200 mil hectares, mas a oposição dificultou o processo. Em 1998, a Renamo e os partidos de oposição boicotaram o pleito municipal alegando falta de fundos para a campanha, deixando a Frelimo concorrer sozinha[108].

A herança do estado-nação e de suas relações de poder centralizados, no caso de Moçambique, representou uma solução menos radical

---

108 Idem, p. 73-5.

para a experiência africana, uma tentativa de incorporar o modo de vida local, comunitário, ao padrão de dominação centralizada, típica de sociedades com Estado.

Esses são pontos contemporâneos de deslocamento de milhões de pessoas pelo mundo. Além desses, existem ainda os pontos cuja causa são derivadas dos problemas causados pelo clima e desastres naturais.

Sebastião Salgado, fotógrafo brasileiro, fotografou todos esses enclaves, inclusive o grande êxodo resultante da enorme contingência do período mais grave de fome no Sahel. Segundo Fred Ritchin, "entre 1984 e 1985 Sebastião Salgado fotografou as vítimas da fome no Sahel (África), como voluntário do grupo humanitário francês *Médecins sans Frontières* (Médicos sem Fronteiras). Registradas durante longas estadas na região ao longo de quinze meses, suas imagens são retratos dignos e empáticos de pessoas vivendo e morrendo as consequências de uma catásfrofe. Salgado também retratou as atividades dos que trabalharam para aliviar a dor das vítimas: os médicos, os enfermeiros e os engenheiros civis voluntários.

Eduardo Galeano também comenta as impressionantes imagens registradas pela máquina de Salgado: "um homem carrega o filho ou os ossos de seu filho nos braços. Este homem é uma árvore, alta e imponente, com raízes cravadas na solidão", ou "esses rostos, que gritam sem mover a boca, já não são rostos de outros. Esses rostos deixaram de ser convenientemente distantes e etéreos, pretextos ingênuos para a caridade de consciências pesadas"; "as árvores têm braços. As pessoas, ramos. E continuam em pé, inexplicavelmente em pé, sob um céu desamparador"; "Salgado retrata pessoas. Outros fotógrafos retratam fantasmas".

Só não podemos deixar de lembrar que a verdadeira catástrofe dessa fome só foi possível depois que os governos europeus acabaram com as comunidades autônomas dessa região da África, que suportavam com razoável regularidade as inclemências do clima do Sahel.

CAPÍTULO 11

TUMBEIROS

A nalise e compare estes textos/documentos e as imagens. O primeiro texto é uma Bula Papal, Romanus Pontifex emitida pelo papa Nicolau V em 1454, sobre o envio de negros para as terras do novo mundo. O segundo são parte das crônicas do Príncipe D. João, de inícios do século XIX. Entre esses dois textos, imagens dramáticas dos tumbeiros, os navios que carregaram pessoas na diáspora africana. As imagens compõem um cenário mental que você pode e deve realizar. Observe-as atentamente, reflita suas semelhanças e suas diferenças. Não se esqueça que são, como todas as imagens, representações e não expressões da verdade, cada uma produzida com um objetivo, por um sujeito de intenções e com técnicas diversas:

> Muitos desses negros trazidos a Portugal, trocados por outro gênero de compra, haviam recebido o batismo, sendo, portanto, de esperar, da continuação do tráfico à conversão de todos aqueles povos a fé cristã.

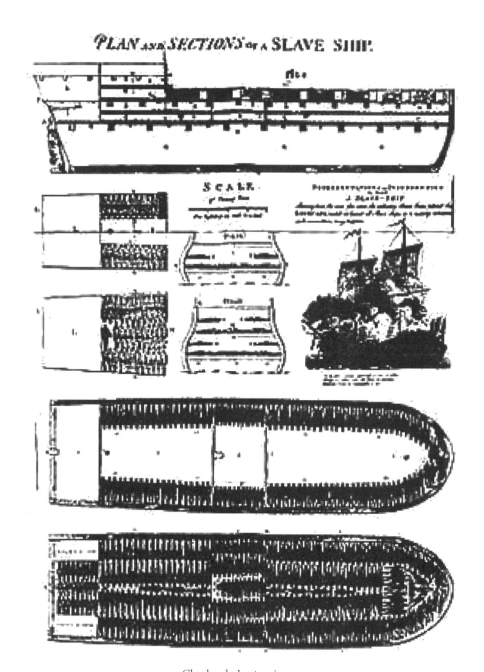

Charles de Lasteyrie,
Planta baixa do navio negreiro La Vigilante,
França, 1823, Gravura.

Johann Moritz Rugendas,
Negros no fundo do porão,
1835, litografia.

Não se tratava decerto, indo à África, apenas de obrar boas cousas conforme as Escrituras. Não era um impulso religioso o que mais movia as energias para as novas conquistas, e o ganho de almas para o Cristo, e a transformação das mesquitas, virgem de imagens, em templos e catedrais católicos, era puro engodo com que se disfarçava aos olhos do povo a ambição de pecúnia das classes dirigentes da nação.

Neste hiato de quase três séculos, será que se pode inferir que as questões ainda eram as mesmas? Será que a religião e a economia não tiveram seus momentos de hegemonia e que realmente no século XV a questão religiosa era imperativa, enquanto no século XIX a economia produzia as regras sociais com mais efetividade do que a religião?

Estas questões devem nortear nossa imaginação quando observamos as imagens do passado, ansiosos por revelar um outro mundo, bem diferente do nosso. Senão, a visão de um ônibus lotado, de um trem de subúrbio na hora do *rush* pode nos causar uma leve familiaridade com as imagens aí presentes.

Entre esses dois momentos, contudo, podemos surpreender relações extremamente complexas, como as que teciam influências entre regiões da África e Brasil:

Capturando e vendendo escravos para os europeus, alguns reinos africanos ficaram riquíssimos. Um exemplo é o reino do Daomé, atual Benin. No século 18, havia por lá estradas, pontes vigiadas por guardas e cidades com 28 mil pessoas. As relações comerciais eram tão intensas que, em 1795, dois embaixadores do Daomé fizeram uma longa viagem diplomática à Bahia e a Portugal para negociar o monopólio da venda de escravos.

A América também funcionava como um abrigo de nobres africanos que perdiam disputas pelo poder. Foi assim que um príncipe africano chamado Fruku chegou ao Brasil. Mandado para cá como escravo, logo conseguiu comprar sua alforria. Mesmo exilado no Brasil, permaneceu atento à política do outro lado do Atlântico. Vinte anos depois, quando a situação política do Daomé melhorou para o seu lado, ele voltou à África para tentar reaver seu trono, dessa vez com o nome de "dom Jerônimo, o Brasileiro"[109].

Agora imagine como seriam as relações entre os diversos grupos em África no século XVI e duzentos e tantos anos depois. Seriam as mesmas?

O nome tumbeiro deriva do fato de que de cada escravo que chegava ao seu destino, outros quatro ou cinco morriam entre a captura e o transporte.

---

[109] NARLOCH, Leandro. A Nova História do Brasil. *Revista Superinteressante*, jun. 2010, ed. 279, p. 65.

CAPÍTULO 12

FANON E OS DESTERRADOS: O MAGREB (MARROCOS, ARGÉLIA, TUNÍSIA, LÍBIA, SAARA OCIDENTAL E MAURITÂNIA) DE RIMBAUD A PONTECORVO

Também conhecido como o misterioso "homem das solas de vento", Jean Artur Rimbaud escreveu suas poesias antes dos 25 anos de idade, quando abandonou a Europa e foi viver as ações e reminiscências que elas haviam deixado vibrando em sua mente de interior ou, como afirma Giuseppe Raimonde, autor de uma de suas muitas biografias, "após a poesia da palavra, a poesia da ação". Em seu exílio na África, foi mercador e traficante de armas, inspirando um monte de pessoas interessantes ao longo do tempo, dentre elas, Bob Dilan. Aliás, pessoas interessantes leem Rimbaud e ficam ainda mais interessantes e isso porque as pessoas não conhecem a magnífica poesia oral que brota ainda em toda a África.

Vamos ler um trecho de uma de suas biografias que privilegiam sua estada africana, de onde sairia com 37 anos para morrer na Europa, sendo que nesse período nunca mais escreveu uma linha sequer de poesia.

No ano de 1880, durante o mês canicular de agosto, um jovem francês desembarca em Steamer Point, o porto árabe de Aden. Ele é alto e tem o rosto magro, com cabelos castanhos descoloridos pelo sol. Seus trajes estão surrados, seus modos são rudes. Ele carrega seus pertences numa valise de couro marrom atada com quatro correias afiveladas.

Sua aparência chama atenção, mas não chega a ser uma curiosidade. Aden é um protetorado britânico, um entreposto, um local de transição para viajantes seguindo para a África e para a Índia. Há muitos europeus passando pela cidade – comerciantes, exploradores, funcionários, cozinheiros, todos os tipos. Ele podia ser qualquer um desses. Como a maioria, ele veio de navio a vapor, descendo o Canal de Suez, aberto em 1869. Navegando pelo Mar Vermelho, num itinerário de cabotagem, em busca de qualquer espécie de trabalho que encontrasse; e sem achar nenhum, de barco ou de navio, atravessou o estreito conhecido como Bab al Mandeb – O Portão das Lágrimas – e percorreu o litoral árido do Iêmen até chegar a Aden.

Grande parte disso pode ser adivinhada num relance. O rosto queimado pelo sol, os trajes de algodão sujos, a mala remendada: é o que tudo indica. Seus olhos podem sugerir outras histórias, menos decifráveis. Eles são extraordinários, de um azul pálido, hipnótico e inquietante. Décadas mais tarde, um missionário francês que o conheceu na África diria: "Lembro de seus olhos grandes e claros. Que olhar!"

Seus olhos estão ainda mais fulgurantes nesse dia em especial, pois está com febre. Ela o atingiu em cheio em Hodeidá, e ainda não conseguiu se livrar dela.

Há barcas e balsas de carvão no cais, e as embarcações de pesca de tubarão, que são quase umas jangadas. Os vapores epônimos encontram-se ao largo na superfície cintilante do mar, próximos de uma rocha chamada Ilha Flint, usada pelos britânicos como posto de quarentena. Atrás das instalações portuárias podem ser vistos os prédios principais da colônia: a residência do governador, o Correio e as agências das companhias de linhas marítimas P & O e Messageries Maritimes, além de vários bangalôs espalhados, embora ainda não tão numerosos quanto aqueles vistos por Evelyn Waugh cinquenta anos mais tarde "derramados sobre as encostas dos morros como vestígios de piqueniques após um feriado bancário".

Quando a embarcação se prepara para atracar, ela é cercada por crianças remando canoas. São somalis em sua maioria, da costa leste da África, não longe dali. Elas pulam e mergulham, pedindo moedas: "Oh! Oh! Sixpence! À la mer, à la mer! Todo dia, tous les jours ! "

O quebra-mar de ferro fundido o conduz até o cais. O calor é intenso: 40 graus é o normal nesse período do ano. A chegada do barco fez as pessoas saírem das sombras: carregadores somalis, mascates iemenitas, subalternos ingleses com a pele bronzeada vestindo bermudas de escoteiros. No abrigo da alfândega – uma construção com telhado de zinco conhecida no linguajar rústico do colonialismo britânico como a Farra – ele cumpre algumas formalidades.

Ele não gosta dos aduaneiros: seus cachimbos presos entre os dentes, seus machados e suas facas, seus cães presos a uma correia.

Do outro lado, há táxis aguardando, também somalis, com seus pequenos carretos puxados por cavalos, ou carroças, que um outro visitante francês compara com as carruagens americanas. Ele subiria numa delas? Provavelmente, não. Seu destino está próximo; ele aprendeu a viajar frugalmente. Apesar da febre e da grande valise, o condutor da carroça não consegue convencê-lo. Ele se dirige ao Grand Hotel, um dos dois hotéis administrados por franceses na colônia. Seu letreiro, pintado com letras de dois metros de altura, pode ser visto desde o porto: GRAND HOTEL DE L'UNIVERS. Este nome improvavelmente cósmico traz por instantes recordações de sua cidade natal, Charleville, e de um certo Café de l'Univers, ao lado da estação de trem, lembranças de todas aquelas noites declamatórias e ébrias com Delahaye, com Izambard, com...

Mas seus nomes significam pouco para ele agora.

Ele está se dirigindo ao Grand Hotel porque tem um contato ali. Antes de chegar, em Hodeidá, atormentado pela febre, ele fez amizade com um negociante francês, um tal de Trébuchet, um agente de uma companhia marselhesa chamada Morand & Fabre. Trébuchet tem amigos em Aden e lhe fornece cartas de apresentação. Uma é para um certo Coronel Dubar, atualmente trabalhando no negócio de café. A outra é endereçada a Jules Suel, o gerente do Grand Hotel.

O hotel é um prédio longo e baixo, longe do mar. Fica na curva de uma rua chamada Prince of Wales Crescent, em homenagem a uma visita real em 1874. A fachada tem uns trinta metros e possui arcadas de pedra. Pequenos quartos de madeira com janelas venezianas estão dispostos no primeiro andar: um estilo arquitetônico indiano bastante comum por aqui. À direita da portaria está a sala de jantar, à la terrace, acolhendo a escassa brisa marinha. À esquerda, encontra-se a loja do hotel, cheia de lembranças exóticas – peles de leopardo, penas de avestruz, espadas de Danakil, seda de Bombaim, especiarias turcas. Atrás do hotel, despontam as montanhas de rochas pardas e escaldadas que resplandecem em todos os cantos de Aden, todos os dias passados ali.

Ele sobe os degraus amplos de blocos de pedra e desaparece nas sombras do saguão[110].

A presença de europeus na África em fins do século XIX é vasta e, como já vimos, extremamente complexa. Mas o fim do período colonial não é menos difícil de ser entendido, pois como afirma um tunisiano ao estudar o colonialismo europeu, "a colonização fabrica colonizados assim como fabrica colonizadores"[111].

De Rimbaud a Gillo Pontecorvo, diretor de cinema italiano que produziu na Argélia o magnífico filme *A Batalha de Argel*, um vasto espectro de interpretações deram ao colonialismo um ar de banditismo, de rapinagem, do dominador cruel legitimando a revolta e a independência.

O filme *A Batalha de Argel*, de 1965, narra os eventos envolvendo o líder da Frente Algeriana de Libertação Nacional, Ali e seu grupo, na luta pela independência da Argélia da dominação francesa, um marco do processo histórico de libertação das colônias europeias na África. O período em que se passa o filme vai de 1954 a 57, pois a independência somente aconteceria em 1962, mostrando como atuavam os dois lados do conflito. O exército francês recorria à tortura e à eliminação pura e simples, enquanto a resistência atuava basicamente como guerra de guerrilhas e terrorismo.

Proibido em diversos países, dentre eles a França e o Brasil, um interessante ponto do filme é a frase do comandante francês de ocupação: "Por que os (Jean-Paul) Sartres estão sempre do outro lado?", ao saber que o escritor publicara artigo simpático à independência argelina. Era já o ovo da serpente camuflado da ideologia libertária que caracterizava a esquerda europeia e, por extensão, colonial.

Nenhum, contudo, percebeu que a independência e, portanto, o estabelecimento de Estados-nação em formações sociais tão complexas, em arranjos tão distintos, era a herança maldita aparentemente

---

110 NICHOLL, Charles. *Rimbaud na África, os Últimos Anos de um Poeta no Exílio*. Rio de Janeiro: Nova Fronteira, 2007.

111 MEMMI, Albert. *Retrato do Colonizado*. Rio de Janeiro: Civilização Brasileira, 2007, p. 9.

irrecusável, era o determinismo do projeto de dominação eurocêntrico, fundamentado na ideia do desenvolvimento como padrão mundial e em macrossolidariedades nacionais, em hierarquias funcionais, alterando as formas de família, as religiões, a cultura, a aquisição de saberes, as formas de sobrevivência que haviam caracterizado essas regiões por milênios.

Dois são os livros-chave para entendermos o esgotamento do colonialismo europeu em todo o planeta. O primeiro é *Os Condenados da Terra*, de Frantz Fanon; o segundo, *Retrato do Colonizado*, de Albert Memmi. Ambos escritos, aparentemente, da perspectiva dos colonizados. Fanon, um psiquiatra antilhano, militante da independência argelina na FNL (Frente de Libertação Nacional); Memmi, um tunisiano que esteve em campos de trabalhos forçados na Tunísia ocupada em 1943.

Esses livros seriam utilizados por quase todos os colonizados desse período, da África ao país basco e até pela Frente de Liberação do Quebec e pelo grupo alemão Baader Meinhoof.

A análise dessas duas obras nos permitirá entender o mecanismo avassalador da colonização, sua penetração funda na cultura a tal ponto que um apagamento definitivo aconteça, substituindo-a por outra, madrasta e não madrassa.

Tomemos um trecho do livro de Fanon para estabelecermos sua crítica:

> A história nos ensina que o combate anticolonialista não se inscreve imediatamente numa perspectiva nacionalista. Durante muito tempo, o colonizado dirige os seus esforços para a supressão de certas iniquidades: trabalho forçado, sanções corporais, desigualdade dos salários, limitações dos direitos políticos. Esse combate pela democracia contra a opressão do homem vai sair progressivamente da confusão neoliberal universalista para desembocar, às vezes laboriosamente, na reivindicação nacional. Ora, o despreparo das elites, a ausência de ligação orgânica entre elas e as massas, sua preguiça e, vamos dizê-lo, a covardia no momento decisivo da luta estão na origem de desventuras trágicas.
>
> A consciência nacional, ao invés de ser a cristalização coordenada das aspirações mais íntimas do conjunto do povo, ao invés de ser o produto imediato mais palpável da mobilização popular, será apenas, de qualquer modo, uma forma sem conteúdo, frágil, grosseira. As falhas que nela se descobrem explicam amplamente a facilidade com a qual, nos jovens países independentes, passa-se da nação à etnia, do Estado à tribo. São essas fis-

suras que explicam os retrocessos, tão penosos e tão prejudiciais ao desenvolvimento nacional, à unidade nacional. Veremos que essas fraquezas e os graves perigos que elas encerram são o resultado histórico da incapacidade da burguesia nacional dos países subdesenvolvidos de racionalizar a práxis popular, isto é, extrair sua razão.

A fraqueza clássica, quase congênita, da consciência nacional dos países subdesenvolvidos não é apenas a consequência da mutilação do homem colonizado pelo regime colonial. Ela é também o resultado da preguiça da burguesia nacional, da sua indigência, da formação profundamente cosmopolita do seu espírito.

A burguesia nacional que toma o poder no fim do regime colonial é uma burguesia subdesenvolvida. Seu poder econômico é quase nulo, e, de qualquer forma, sem medida comum com o da burguesia metropolitana. Mas a independência, que a pôs literalmente contra a parede, vai provocar nela reações catastróficas e obrigá-la a lançar apelos angustiados em direção à antiga metrópole. Os quadros universitários e comerciais que constituem a fração mais esclarecida do novo Estado se caracterizam, efetivamente, por seu pequeno número, sua concentração na capital, o tipo de suas atividades: negócios, explorações agrícolas, profissões liberais. No seio dessa burguesia nacional não se encontram nem indústrias nem financistas. A burguesia nacional dos países subdesenvolvidos não se orientou para a produção, para a invenção, para a construção, para o trabalho. Canalizou-se inteiramente para atividades de tipo intermediário. "Ser esperto", "estar por dentro", essa parece ser a sua vocação profunda. A burguesia nacional tem uma psicologia de homem de negócios, não de capitão de indústria. É verdade que a rapacidade dos colonos e o sistema de embargo instalado pelo colonialismo não lhe deixaram escolha[112].

No cenário global dos anos 1950/1960, arregimentados pelo espírito da Guerra Fria, restava aos intelectuais apenas duas posturas. A primeira, de adesão ao modelo capitalista representado pelos EUA; e a segunda, muito mais comum pela natureza nada cínica dos pensadores de plantão, assumir o modelo teórico marxista, consagrado pelo pensamento da esquerda, que parecia contrariar o *status quo* que imperava no ocidente.

---

112 FANON, Frantz. *Os Condenados da Terra*. Juiz de Fora: Ed. UFJF, 2005, p. 177-8.

O conflito ideológico daí resultante era razoavelmente pobre, pois a crítica parecia resumir-se a uma negação algo parcial de certas concepções, cujo fundamento era a luta de classes.

Ora, nesse sentido, categorias como o industrialismo e o nacionalismo pareciam prerrogativas fundamentais para a tão aguardada revolução, que parecia seguir um *script* previamente estabelecido.

O exemplo de Fanon é paradigmático desse momento. O que explica a incapacidade de os novos estados independentes do colonialismo de alçar à condição de desenvolvidos era que sua burguesia não conseguira apropriar-se do industrialismo e, portanto, tampouco do nacionalismo, leucemizando seu potencial num círculo de danação estética sem produzir um capital cuja reserva possibilitasse a emergência do próprio desenvolvimento.

Não parecia estranho, então, que o desenvolvimento fosse a danação e que, talvez como alternativa, outros modelos de arranjos sociais pudessem ser encontrados. Essa herança do colonialismo, por si só, já basta para demonstrar o seu poder de penetração no âmbito da cultura.

Aldeias, tribos, comunidades reais passaram a ser entendidas como aspectos selvagens, tradições e permanências que deveriam ser erradicados se quisessem minimamente honrar o colonialismo. O estado nacional era a ambição. Os colonizados queriam para si o papel de colonizadores do próprio território, submetendo, agora no papel de burguesias nacionais, os proletários nacionais.

Esta é a fatalidade do modelo eurocêntrico. No período de mais de meio século de sua permanência nas regiões infestadas de seu domínio, nasceu um desejo, uma necessidade, um compulsão pelas formas políticas inerentes a ele. O mundo todo precisava urgentemente parecer-se com a Europa, desenvolver-se como a Europa, dominar-se e disputar-se como a Europa.

Essa febre, essa contingência, essa urgência, em grande parte patrocinada pelo ambiente ideológico da Guerra Fria, impediu que, uma vez expulsos os colonizadores, também pudessem ser expurgadas suas medidas de poder, seus empoderamentos provisórios que ansiavam por permanências.

Os colonizadores trataram de contaminar parte dessas populações com seus valores de domínio, inventando tradições e naturalizando sua perspectiva.

Nas guerras de independência, tomado o poder pela força, esta acabou sendo a única herança verdadeiramente consistente das metrópoles: as armas, a dominação imposta pelo militarismo, as disputas ordinárias pelo poder nacional, investindo seus oponentes com os mesmos trajes trágicos da ideologia de plantão, a direita, a esquerda, aqueles que lutam pelo bem do capital a ser distribuído no futuro para o povo e aqueles que lutam pelo povo, para dividir a riqueza quando o poder estiver seguro em suas mãos.

Toda a diversidade dos grupos, todas as diferenças culturais minúsculas responsáveis por singularidades e expressões vitais foram reduzidas ao povo, essa categoria que nada diz, exceto para legitimar o poder e suas disputas intestinas.

Em certo momento, Fanon parece propor algo diverso da herança colonial:

> No sistema colonial, uma burguesia que acumula capital é uma impossibilidade. Ora, precisamente, parece que a vocação histórica de uma burguesia nacional autêntica em um país subdesenvolvido seja negar-se enquanto burguesia, negar-se enquanto instrumento do capital e fazer-se totalmente escrava do capital revolucionário que o povo constitui.
>
> Num país subdesenvolvido, uma burguesia nacional autêntica deve ter como dever imperioso trair a vocação para a qual estava destinada, frequentar a escola do povo, isto é, pôr à disposição do povo o capital intelectual e técnico que ela arrancou quando passou pelas universidades coloniais. Infelizmente, veremos que, muitas vezes, a burguesia nacional se desvia desse caminho heroico e positivo, fecundo e justo, para penetrar, com a alma em paz, na via horrível, porque antinacional, de uma burguesia clássica, de uma burguesia burguesa, rasa, ignorante, cinicamente burguesa[113].

Mas veja que introduzir o aprendizado adquirido nas universidades metropolitanas é mais profundamente colonizar-se, é reproduzir o modelo colonial e é alterar profundamente os saberes milenares que sempre houveram caracterizado esses grupos com a promessa capitalista talvez provisória, mas depois desta a promessa comunista como um céu judaico cristão, sabe-se lá como de uma desigualdade fundamental conquista-se uma igualdade, pois o conhecimento pela alfabetização é

---

113 Idem, p. 179.

fundamentalmente desigual, com papéis definidos dos que sabem e dos que não sabem. No processo, todos se hierarquizam.

Do segundo livro (*Retrato do Colonizado*) também seleciono um trecho, que me permite vislumbrar uma camada mais profunda, o reconhecimento da permanência do poder numa humanidade que não se poderia recusá-lo.

> Este retrato do colonizado, que é, portanto, em muito, o meu, é precedido de um retrato do colonizador. Como então me permiti, diante de tamanha preocupação com a experiência vivida, traçar também o retrato do adversário? Eis uma confissão que ainda não fiz: na verdade, eu conhecia quase tão bem, e do interior, o colonizador. Explico-me: eu disse que era de nacionalidade tunisiana; como todos os outros tunisianos, era, portanto, tratado como cidadão de segunda zona, privado de direitos políticos, sem acesso à maioria das administrações, bilíngue de cultura durante muito tempo incerta, etc. – em suma, reportemo-nos ao retrato do colonizado. Mas eu não era muçulmano. O que, em um país onde tantos grupos humanos eram vizinhos mas onde cada um deles era estreitamente zeloso para com sua fisionomia própria, tinha uma significância considerável. Se eu era inegavelmente um nativo, como então se dizia, tão próximo quanto possível do muçulmano em função da insuportável miséria de nossos pobres e da língua materna (minha própria mãe jamais aprendeu francês), a sensibilidade e os costumes, o gosto pela mesma música e pelos mesmos perfumes e a cozinha quase idêntica me levaram a tentar apaixonadamente me identificar com o francês. Em um grande impulso que me levava na direção do Ocidente, que me parecia o modelo de qualquer civilização e de qualquer cultura verdadeiras, voltei alegremente as costas ao Oriente, escolhi irrevogavelmente a língua francesa, vesti-me à italiana e adotei com deleite até mesmo os tiques dos europeus. Melhor ainda, ou pior, como se quiser, nesta pirâmide de pequenos tiranos que tentei descrever, e que constitui o esqueleto de toda sociedade colonial, nós nos vimos apenas um degrau acima de nossos concidadãos muçulmanos. Nossos privilégios eram irrisórios mas bastavam para nos dar um pequeno e vago orgulho e para nos fazer ter a esperança de não sermos mais assimiláveis à massa dos colonizados muçulmanos que forma a base última da pirâmide[114].

---

114 MEMMI, Albert. *Retrato do Colonizado.* Rio de Janeiro: Civilização Brasileira, 2007, p. 18-9.

Essas convivências deixam marcas indeléveis na alma e fustigam promessas futuras, quando independentes, se esses homens puderem alcançar distinções muito mais elevadas na pirâmide colossal que o Estado-nação produz, reduzindo todos ao mesmo, erradicando as diferenças e estabelecendo no "povo" uma categoria universal que deve ser imposta com o rigor das novas leis.

As lutas pela independência, quase com uma precisão matemática, em pouco tempo tornaram-se lutas fratricidas pela ocupação do poder vago do colonizador. As mesmas armas que serviram para expulsar os invasores serviram para reduzir num território aleatório as diferenças à mesmidade.

E até hoje essa herança chacoalha os africanos em inúmeras regiões do continente.

A ocupação mudou completamente as relações nativas. Mas como todas as relações, mudaria profundamente as relações metropolitanas, esta a contradição inerente aos contatos, por isso eles são passíveis de admiração: mudam os dois lados, irrevogavelmente.

CAPÍTULO 13

O CASO FRANCÊS: A INVASÃO DOS "AFRICANOS": AS REVOLTAS EM PARIS NOS ANOS 2000, OU A DIÁSPORA (IN)VOLUNTÁRIA DO PÓS--COLONIALISMO – O EFEITO BUMERANGUE E A INVASÃO INVERTIDA DOS COLONIZADOS RUMO AO CORAÇÃO DAS METRÓPOLES

Há um filme fantástico sobre as relações, nas antigas metrópoles, do contato entre esses dois sujeitos não tão estranhos assim. Trata-se do filme *A cidade está tranquila*. Numa França que tenta em vão resistir à onda neoliberal, submetida às terríveis leis do mercado em substituição ao Estado de Bem-Estar Social que ainda resiste como pode, a mão de obra africana, muçulmana ou não, é massivamente admitida aos estratos inferiores dos empregos disponíveis, em detrimento do cidadão francês, aparentemente acomodado pelos benefícios sociais que a previdência começava a cortar.

A dramática inversão de valores surpreende pelo aspecto cru que impõe, aos franceses, uma submissão intolerável. Mas é o homem e a mulher comuns quem sofre tais danos, numa luta em busca dos últimos favores estatais, da clemência inútil emitida para um poder surdo, cuja resposta parece ser esta: "deveria ter estudado enquanto teve oportunidade, agora é tarde". Como se submeteram aos favores do Estado, agora de nada adiantava rebelar-se, pois também haviam desaprendido do confronto, reduzidos a meros expedientes intersubjetivos, a ódios, desprezos e invejas de vizinhos.

Na vida real, a questão não parece ser menos tensa. Em 2005:

> Os violentos protestos de jovens imigrantes ou filhos de imigrantes na França começaram a tomar a forma de uma rebelião em todo o país contra a segregação racial e social e a repressão da polícia. As manifestações de jovens procedentes em sua maioria do Magreb e da África subsaariana, que começaram há cerca de duas semanas nos subúrbios de Paris, se estenderam à própria capital e cidades como Marselha, Reins, Nantes e Lille. No final de semana, cerca de 1.400 veículos foram incendiados em todo o país, bem como vários supermercados e edifícios públicos, incluindo escolas e instalações esportivas. Até agora já foram detidas mais de 400 pessoas. Na segunda-feira morreu um homem que foi ferido durante os enfrentamentos. Testemunhas disseram que ele foi brutalmente golpeado por policiais.
>
> A polícia não conseguiu restabelecer a ordem apesar de sua dura resposta. Os grupos que coordenam seus protestos através de telefone celular agem com rapidez, e conforme passam os dias fica mais claro que será preciso mais do que a intervenção policial para restaurar a calma. Os distúrbios começaram no dia 27 de outubro, depois que dois adolescentes imigrantes morreram acidentalmente em uma estação elétrica de alta voltagem em Clichy-sous-Bois, um distrito pobre localizado 30 quilômetros a nordeste de Paris. Ao se espalhar o boato de que os jovens haviam se escondido naquele lugar porque fugiam da polícia – versão negada pelas autoridades – explodiu a fúria dos imigrantes.
>
> A polícia respondeu duramente aos protestos e chegou a lançar gás lacrimogêneo dentro de uma mesquita, o que aumentou a ira popular. A maioria dos moradores dos subúrbios parisienses onde começaram os distúrbios é muçulmana. A situação se agravou com as declarações do ministro do Interior, Nicolas Sarkozy, que chamou de "escória" os jovens e ameaçou "limpar" os subúrbios. "As palavras de Sarkozy me lembram a retórica da polícia militar em ditaduras raciais e em regimes que praticam a limpeza étnica", disse à IPS o sociólogo Hughes Lagrange, do independente Observatoire Sociologique du Changement (Observatório Sociológico da Mudança), de Paris.

Lagrange destacou que no coração desta rebelião estão a extrema pobreza, o desemprego e a segregação racial que sofrem os imigrantes. Em lugar de enfrentar estes problemas sociais, Sarkozy aumenta a tensão "estabelecendo vínculos eleitorais com a população de extrema-direita". O sociólogo também disse que uma das primeiras medidas de Sarkozy como ministro do Interior foi dissolver uma unidade policial especial criada pelo gabinete do ex-primeiro-ministro Lionel Jospin (1997-2002), que tinha a função de manter um estreito contato com organizações juvenis e prevenir a violência social. "O dever dos oficiais de polícia é perseguir os criminosos, e não jogar futebol com eles", disse Sarkozy nessa oportunidade.

A violência dos últimos dias provocou divisões no espectro político francês. O líder ultradireitista Jacques Bompard e o nacionalista Philippe de Villiers exortaram o governo do presidente Jacques Chirac a colocar o exército para dissolver os protestos. De Villiers afirmou que a rebelião é uma prova de que o modelo francês de integração racial "claramente falhou". Por outro lado, líderes muçulmanos franceses divulgaram um comunicado depois do ataque policial à mesquita pedindo a remoção de Sarkozy, já que não o consideram "um negociador apropriado".

Chirac criticou indiretamente a resposta de seu ministro à violência. "A lei deve ser aplicada firmemente, mas dentro de um espírito de respeito e diálogo", disse o presidente na semana passada. Líderes da oposição pedem a Chirac que troque o ministro do Interior. "Sarkozy é um incendiário que finge ser bombeiro", disse o jornal esquerdista *L'Humanité*. Noel Mamère, do Partido Verde, afirmou que o ministro é um "perigo para a democracia francesa" que "está destruindo rapidamente os esforços de um ano realizados por grupos e trabalhadores sociais pela integração cultural". Se Sarkozy não renunciar, "o governo tem de expulsá-lo", afirmou.

Por sua vez, o criminologista alemão Christian Pfeiffer, que pesquisa o crescente mal-estar entre os jovens da Europa, disse que "a atitude de Sarkozy é absolutamente inaceitável". Porém, o ministro do Interior resiste a pedir desculpas. "Não posso entender porque algumas pessoas fazem tanto escândalo pelas palavras, mas ignoram a realidade dos distúrbios e dos crimes", afirmou. Sarkozy também disse que os protestos de rua foram "organizados detalhadamente por máfias criminosas e extremistas religiosos". Autoridades municipais e trabalhadores sociais em todo o país propõem a criação de um plano para promover o desenvolvimento dos distritos mais pobres, e assim evitar futuras explosões de violência. O prefeito da cidade de Mullhouse, Jean-Marie Bocke, pediu um "Plano Marshall para nossos distritos". Trata-se de uma referência ao programa de George Marshall – secretário de Estados norte-americano entre 1947 e 1949 – de assistência financeira e cooperação para o desenvolvimento para recuperar a Europa depois do fim da Segunda Guerra Mundial (1939-1945)[115].

Em 2009:

> A morte de Yacou Sanogo, 18 anos, entregador de pizza que fugia de uma *blitz* policial, provocou novos confrontos na madrugada de hoje em Bagnolet, no Departamento de Seine-Saint-Denis, na periferia de Paris. Um ônibus turístico e pelo menos meia dúzia de veículos foram incendiados por jovens, que também lançaram pedras contra a polícia. Na madrugada de ontem, cerca de 40 jovens lançaram coquetéis molotov, atiraram contra policiais, queimaram 29 carros e quebraram as janelas de uma escola e de uma loja. Uma pessoa foi presa.
>
> Para fugir de uma *blitz* policial, Sanogo acelerou sua moto e se chocou contra um muro. A morte ocorreu na noite de domingo em Bagnolet, cidade de 34 mil habitantes a leste de Paris. Sanogo chegou a ser atendido em um pronto-socorro, mas não resistiu a um traumatismo toráxico profundo (?), conforme detalhou, em entrevista, o procurador do caso, Philibert Demory.
>
> A confirmação da morte – e a incerteza sobre suas circunstâncias – detonou a violência na região, situada no mesmo departamento onde ocorreram rebeliões em 2005 e 2006. Jovens depredaram tudo o que viram pela frente: abrigos de ônibus, telefones públicos e placas de sinalização. A polícia respondeu com balas de borracha e bombas de efeito moral. Apesar da violência, o Ministério do Interior disse que não houve feridos[116].

Uma outra sociedade emerge desses conflitos, dessas interações, dessas intensas trocas culturais. O mundo se modifica, coalhado de direitos, embora as relações de poder assumam, com isso, novas perspectivas, em que o colonizado passa a ser o colonizador, e o sem poder passa a ser empoderado. Essa é a lógica da dominação aprendida no avanço europeu sobre a África.

---

115 GODOY, Julio. *A Rebelião dos Segregados*. Paris: IPS/Envolverde, 09/11/2005.

116 Morte de jovem detona violência na periferia de Paris. Jornal *O Estado de S. Paulo*, 11 de agosto de 2009.

O poder, esse, embora se torne democrático, ganha vitalidade edificante ao se enraizar e se naturalizar nas relações humanas. Sua ubiquidade é garantida e, lá e cá, alimenta com abundância as novas gerações.

As estratégias do poder eurocêntrico contemplam múltiplos canais. Como vimos, ao recusar o modelo capitalista, os intelectuais e os revoltosos tão somente consolidaram o modelo de poder eurocêntrico nos processos de independência que levaram a cabo.

Isso acontesse devido a um mecanismo largamente empregado pelas instituições centrais ao longo da vida dos indivíduos. É um poder que emite uma única forma de pensamento específica e uma forma de avaliar a realidade profundamente contaminada pela ideologia, denominada de Automatismo do Concordo-Discordo e assim anunciada:

> Comecemos falando sobre a nossa tendência a reduzir. Trata-se de um processo natural, e como tal necessário para que possamos perceber e tentar entender o mundo. Reduzimos sempre o que percebemos à nossa capacidade de entendimento, ou seja, à forma como é estruturada a nossa mente.
>
> O reducionismo é como o ego: indispensável mas questionável. Diante de um determinado fenômeno, nós o percebemos e reduzimos o que foi percebido à nossa estrutura de compreensão – ao nosso conhecimento, portanto. Mas, como é óbvio, reduzir algo ao nosso conhecimento é o mesmo que reduzi-lo à nossa ignorância. Daí a necessidade de um segundo passo – a reampliação –, que consiste em conferir o que foi percebido. Fazemos isso comparando-o com compreensões pessoais prévias e, a seguir, cotejando-o com a compreensão dos outros, por meio do diálogo e outras formas de interação e convivência. Dessa maneira, procuramos reampliar o que havia sido reduzido.
>
> O problema é que nem sempre é fácil voltar a ampliar depois da redução inicial. Isso se dá porque tendemos a reduzir nossas compreensões às dimensões do nosso ego, que é frágil, medroso e teme a reampliação. Teme-a porque ela o põe à prova, isto é, leva-o a confrontar as suas percepções e entendimentos com os dos outros. Como está socialmente preparado para ser competitivo, o ego invariavelmente vê os outros como adversários, e portanto sente-se sempre ameaçado por eles. Por isso, pensar segundo modelos predeterminados e buscar apoio em referenciais que julgamos inquestionáveis (pressupostos) tornou-se uma forma de remediarmos a nossa fraqueza. É um modo de pôr em prática o ponto de vista empiricista, que diz que existe uma realidade externa que é a mesma para todos.

Se essa tese fosse correta, a cognição seria um fenômeno passivo. Assim sendo, todos entenderiam o mundo da mesma maneira. Nessa ordem de ideias, quem não percebesse a "verdade" universal estaria com problemas e portanto precisaria de ajuda para alcançar o nível de percepção dos outros. Isto é: para perceber as coisas como "todo mundo" – o que equivaleria a entender a vida e pautar a conduta segundo as normas do senso comum. Entretanto, sabemos que percepções padronizadas levam a comportamentos estandardizados. Esse é o principal problema da redução não seguida de reampliação.

Nossa tendência a eliminar é mais forte que a necessidade de integrar. Não sabemos ouvir. Quando alguém nos diz alguma coisa, em vez de escutar até o fim logo começamos a comparar o que está sendo dito com ideias e referenciais que já temos. Esse processo mental – que chamo de automatismo concordo-discordo – quando levado a extremos é muito limitante. Ouvir até o fim, sem concordar nem discordar, tornou-se extremamente difícil para todos nós. Não sabemos ficar – mesmo de modo temporário – entre o conhecido e o desconhecido. Confundimos o desconhecido com o nada e por isso o tememos. A frase do escritor americano William Faulkner, "entre a dor e o nada eu prefiro a dor", traduz nosso apego a esse tipo de repetição[117].

Essa forma de pensamento é resultante mecânica do desencantamento do mundo, o que equivale a dizer, de sua total racionalização, erradicando formas alternativas e tradicionais de relacionamentos e de experiências comunitárias, substituídas pelos princípios organizativos do Estado-nação, pois a competição é o alimento sempre atualizado de nosso ego e a colaboração uma recusa risível.

Tais princípios reduzem não somente o pensamento e a percepção, mas a convivência e as relações sociais a um módulo performativo esquemático, que é basicamente hierárquico, vale dizer, produtor de iniquidade, justamente a iniquidade naturalizada que é fundamental para o sistema capitalista funcionar, pois com ele naturaliza-se também o trabalho e a exploração, condicionando as pessoas a uma única forma de vida, sem nenhuma outra alternativa.

Essa escolha se dá, então, "entre a dor e o nada". Acabamos por preferir a dor, que é basicamente a dor do trabalho, da submissão, embora carregados de direitos, essa submissão é alternada constantemente com expressões de poder altamente funcionais para a longevidade do sistema.

---

117 MARIOTTI, Humberto. 2000. www.geocities.com/pluriversu

CAPÍTULO 14

O CASO INGLÊS: A PARADOXAL INVASÃO DOS BÁRBAROS

Ao tratar da obra de Immanuel Wallerstein, *O universalismo europeu: a retórica do poder*, Luis Alberto Munis Bandeira esclarece:

> [...] o universalismo das potências dominantes sempre foi parcial e distorcido, promovido por líderes intelectuais pan-europeus, que buscavam defender os interesses de suas classes dirigentes. Sustenta, com razão, que a história do sistema capitalista mundial moderno tem sido, em grande parte, a história da expansão dos povos e dos Estados europeus pelo restante do planeta, por meio da conquista militar, exploração econômica e injustiças em massa, sob o argumento de que tal expansão disseminou ou dissemina "algo invariavelmente chamado de civilização, crescimento e desenvolvimento econômico ou progresso".
>
> [...] Civilização era o código ideológico que significava, no século XIX, a expansão do capitalismo, destruindo as economias não capitalistas e pré-capitalistas ainda existentes.
>
> Os conceitos de democracia e de direitos humanos, de superioridade da civilização ocidental e da economia de livre mercado são apresentados como valores universais e invocados pelas grandes potências, sob

a liderança dos Estados Unidos, para legitimar e justificar o direito de intervenção, que evocam para si o desrespeito aos princípios de soberania e autodeterminação dos povos. O direito à ingerência é o reconhecimento de que os Estados estrangeiros podem violar a soberania nacional de outros países. Conforme defendido pela revista publicada na França sob o título de *Le Droit d'Ingérence*, as grandes potências industriais da Europa e os Estados Unidos não só têm o direito como também o dever moral e político de intervir em determinados países ou regiões onde supostos valores universais – democracia, direitos humanos, livre mercado e outros – estejam sendo desrespeitados[118].

Todavia, esse movimento é paradoxal e emite repercussões inesperadas, muito embora sua relevância para o movimento global do poder eurocêntrico seja irrisória e perfeitamente assimilável. O que realmente importa não é a preservação nominal das elites globais, mas a hierarquia natural de reconhecimento do poder, que se dissolve como um plasma até a minúscula partícula de humanidade que não pode jamais resistir ao seu investimento e sedução.

Os fluxos e refluxos humanos no palco político das múltiplas colonizações siderais, embora inesperado, não é de todo inoportuno. Apenas atesta a rigorosa investidura implicada no processo de sua disseminação. Tomemos um exemplo ainda do próprio Wallerstein relativo à cultura e civilizações orientais sob a pressão ocidental na forma de vários orientalismos:

> O Orientalismo foi a forma de hipocrisia que o vício teve de ceder à virtude. Afinal, o cerne da argumentação dos orientalistas era que, ainda que fosse verdade que as "civilizações" orientais eram tão culturalmente ricas e sofisticadas quanto a civilização cristã ocidental e, portanto, em certo sentido, iguais a ela, o fato é que elas continham um defeito pequeno mas importantíssimo – o mesmo em todas. Afirmava-se que havia nelas algo que as tornava incapazes de avançar para a "modernidade". Haviam estacionado, sofrido certa paralisia cultural que poderia ser considerada uma moléstia cultural.

---

[118] WALLERSTEIN, Immanuel. *O Universalismo Europeu*. São Paulo: Boitempo, 2007, p. 14-5.

Surgia um novo argumento a favor da dominação política/econômica/militar/cultural: os poderosos justificavam assim a manutenção de sua posição privilegiada, porque ela lhes permitia ajudar a libertar os que estavam presos num beco sem saída. Com ajuda do mundo acidental, as civilizações orientais poderiam romper os limites que sua própria civilização impusera a suas possibilidades culturais (e, claro, tecnológicas). Consequentemente, essa dominação ocidental era, sem dúvida, um fenômeno temporário e de transição, mas essencial para o progresso do mundo e do interesse direto daqueles sobre os quais se impunha agora o domínio. Para apresentar esse tipo de argumento, era preciso "essencializar" as características particulares dos que eram descritos em seus moldes "civilizacionais", e é isso o Orientalismo.

Depois do declínio do argumento a favor do direito de intervir, seu substituto, o Orientalismo, funcionou por algum tempo, convencendo, pelo menos em parte, tanto os quadros ocidentais quanto os que eram dominados, principalmente os quadros das regiões dominadas. A princípio, estes últimos foram atraídos pelo modelo de uma "modernização" que, na prática, era uma "ocidentalização" e ficaram lisonjeados com as pretensões igualitárias da doutrina (em termos culturais, qualquer um poderia ser ocidental; era uma simples questão de vontade e educação). No entanto, com o passar das décadas, os que eram "assimilados" e, portanto, tornavam-se ocidentais e até mesmo cristãos descobriram que sua assimilação não levara, como prometido, à igualdade – igualdade política, econômica e, acima de tudo, social[119].

Diante dessa constatação, muitos deles resolveram tomar o caminho inverso e se dirigiram ao coração das metrópoles ocidentais, exigindo seu direito à cidadania política mesmo ao preço de ocuparem os degraus mais rasos da pirâmide de pequenos déspotas. E isso também se revelou bastante útil para o sistema-mundo, que praticamente já prescindia de suas responsabilidades nacionais, pouco importando que a xenofobia emergisse tão ou mais vigorosa do que um século antes.

Ou talvez, tenham apenas respondido ao chamado do mercado soberano para ocuparem os postos de trabalho que os orgulhosos europeus não se sujeitaram a ocupar.

---

119 Idem, p. 114-5.

A ISLAMIZAÇÃO DO REINO UNIDO

O Reino Unido está se tornando um país muçulmano. De acordo com o *United Kingdom Office for National Statistics*, o nome Muhammad (Moahamed) é o segundo mais popular entre os meninos nascidos na Inglaterra. O nome "Jack" ainda lidera a lista de preferência mas isso não deve se manter por muito tempo. Muhammad deve superar Jack até 2008.

Não é exatamente uma surpresa: a taxa de natalidade entre os muçulmanos cresceu 12% nos últimos sete anos. Nomes masculinos de origem muçulmana são cada vez mais frequentes enquanto nomes femininos de origem oriental seguem a mesma tendência. "Aisha" é o mais popular dos nomes escolhidos para meninas nascidas entre muçulmanos britânicos em 2006 e ocupa a 110ª (centésima décima) posição entre os mais populares entre os ingleses.

É notável também o crescimento de cidadãos britânicos que se converteram ao Islamismo. Muitos decidiram mudar de religião na esperança de melhorar sua vida financeira.O típico cidadão muçulmano está ocupando a cada dia lugares mais importantes na sociedade britânica. O nível de vida dos muçulmanos está melhorando em relação ao dos cristãos. Muitos dos muçulmanos estão chegando à condição de chefes na Grande Britânia.

Uma recente pesquisa entre britânicos muçulmanos, entre 25 e 34 anos, mostrou que seus rendimentos médios são de 50 mil dólares por ano. É um alto valor comparado com a média britânica. Diferente da comunidade Árabe Muçulmana da França, a comunidade Muçulmana Britânica se expande lenta e seguramente entre a população.

O aumento da popularidade do nome Moahamed está conectado com o crescimento do número de famílias jovens muçulmanas. O professor de Relações Étnicas da Universidade de Warwick, Muhammad Anwar, disse que os pais muçulmanos tentam reforçar seus laços com a religião dando o nome para a criança. Os jovens pais acham que o nome vai trazer felicidade para a criança. Muitos dos muçulmanos adultos acreditam que o garoto com esse nome vai se tornar um bom homem de boas maneiras. Os pais britânicos, que batizaram seus filhos de Moahamed, muitos deles são originários de Bangladesh, Índia, Paquistão e outros países árabes.

A comunidade Britânica Muçulmana é a terceira maior na Europa depois da França e Alemanha. Uma pesquisa conduzida por uma companhia de análise de informação mostrou que a maioria dos ingleses muçulmanos mora no norte da Inglaterra, especialmente em Yorkshire. O censo da população em 2001 revelou que as famílias inglesas muçulmanas totalizam de 1,6 milhões de pessoas, 8% do total da população. Desnecessário dizer que o número de nascimentos entre os muçulmanos é maior do que entre pessoas que são de outras religiões. Esta tendência é esperada considerando o crescimento da imigração. O Diretor do Instituto de Estudos Orientais da Academia Russa de Ciência, Vladimir Isayev, não acredita que a popularidade dos nomes mulçumanos nas Ilhas Britânicas deveria ser considerada algo de alarmante: "Este fenômeno é tradicional das pessoas originárias de países islâmicos. No entanto isso não significa que a Inglaterra vai se tornar um estado muçulmano. Talvez isso aconteça nos próximos vinte ou trinta anos. Por outro lado, os europeus podem desaparecer por causa da imigração em 120 anos".

A crescente popularidade do nome Moahamed na Grande Britânia demonstra influência crescente do Islã no Reino Unido. Não obstante isso não reflete a real influência do Islã no país. É fato que muitos muçulmanos dão nomes ingleses a suas crianças por que isso torna mais fácil a integração na sociedade.

De um modo ou outro, a Inglaterra pode se tornar um país muçulmano no futuro. Se essa teoria se tornar realidade, Londres pode mudar a natureza de suas relações com a Rússia. Tradicionalmente a Rússia se alinha com parceiros internacionais muçulmanos embora tenha problemas com radicais islâmicos em sua vizinhança, no Cáucaso.

A noção de um mundo muçulmano une centenas de milhões de árabes, persas, paquistaneses e povos de outras nacionalidades. Valdimir Isayev lembra que muitos árabes residentes na França, prudentemente, referem-se a si mesmos como franceses. Isso pode significar que os países europeus não mudarão suas tradições políticas ainda que o Islã prevaleça sobre a população. Os muçulmanos europeus podem se tornar um novo tipo de crente; um fiel a Alá sem deixar de ser fiel à sua condição de cidadão membro da União Europeia. Um sincretismo, um "ecumenismo ideológico" que pode resolver, pela composição de interesses, a questão da islamização do Velho Mundo.

FONTE: *England may become Muslim State*
PRAVDA ENGLISH publicado em 15/06/2007
Tradução: Carol Beck
18/06/2007, *Paradoxos da Globalização.*

Os intelectuais hegemônicos, contudo, expressam suas preocupações levando aos limites essa convivência inusitada:

A propósito do livro *Os Últimos Dias da Europa*, de Walter Laqueur, um interessante artigo de Daniel Pipes, publicado no site *Mídia sem Máscara*. Pipes é um dos maiores especialistas em Oriente Médio, Islã e terrorismo islamita da atualidade. É autor de 12 livros, entre eles *Militant Islam Reaches America*, *Conspiracy* e *The Hidden Hand*. Neste artigo, ele argumenta que as relações da Europa com sua crescente minoria muçulmana seguirão uma dessas três vias: a da integração harmônica, a da expulsão dos muçulmanos, ou da dominação pelo Islã. A grande questão é: qual delas é a mais provável?

As duras opções da Europa:

O futuro da Europa é de uma imensa importância não somente para seus habitantes. Durante meio milênio, de 1450 a 1950, esses 7 por cento das terras secas do mundo guiou a história do mundo; sua criatividade e vigor inventaram a modernidade. A região pode já ter perdido essa posição decisiva há 60 anos mas continua tendo uma importância crucial em termos econômicos, políticos e intelectuais. A direção que tomar tem, portanto, enormes implicações para o resto da humanidade e especialmente para as nações que dela surgiram, como os Estados Unidos, que historicamente têm a Europa como fonte de ideias, pessoas e bens.

Segue uma avaliação da probabilidade de cada cenário.

I. Governo Muçulmano

A falecida Oriana Fallaci observou que, com o passar do tempo, "a Europa se torna crescentemente uma província do Islã, uma colônia do Islã". A historiadora Bat Yeor denominou essa colônia de "Eurábia". Walter Laqueur prevê, em seu "Last Days of Europe" ["Os Últimos Dias da Europa"], no prelo, que a Europa que conhecemos está fadada a se transformar. Mark Steyn, em "America Alone: The End of the World as We Know it" ["Os Estados Unidos a sós: o fim do mundo como o conhecemos"], vai mais longe e defende que boa parte do mundo ocidental "não sobreviverá ao século XXI, e boa parte irá efetivamente desaparecer antes de morrermos, inclusive muitos, se não a maioria dos países europeus". Três fatores – fé, demografia e senso coletivo de patrimônio cultural [sense of heritage] – indicam que a Europa está sendo islamizada. Fé: um secularismo extremado predomina na Europa, sobretudo entre as elites, ao ponto de cristãos praticantes (como

George W. Bush) serem vistos como mentalmente desequilibrados e inadequados para um cargo público. Em 2005, negou-se a Rocco Buttiglione, um ilustre político italiano e católico convicto, um cargo de comissário italiano na União Europeia devido a suas posições em questões como a homossexualidade. Secularismo arraigado também significa igrejas vazias: em Londres, estimam os pesquisadores, mais muçulmanos frequentam as mesquitas às sextas-feiras que cristãos as igrejas aos domingos, embora a cidade abrigue cerca de 7 vezes mais pessoas advindas de lares cristãos do que de muçulmanos. Enquanto o Cristianismo definha, o Islã atrai; o príncipe Charles exemplifica o fascínio de muitos europeus pelo Islã. Pode haver muitas conversões no futuro da Europa, pois, como no aforismo atribuído a G. K. Chesterton: "Quando os homens deixam de acreditar em Deus, eles não acreditam no nada; acreditam em qualquer coisa".

O secularismo europeu dá a seu discurso formas que são relativamente desconhecidas pelos americanos. Hugh Fitzgerald, ex-vice-presidente do JihadWatch.org, ilustra uma dimensão dessa diferença:

"As declarações mais memoráveis dos presidentes americanos quase sempre incluíram frases bíblicas identificáveis. [...] Essa fonte de força retórica se manifestou em fevereiro passado [2003], quando explodiu o ônibus espacial Columbia. Não fosse um ônibus americano, e sim francês, que tivesse explodido, e Jacques Chirac tivesse de fazer o discurso, ele poderia muito bem ter-se referido ao fato de que havia sete astronautas e evocado a imagem das Plêiades, assim denominadas na Antiguidade pagã. O presidente americano, em um cerimonial nacional solene, que iniciou e terminou com o hebraico bíblico, agiu de forma diferente. Retirou seu texto de Isaías 40:26 que levou a uma imperceptível passagem da combinação de admiração e reverência diante das hostes celestiais trazidas pelo Criador para o conforto diante da perda mundana da tripulação".

A fé fervorosa dos muçulmanos, com a consequente sensibilidade jihadista e o supremacismo islâmico, não poderia ser mais diferente da fé dos apóstatas cristãos da Europa. Esse contraste leva muitos muçulmanos a ver a Europa como um continente pronto para a conversão e o domínio. Seguem disso exorbitantes afirmações de supremacia, como a de Omar Bakri Mohammed: "Quero que a Grã-Bretanha se torne um estado islâmico. Quero ver a bandeira do Islã erguida no número 10 da Rua Downing". Ou a previsão de um ímã da Bélgica: <u>"Logo assumiremos o poder nesse país. Aqueles que agora nos criticam vão se arrepender. Terão de nos servir. Preparem-se, pois a hora está próxima"</u>.

População: implosão demográfica também indica uma Europa se islamizando. A taxa total de fertilidade na Europa hoje em dia está, em média, em cerca de 1,4 por mulher, enquanto para se manter a população é necessário um pouco acima de 2 crianças por casal, ou 2,1 criança por mulher. A taxa atual é apenas dois terços do que precisa ser; um terço da população necessária simplesmente não está nascendo.

Para evitar uma aguda diminuição da população, com todo o sofrimento que isso implica – e, especificamente, a falta de trabalhadores para financiar os generosos planos de pensão –, a Europa precisa de imigrantes – muitos deles. A terça parte importada da população tende a ser muçulmana, em parte porque os muçulmanos estão por perto – são somente 13 quilômetros do Marrocos até a Espanha, somente uns duzentos para chegar à Itália da Albânia ou da Líbia; em parte porque os laços coloniais continuam ligando o Sul asiático à Grã-Bretanha ou o Magreb à França; e em parte devido à violência, tirania e pobreza que dominam o mundo muçulmano hoje, o que provoca ondas e mais ondas de emigração.

Da mesma forma, a alta fertilidade dos muçulmanos complementa a escassez de crianças entre os cristãos locais. Embora a taxa de fertilidade muçulmana esteja caindo, ela continua significativamente mais alta do que a da população nativa da Europa. Sem dúvida, as altas taxas de natalidade têm algo a ver com as circunstâncias pré-modernas em que muitas mulheres muçulmanas da Europa se encontram. Em Bruxelas, "Muhammad" já é há alguns anos o nome mais popular entre os bebês do sexo masculino, enquanto Amsterdã e Rotterdã estão a caminho de ser, até cerca de 2015, as primeiras grandes cidades europeias com população majoritariamente muçulmana. O analista francês Michel Gurfinkiel estima que uma guerra de rua étnica na França iria encontrar os filhos de "indigénes" e de imigrantes em uma relação de aproximadamente 1 para 1. As previsões atuais veem uma maioria muçulmana no exército russo até 2015 e no país como um todo até cerca de 2050.

Senso coletivo de patrimônio cultural: o que geralmente é caracterizado como sendo o politicamente correto europeu reflete o que acredito ser um fenômeno mais profundo, a saber, o alheamento de muitos europeus em relação a sua civilização, uma noção de que não vale a pena lutar por sua histórica cultura ou sequer conservá-la. É impressionante perceber as diferenças nesse quesito dentro da Europa. Talvez o país menos disposto a esse alheamento seja a França, onde o nacionalismo tradicional ainda exerce grande influência e os franceses se orgulham de sua identidade.

A Grã-Bretanha é o país onde esse alheamento é maior, como simboliza o patético programa de governo "ICONS – A Portrait of England" [ÍCONES – Um Retrato da Inglaterra], que espera, de forma capenga, reviver o patriotismo conectando os britânicos a seus "tesouros nacionais", como o Ursinho Pooh e a minissaia.

Essa timidez tem implicações diretas e adversas para os imigrantes muçulmanos, como Aatish Taseer explicou na revista *Prospect*:

"A britanidade é o aspecto de identidade mais insignificante para muitos jovens britânicos de origem paquistanesa. [...] Se se vilipendia sua própria cultura, corre-se o risco de os mais recém-chegados irem procurar por uma em algum outro lugar. Tão distante, nesse caso, que para muitos da segunda geração de britânicos com essa origem, a cultura do deserto dos árabes lhes era mais atraente do que a cultura britânica ou do sub-continente. Apartados três vezes de um senso de identidade consistente, a vigorosa perspectiva extranacional do Islã radical tornou-se uma identidade à disposição dos paquistaneses de segunda geração".

Os imigrantes muçulmanos têm um enorme desdém pela civilização ocidental, especialmente quanto à sexualidade (pornografia, divórcio e homossexualidade). Os muçulmanos não estão sendo assimilados em nenhum lugar da Europa, raramente ocorrendo casamentos cruzados. Um interessante exemplo do Canadá: a mãe da infame prole dos Khadr conhecida como a primeira família terrorista do país voltou do Afeganistão e do Paquistão para o Canadá em abril de 2004 com um de seus filhos. Apesar de estar pedindo asilo no Canadá, ela insistia publicamente, apenas um mês antes de fazer o pedido, que os campos de treinamento financiados pela Al-Qaeda eram o melhor lugar para seus filhos. "Você quer que eu crie meus filhos no Canadá para, quando chegarem aos 12 ou 13 anos de idade, usarem drogas ou tenham relações homossexuais? Isso é melhor?"

(Por ironia, em outros séculos, como documentou o historiador Norman Daniel, os cristãos europeus menosprezavam os muçulmanos com suas múltiplas esposas e haréns, por serem hipersexualizados, sentindo-se assim moralmente superiores).

Resumidamente: esse primeiro argumento mantém que a Europa será islamizada, submetendo-se silenciosamente ao *status* de dhimi ou convertendo-se ao Islã, pois o *yin* da Europa e o *yang* dos muçulmanos se encaixam muito bem: baixa e alta religiosidade, baixa e alta fertilidade, baixa e alta confiança cultural. A Europa é uma porta aberta pela qual os muçulmanos estão adentrando.

Para o historiador Walter Laqueur, a imigração, as políticas sociais e o fracasso da unificação desenham um quadro assustador para o continente.

"Os últimos dias da Europa retrata uma incômoda realidade. Espero que este livro aumente a conscientização e provoque debates, e que se tenha a coragem de dar os passos necessários para lidar com os problemas da Europa"

Henry Kissinger

Os últimos dias da Europa – Epitáfio para um velho continente, de Walter Laqueur. Tradução de André Pereira da Costa. Odisseia Editorial, 208 páginas. Em diversas capitais da Europa, mais de 50 por cento das crianças que nascem por ano já são filhas de imigrantes; mas cada vez mais mulheres europeias decidem não ter filhos. O que acontece quando uma baixa taxa de natalidade colide com uma imigração descontrolada? Na contracorrente das análises politicamente corretas, Walter Laqueur, um dos mais importantes historiadores da atualidade, critica a imigração maciça de populações da Ásia, da África e do Oriente Médio para os países europeus – sobretudo porque estas levas de imigrantes não buscam a assimilação nas sociedades europeias, mas apenas se beneficiam dos generosos serviços sociais oferecidos por aqueles países. Isso acaba levando à multiplicação de guetos e ao aumento da xenofobia entre os europeus nativos. Este é um dos temas abordados de forma corajosa e polêmica em OS ÚLTIMOS DIAS DA EUROPA – EPITÁFIO PARA UM VELHO CONTINENTE, do historiador americano de origem alemã Walter Laqueur. Ele acredita que a Europa está atravessando uma crise de identidade sem precedentes na História.

Mas Laqueur, autor de mais de vinte livros consagrados sobre o terrorismo, o fascismo e o antissemitismo, não se limita a apontar o impacto da imigração (sobretudo de muçulmanos) nas sociedades europeias. A questão demográfica é séria, mas ainda mais grave é a crise de valores políticos, culturais e sociais que afeta o continente. Crise que se reflete na (e é resultado da) decadência do sistema educacional. Por exemplo, uma pesquisa de opinião revelou em 2005 que mais de 40 por cento dos muçulmanos britânicos achavam que os judeus são um alvo legítimo para ataques terroristas. Laqueur associa a crescente vulnerabilidade da Europa à fúria de minorias extremistas com o excesso de tolerância e autocrítica dos líderes europeus, cujas políticas fracassaram na integração e aumentaram as tensões sociais, em vez de diminuí-las.

No terreno da economia, a maioria dos países da Europa vem apresentando baixas taxas de crescimento há anos, o desemprego aumenta e a produtividade não cresce. Ao mesmo tempo, a carga dos benefícios sociais e trabalhistas vem se tornando insuportável para os governos. Desenvolveu-se, além do mais, um ambiente de aversão ao trabalho, com semana de 35 horas e férias prolongadas. A longo prazo, as políticas de bem-estar social afetaram a competitividade das empresas, geraram apatia econômica e demonstraram ser insustentáveis. Somem-se a isso tudo os impactos provocados pelas dificuldades do processo de unificação e pela instabilidade econômica da Rússia, e o resultado é assustador. Se não demonstrar capacidade de renovação, a Europa pode se transformar em pouco tempo numa espécie de museu temático, de parque cultural jurássico, adverte o autor.

Baixa taxa de crescimento demográfico, alta taxa de imigração, políticas de bem-estar social dispendiosas e problemas na unificação. Nesse contexto, os desafios que a Europa enfrenta, adverte Laqueur com consternação, podem ser mortais. Na verdade, a Europa que ele conheceu profundamente já está desaparecendo. E aos que consideram suas análises excessivamente pessimistas, alarmistas e sombrias, ele lembra que os museus estão cheios de restos de civilizações desaparecidas.

O autor:

Walter Laqueur escreveu mais de vinte livros, entre eles *O terrível segredo*, *O herói solitário* e *O fim de um sonho*, já publicados no Brasil. Foi fundador do *Journal of Contemporary History*, de Londres e diretor do Center for Strategic and International Studies, em Washington. Lecionou nas universidades de Chicago, Harvard, Johns Hopkins e Tel Aviv.

Resta, talvez, uma pergunta: quem são mesmo os bárbaros?

CAPÍTULO 15

O CASO DARFOUR: A DIFÍCIL ERA DOS SENHORES OU A FORNALHA DAS ALMAS

A confiar nas informações que podemos recolher das mídias, inclusive do centro de mídia independente, que supostamente não passa por filtros de interesse econômico e possui um aspecto mais autônomo, Darfour é a bola da vez da dominação eurocêntrica, sob os auspícios, agora, da China, ou será que a resistência, ali, tem sido mais renhida e duradoura do que imaginamos?

> **Investigação sobre o massacre de Darfur**
>
> *No mais recente genocídio africano, "conflito étnico" é, de novo, apenas um mito que mascara a realidade. Na raiz dos massacres estão uma disputa por petróleo, e a omissão calculada dos EUA, China e França*
>
> Gérard Prunier, 2007.

Dois milhões de pessoas abandonaram a região de Darfur (noroeste do Sudão) desde 2003. E 250 mil desde agosto de 2006. O vizinho Chade desestabilizou-se com a chegada de 250 mil refugiados. Em quatro anos, o conflito teria causado 400 mil mortes. As equipes humanitárias das Nações Unidas e de organizações não governamentais (ONGs) tiveram de mudar 31 vezes a localização de suas bases para escapar à violência. Mesmo assim muitos de seus agentes foram presos pela polícia sudanesa e espancados em 19 de janeiro em Nyala, a capital da parte sul de Darfur. Doze trabalhadores humanitários foram mortos ao longo dos massacres e outros cinco estão desaparecidos.

Cartum justifica os frequentes bombardeios aéreos alegando que as vítimas se parecem demais com os rebeldes que se recusaram a assinar a "paz" de Abuja, em 5 de maio de 2006. Na verdade, o governo sudanês tenta impedir que os combatentes se reúnam num congresso que servirá para unificar o movimento e retomar as negociações com o apoio da "comunidade internacional".

Diante dessa crônica de um desastre anunciado, a ONU e a União Africana adotam, essencialmente, medidas simbólicas e paliativas. Há dez anos, uma força interafricana de 7.500 homens, "Missão Africana no Sudão (African Mission in Sudan-AMIS)", foi deslocada para Darfur. Composta de contingentes oriundos de uma dezena de países africanos (Ruanda e Nigéria principalmente), a força se revelou ineficaz. Aliás, seus efetivos eram fracos demais: seriam necessários pelo menos 30 mil homens para cobrir os 500 mil km^2 de Darfur.

Além disso, a AMIS, sub-equipada, dispõe de um mandado restritivo: os soldados não têm o direito de efetuar patrulhas ofensivas. Eles devem se limitar a "negociar" e se contentar com a contagem dos mortos. Por fim, falta à força internacional uma vontade política resoluta de pôr fim aos massacres que a União Africana e a ONU se recusam obstinadamente até hoje a classificar como "genocídio". Os soldados africanos, desolados, declaram entre si: "Não servimos para nada".

Por que Cartum recusa a ajuda da ONU

A AMIS é praticamente financiada pela União Europeia (os Estados Unidos contribuem marginalmente). Diante da ausência completa de resultados, as Nações Unidas decidiram, em 31 de agosto de 2006, deslocar para a região uma força de interposição. Mas essa resolução (n° 1706) nunca foi aplicada, porque o governo sudanês, cujo apoio é necessário, opõe-se à medida. Os visitantes diplomáticos revezam-se em Cartum para mudar a opinião do presidente Omar El Beshir. Esse faz objeções absurdas. Acusa as Nações Unidas de "querer colonizar o Sudão", alegando que essa força não passa de um "pretexto" para os ocidentais "se apoderarem do petróleo sudanês". Evoca o vírus da Aids ("propagado pelas forças internacionais") e ameaça fazer frente aos soldados da paz com "unidades especiais que praticarão ataques suicidas como no Iraque".

É evidente que as "justificativas" fantasiosas pouco têm de verdadeiras. Em seu *blog*, Jan Pronk, ex-representante especial do secretário-geral da ONU Kofi Annan no Sudão, expulso de Cartum, em novembro, por ter feito alusão às derrotas sofridas pelo exército sudanês, revela: "Altos dirigentes do governo sudanês me disseram mais de uma vez terem comparado os riscos que havia para eles em obedecer às ordens do Conselho de Segurança aos riscos de rejeitá-las. A desobediência implicava arriscar o confronto com a comunidade internacional. Mas obedecer representava outro risco, o de aumentar o poder da oposição interna, com o perigo de perda do próprio poder. Eles me disseram ter avaliado as opções e concluíram que os riscos que corriam ao obedecer às normas eram bem maiores que os riscos que corriam ao recusar". E Pronk conclui: "Eles tinham razão".

O regime sudanês teme que os capacetes azuis ajam como braços do Tribunal Penal Internacional, que detém, há dez anos, uma lista de nomes de criminosos de guerra compilada pelas Nações Unidas. Mesmo que essa lista nunca tenha sido divulgada, estima-se que altos dirigentes sudaneses, talvez o próprio presidente Beshir, constem nela. As investigações, se forem levadas a cabo, dariam um apoio decisivo à oposição política.

No entanto, enquanto o regime continuar a recusar o envio de uma força da ONU, ele incentiva a "comunidade internacional" a manter o financiamento da AMIS. Exatamente porque ela para nada serve. O "arranjo" é reflexo de uma hipocrisia negociada, já que os europeus e os norte-americanos, que conhecem perfeitamente a ineficácia da força africana, fingem ignorá-la. O gesto serve para dar a impressão de que estão agindo na região. Londres anunciou, em 23 de janeiro, o repasse de 15 milhões de libras esterlinas à AMIS. Ao mesmo tempo, diplomatas britânicos declaram em *off* que nada esperam da força africana em relação à proteção dos civis dos *Janjawids* em Darfur.

Um dos comandantes da repressão é aliado dos EUA

Diante do impasse, as Nações Unidas acabaram dando à luz um novo conceito: "a hibridização". Já que Cartum rejeita uma força da ONU, mas aceita uma força africana, poderia o regime ser convencido a aceitar uma força afro-ONU? Do que se trataria exatamente? Seria a incorporação à

207

AMIS de 103 agentes de polícia e 20 funcionários enviados de Nova York. Nos corredores da ONU e da União Africana, discute-se a dosagem real e potencial de tal "força híbrida". Existe o temor de que o regime islamita acabe aceitando a proposta e apresente o feito como importante concessão, sabendo que não se trata de nada além de um novo paliativo inútil.

Como explicar uma atitude tão covarde da "comunidade internacional"? Ela é resultado claro da posição norte-americana. Mistura de falsa habilidade, de duplos sentidos e impotência mal dissimulada de forte condenação. Desde o 11 de setembro de 2001, Washington considera que Cartum "comprou uma conduta" ao colaborar com esforços anti-terroristas. De fato, o serviço secreto sudanês encena um dramalhão do tipo "bandido e mocinho". Nafi Ali Nafi, ex-ministro do Interior e conselheiro do presidente Beshir, é o malvado; seu colega, Salah Abadallah "Gosh", é o herói. Enquanto Nafi é denunciado como um "extremista", "Gosh" – que é um dos principais nomes da repressão em Darfur – é convidado para debates com a CIA e se vê ocupando o posto de aliado na "guerra contra o terror".

Os resultados práticos dessa colaboração comprometedora são ainda aguardados. As declarações oficiais de Washington permanecem firmes, mas nenhuma medida concreta as seguiu, mesmo quando os próprios aliados políticos de Bush o estimulam. O governador republicano Arnold Schwarzenegger adotou uma lei que obriga órgãos públicos californianos a vender suas ações de sociedades norte-americanas ou estrangeiras operando no Sudão. A política de desinvestimento, que já permitira aos militantes dos direitos civis forçar a saída da petroleira canadense Talisman do Sudão em 2003, não contou com o apoio da Casa Branca. A primeira vítima da duplicidade norte-americana foi Andrew Natsios, o próprio enviado especial do presidente Bush. Ex-diretor do USAID, agência de desenvolvimento do governo, ele perdeu a linha, chegou a ameaçar o presidente Beshir com a aplicação de um misterioso "plano B" caso o "plano A" (o uso de tropas da ONU) se revelasse impossível. Mas, sob pressão dos jornalistas, Natsios se mostrou incapaz de fornecer detalhes do plano.

<u>China e França: os interesses por trás da omissão</u>

A China, pouco atuante, mas importante jogadora na geopolítica sudanesa, não participa à toa da inércia internacional em torno de Darfur. Cartum é seu segundo parceiro comercial no continente africano: o comércio bilateral gerou US$ 2,9 bilhões, em 2006, e Pequim compra 65% do petróleo sudanês. A China é também o primeiro fornecedor de armas do regime de Beshir. São chineses os fuzis que matam em Darfur. Em visita ao Sudão, no início de fevereiro, o presidente Hu Jintao se contentou em falar de negócios e visitar a nova hidrelétrica de US$ 1,8 bilhão financiada por Pequim. Jintao "recomendou" que Beshir aceite as tropas da ONU, mas sua falta de convicção foi tal que seu colega sudanês pôde declarar não "sentir-se submetido a nenhuma pressão". Às Nações Unidas, Pequim pede de forma benigna que seja apenas aplicada a resolução 1706 e que "respeitem a soberania nacional sudanesa".

Bem atrás dos Estados Unidos e da China, Paris age no escuro para ajudar seus clientes regionais ameaçados pelo regime sudanês. A França sempre protegeu Cartum da hostilidade "anglo-saxônica", mas nunca obteve a gratidão do regime islamita. A decisão sobre a permissão para a exploração de petróleo da Total no sul do Sudão permanece emperrada por subterfúgios jurídicos. Os militantes do regime tentam desestabilizar, a partir de Darfur, os aliados da França: o presidente chadiano, Idriss Deby, e seu colega centro-africano François Bozizé.

De fato, Deby sustenta a guerrilha de Darfur, que conta com numerosos combatentes zaghawa, sua própria etnia. As forças francesas dão apoio logístico ao exército chadiano, que luta contra os rebeldes sustentados por Cartum. Essas foram deslocadas para o norte da República Centro--Africana, em dezembro de 2006, em bombardeios e combates terrestres para eliminar outros rebeldes com o apoio de Cartum. Mas além da violência fronteiriça, existe uma verdadeira batalha por petróleo. O presidente chadiano tem relações tensas com as companhias norte-americanas que exploram o ouro negro de seu país e já as ameaçou com a expulsão. Em abril de 2006, os rebeldes que chegaram até os subúrbios de N'Djamena tinham armas chinesas. Estaria Pequim tentando derrubar os regimes vigentes na África Central?

"Confrontos tribais": mito para mascarar o genocídio

As Nações Unidas denunciam "limpeza étnica" em Darfur, mas, a pedido da União Africana, não usam o termo "genocídio". Muitos argumentos já foram lançados para explicar o fato. Principalmente o mito de que seriam "confrontos tribais", ligados à degradação das condições climáticas no Sahel, o que teria levado pastores nômades árabes a lutar contra camponeses negros pelo controle das terras. Como todos os clichês, esse também tem algo de verdade. Mesmo assim, não resiste aos fatos.

Em primeiro lugar, os bombardeios aéreos dificilmente podem ser atribuídos a pastores nômades tradicionais. Em segundo, as milícias *Janjawid* são armadas, abrigadas e equipadas pelo exército regular, que combate ao lado delas. Em terceiro, desde meados de dezembro, a principal etnia árabe de Darfur, os baggara, criaram sua própria guerrilha, alegando combater a negligência das autoridades "árabes" de Cartum. Por fim, as milícias que atacam sistematicamente as tribos negras africanas estão longe de ser a versão armada dos pastores nômades árabes. Entre eles estão: prisioneiros, de diversas origens étnicas, libertados ao prometerem envolvimento com as milícias; desertores do exército do governo baseados no sul e desempregados após o acordo de Nairóbi em 2005; membros de pequenas tribos do extremo norte de Darfur (que são as únicas verdadeiras vítimas das mudanças climáticas); e membros de pequenas etnias negras que esperam, ao se juntar à causa dos assassinos, serem cooptados à grande família "árabe", cuja importância parece lhes prometer prestígio social e vantagens econômicas.

Mas por que desejaria Cartum exterminar, ou reduzir totalmente, as populações negras de sua província ocidental? A causa não pode ser religiosa, já que todo mundo em Darfur – tanto os assassinos quanto as vítimas – é muçulmano e sunita.

Na verdade, a razão se liga a fatores de raça e cultura. Os árabes são minoria no Sudão. E o regime islamita é a última encarnação histórica de sua dominação étnico-regional. A paz entre norte e sul está se esfacelando rapidamente. Em 9 de janeiro, o vice-presidente do sul, Salva Kiir Mayardit, deu um ultimato no segundo aniversário do acordo de Nairóbi. Alertou o presidente Beshir de que, se a situação continuar como está, uma secessão será inevitável nos próximos quatro anos.

A elite árabe cobiça o petróleo do sul

Para a elite árabe de Cartum, a situação é urgente. É preciso mudar o traçado fronteiriço norte-sul, que deixa para a região meridional as maiores reservas de petróleo. Preparar-se para eventuais hostilidades (com a compra de armas), ancorar-se em sólidas alianças internacionais (a China já foi conquistada e o Irã está sendo seduzido) e manter o controle da região por meio de um cordão sanitário étnico-regional: os Montes de Nuba em Kordofan e Darfur fariam parte dele. Se as tribos dos Nuba foram derrotadas militarmente, entre 1992 e 2002, Darfur continua bastante ameaçador.

As hierarquias árabes de Cartum querem evitar uma brecha pela qual os negros do oeste se aliariam, no futuro, a um sul negro independente e dotado de reservas de petróleo.

Consequentemente, torna-se estratégico domar a revolta de Darfur. O exército comum, que tem entre suas fileiras várias etnias negras da região, não é o mais confiável para executar tal tarefa. Daí o recrutamento de milícias *Janjawid* "árabes", compostas em grande parte por grupos minoritários e desclassificados sociais. Isso permite evitar que os "verdadeiros árabes" de Darfur, ou seja, as diversas tribos baggara, que representam entre 22% e 30% da população da região, partam para a insurreição. Tão vítimas da discriminação social quanto seus concidadãos negros, os baggara estão do lado das elites mortíferas de Cartum em nome de uma falsa consciência de arabismo. Mais fantasiosa que real.

Ao todo, a proteção das reservas petrolíferas se dá por um preço fatal. Ao contrário de Ruanda, onde foram aniquiladas 800 mil pessoas em uma centena de dias, a limpeza étnica de Darfur já dura quatro anos. E os que ousam dizer "isso nunca mais" são prova de uma falta de conscientização e de uma hipocrisia monstruosa. Mais uma vez, a história revela que a importância dos cadáveres depende da cor da pele...

Agora compare com o texto seguinte, sobre a influência da China nessa mesma região e seu papel de patrocinadora do desenvolvimento:

Os chineses na África

[...] Com uma estratégia agressiva de relações diplomáticas baseadas em parcerias comerciais, a China encontrou nos países africanos tudo o que precisa para sustentar sua média anual de crescimento econômico de 11,5%: matéria-prima em abundância, indústria local fraca e um mercado inexplorado para os produtos chineses.

[...] Com 800 empresas espalhadas por 49 dos 53 países do continente, os chineses começam a fazer parte de muitas cidades africanas. Estima-se que já são mais de 750 mil deles vivendo na África.

[...] A grande novidade é que os chineses estão chegando com investimentos pesados em infraestrutura – e num volume que muitos países africanos não recebem há mais de quatro décadas, quando ainda eram colônias de nações europeias.

O petróleo é, de longe, o principal fator do envolvimento chinês no continente. Por isso, Angola, Sudão e Nigéria, os maiores produtores da

África, são beneficiados. Este ano [2007], Angola chegou a ultrapassar a Arábia Saudita como o principal fornecedor de petróleo da China.

Linhas de crédito abertas por Pequim estão sendo usadas para abrir estradas, construir pontes e recuperar ferrovias destruídas pela guerra civil angolana (1975-2002). O Sudão viu sua economia crescer 11,2% este ano [2007], também graças à China, destino de 64% dos barris extraídos do subsolo sudanês. Na Nigéria, além de fornecer crédito e ajuda técnica para construção de refinarias e hidrelétricas, o governo chinês está investindo no setor de telecomunicações, com o lançamento de um satélite para transmissão de sinal de celulares.

A presença chinesa estende-se a outros países. Da África do Sul, a China compra minério de ferro e platina. Do Gabão e Camarões, madeira. Do Congo, cobre e basalto. Pequim também importa a maior parte da produção de algodão das nações do centro e do oeste africanos.

Agressiva, a estratégia chinesa para a África inclui ajuda humanitária e propostas de negócios irrecusáveis – com preços abaixo do mercado e perdão de dívidas –, que levam os críticos a falar em concorrência desleal. [...]

Uma das facetas mais arriscadas dessa relação sino-africana está, segundo especialistas, no tamanho do apetite chinês por petróleo e minérios, que prejudica a diversificação da economia dos países africanos. Nas duas áreas, a criação de empregos é limitada. Sem uma indústria manufatureira e dependente do instável mercado mundial de *commodities*, o continente desenvolve-se de modo pouco sustentável.

Além disso, os contratos que os chineses assinam normalmente não os obriga a transferir tecnologia. [...] Em Zâmbia, empreiteiras da China construíram uma ferrovia de 2 mil quilômetros e reformaram um porto. Terminadas as obras, os chineses partiram sem ensinar técnicos locais, que agora não sabem como fazer a manutenção da ferrovia ou do porto.

O candidato a presidente Michael Sata prometeu acabar com a parceria bilateral caso vencesse as eleições de setembro. "Os chineses estão aqui simplesmente para tomar o lugar do Ocidente, são os novos colonizadores da África", acusou durante a campanha. Imediatamente Pequim ameaçou cortar relações diplomáticas com Zâmbia – o que não ocorreu porque Sata acabou derrotado[120].

---

120 http://www.angonoticias.com/full_headlines.php?id=17867 24/05/2010, 20:30 hs.

Mas esses instantâneos jornalísticos só fazem realmente sentido no panorama histórico maior da dominação eurocêntrica.

Antiga Núbia, a história do Sudão somente é confiável após a ocupação europeia dessa parte da África, pois foi a partir daí que se criou o passado mítico sudanês.

E essa história somente fica clara se compreendermos o conjunto de problemas conhecido como sub-imperialismo egípcio no Sudão. Até então, essa região era "dominada" pelo império otomano. Com a chegada dos franceses em 1820, o poder otomano foi desestruturado no ano seguinte.

Assim, o vice-rei egípcio Mohammad Ali fundou a cidade de Khartoum em 1824, facilitando a presença europeia sob a bandeira do Reino Unido. Esta é a origem do termo subimperialismo egípcio.

A presença muçulmana era registrada desde o século XVI (de 1504 a 1821), quando o avanço muçulmano instala, ao norte, o reinado de Sennar. Ao sul, contudo, pulverizavam inúmeros grupos animistas.

Em 1881, eclode uma revolta chefiada por Muhammad Ahmed bin'Abd Allah, líder religioso que ficaria mais conhecido como Mahdi e que acabaria por expulsar os ingleses em 1885. Morto logo depois, os britânicos retomam o Sudão em 1898 e submetem as populações locais ao domínio egípcio-britânico. A autonomia só viria em 1953 e a independência, três anos depois.

É justamente sob a chamada revolução mahdista que se dá a primeira grande união entre o norte e o sul com o objetivo de expulsar os colonizadores europeus e seus emissários egípcios. Será contra essa possibilidade que os esforços internacionais mais se empenharão, pois a cisão sudanesa e o empoderamento das várias etnias do sul com armamentos e dinheiro faz com que o dominador permaneça ileso, sejam as elites muçulmanas do norte, sejam os estrangeiros travestidos de intervencionistas da paz, sejam os senhores da guerra tribais das muitas etnias do sul do Sudão que se enfrentam randomicamente.

Entre os anos 1940 e 1960 se instalaram na região sul os missionários católicos vindos basicamente da Áustria, exercendo enorme influência sobre as populações não islamizadas da região.

É desse período a chamada modernização do Sudão, com a construção do porto de Souakin e o estabelecimento de rotas de navios entre o Sudão e a Europa.

No entanto, essa adequação foi sempre acompanhada pela memória da revolução mahdista. Sobre essa memória, diz um historiador:

> Os primeiros ensaios históricos e tratados diplomáticos a respeito da Revolução Mahdista datam de 1891, quando o Estado Islâmico ainda existia no Sudão. O que favoreceu o surgimento dessas obras foi a fuga de um prisioneiro europeu da capital do Estado Mahdista, a cidade de Ondurman, Padre Josef Ohrwalder, de origem austríaca, que era membro do Instituto das Missões pela Nigrízia, fundado pelo Vigário Apostólico da África Central, D. Daniele Comboni, em 1871.
>
> O relato da fuga do Padre Ohrwalder, produzido a partir do incentivo do general inglês Wingate, que desejava a intervenção militar inglesa no Sudão e a inclusão desta região como protetorado britânico, foi a base da produção de diversos estudos históricos que reforçavam o caráter intransigente da Revolução e que caracterizavam o líder Muhammad Ahmad e os que o apoiavam como selvagens sem lei...

Sob esse perigo ainda se debatem os dominadores internos e os estrangeiros, preservando a cisão, alimentando as razias e os genocídios não reconhecidos pela ONU. É de muito antes do petróleo ter interesse internacional que a dominação eurocêntrica marca sua presença nessa parte específica da África, travestida por máscaras oportunistas e por discursos ideológicos que se transformam com o passar do tempo, ocultando o verdadeiro problema, que é modificar os modos de vida de todos aqueles que ainda não se convenceram que o desenvolvimento e a centralização são a única possibilidade de vida e, portanto, de sociabilidade, no mundo globalizado, que se expande cautelosamente desde o século XV a partir da Europa ocidental.

Nas caldeiras dos barcos a vapor que singram o coração da África, a resolução lenta e resistente da dominação ainda busca aprimorar seus resultados. Enquanto isso, o banquete dos negociantes do sistema--mundo contabiliza lucros em remédios e armas para que os mortos não descansem.

Parte III

Escravidão

CAPÍTULO 16

RELAÇÕES CULTURAIS: A ESCRAVIDÃO NO BRASIL

A ordem é a primeira lei do céu, e, isto admitido, alguns são, e devem ser, maiores que os outros.
Alexander Pope, *Essay on Man* (1733).

Em termos gerais, podemos afirmar que o livre pensamento é a melhor de todas as salvaguardas contra a liberdade. Aplicada conforme o estilo moderno, a emancipação da mente do escravo é a melhor forma de evitar a emancipação do escravo. Basta lhe ensinar a se preocupar em saber se quer realmente ser livre, e ele não será capaz de se libertar.
Gilbert Keith Chesterton, *Orthodoxy*.

A mais contundente prova de que no Brasil, no período da escravidão, negro e escravo eram coisas muito diferentes consiste no simples fato de que os escravos não podiam usar sapatos. Ora, esse impedimento somente faz sentido se considerarmos que a cor da pele não era suficiente para indicar a condição escrava das pessoas e, talvez, nem mesmo sua inferioridade; era preciso um símbolo mais visível. Leio esse símbolo de modo a interpretar que a condição de número significativo de indivíduos que tinham a cor da pele diferente não eram escravos e, quiçá, nem eram inferiores.

Saber o princípio das coisas, como tramaram sua existência, qual sua historicidade, eis o imperativo da possibilidade crítica.

Quando saboreamos a naturalidade da dominação, quando provamos o gosto legítimo do conhecimento, quando criminalizamos o analfabeto estamos condenados a prosseguir com essas aberrações sociais, construídas para reforçar e alimentar a desigualdade entre os homens e, pior, estamos considerando essa condição natural.

O preconceito é outro desses rizomas que parecem enfiados tão fundo em nossa cultura histórica que de antemão desistimos de capturar sua emergência e seu processo de hegemonia.

Tomemos um tipo especial de preconceito: o preconceito racial, construído tendo como referência a cor da pele.

Há alguns anos, uma pesquisa da USP revelou que o brasileiro tem preconceito de assumir o seu próprio preconceito, o que dificulta enormemente a luta contra essa perversa forma de exclusão[121].

Se o preconceito racial teve um início, teria tido um dia em que, como o Rubicão transposto, não pudemos mais voltar atrás?

Se ele teve um princípio, teria sido fruto das relações sociais dadas ou teria sido imposto como projeto de dominação e de poder, daí se institucionalizando e rapidamente ganhando estatuto de racismo?

O primeiro argumento de que o preconceito é natural está na própria escolha dos negros africanos como escravos, quando os portugueses resolveram explorar as enormes possibilidades de seu recém-descoberto, mas ainda não possuído, território nas Américas.

---

121 Afinal, aqui, "ninguém é racista", como determinou, em 1988, no centenário da Abolição, uma pesquisa cujos resultados eram sintomáticos: 97% dos entrevistados afirmaram não ter preconceito. Mas, ao serem perguntados se conheciam pessoas e situações que revelavam a discriminação racial no país, 98% responderam com um sonoro "sim". "A conclusão informal era que todo brasileiro parece se sentir como uma 'ilha de democracia racial', cercado de racistas por todos os lados", avalia a antropóloga Lilia Moritz Schwarcz, do Departamento de Antropologia da Universidade de São Paulo.

As justificativas dadas para a escolha dos africanos serem convertidos em escravos por jesuítas do período, a exemplo de Jorge Benci e de Manoel Ribeiro Rocha, podem fornecer alguma pista do problema enfrentado naquele momento: afirmavam que a escravidão era positiva para os negros, pois como viviam em pecado (sem fé, sem lei e sem rei) sua permanência funcionaria como um resgate do apreço divino. De fato, a escolha recaiu por um oportunismo dos portugueses. Necessitados de mão de obra numerosa a encetar seu projeto de exploração na terra nova (monocultura, exclusivismo de exportação, mão de obra escrava), encontraram na África condições favoráveis.

É temerário afirmar que existia escravidão nas regiões que os portugueses iniciaram seu projeto de escravidão.

Segundo um historiador negro do século XIX, as razões do recurso à África eram outras:

> A história nos afirma que, muito antes da era cristã, os árabes se haviam introduzido nos sertões do continente negro, e com maior atividade no século VII. Missionários muçulmanos internaram-se em alguns pontos da África, semeando os germes da civilização, abolindo a antropofagia e a abominável prática dos sacrifícios humanos. Levando-se em conta o grau de cultura atingindo por esses invasores, com tais predicados, não resta a menor dúvida de que foram eles os introdutores dos conhecimentos indispensáveis ao modo de viver do africano na florestas, nas planícies, nas matas, nas montanhas, vigiando os rebanhos, cultivando os campos, satisfazendo assim as necessidades mais rudimentares da vida. Acrescente-se a essas circunstâncias a fundação de feitorias portuguesas em diversos pontos do continente, e chegar-se-á à conclusão de que o colono preto, ao ser transportado para a América, estava já aparelhado para o trabalho que o esperava aqui, como bom caçador, marinheiro, criador, extrator do sal abundante em algumas regiões, minerador de ferro, pastor, agricultor, mercador de marfim, etc. Ao tempo do tráfico, já o africano conhecia o trabalho da mineração, pois lá abundava o ouro, a prata, o chumbo, o diamante e o ferro. E como prova de que ele de longa data conhecia diversas aplicações materiais do trabalho, veja-se o que diversos exploradores do continente negro dizem de referência ao que sobre o objeto encontraram: "Em Vuane Kirumbe vimos uma forja indígena, onde trabalhavam cerca de uma dúzia de homens. O ferro que se empregava era muito puro e com ele fabricavam grandes ferros para as lanças de Urega meridional, facas de

uma polegada e meia de extensão, até ao pesado cutelo em forma de gládio romano. A arte de ferreiro é muito apreciada nestas florestas onde, em consequência do seu isolamento, as aldeias são obrigadas a fazerem tudo. Cada geração aprende por sua vez os processos tradicionais, que são numerosos, e mostram que o próprio homem das solidões é um animal progressivo e perfectível" (Stanley, *Através da África*). "Conhecem também os processos necessários para o fabrico de aço, pela combinação do ferro com o carbono e a tempera" (Capello e Ivens, *De Benguela às terras de Yaca*)[122].

Especula-se também que, em algumas regiões da costa atlântica africana, os diversos conflitos entre os reinos, seja por território, seja pelo baixo número de mulheres no interior do grupo, impunha guerras que produziam um tipo peculiar de incorporação: o "escravo" passava a fazer parte do grupo dominante, acabando por se integrar plenamente neste. Os portugueses mudaram a lógica. Através das armas, aparelharam reinos na costa em troca da captura de escravos, trocados agora por armas que produziam cada vez mais escravos.

Exemplo oferecido por Ki-Zerbo é paradigmático:

> Que é funcional para um povo: dizer que ele é autóctone, ou que é invasor? Não criam as duas coisas direitos específicos? O direito do primeiro ocupante e o direito do mais forte, que, aliás, foram com frequência judiciosamente combinados entre os africanos, por exemplo entre os Mossis ou os Bambaras, pela existência de um chefe político e de um chefe de terra, um autóctone, vindo o outro do clã dos conquistadores[123].

O argumento jurídico dessa apropriação foi o conceito de "guerra justa" contra os infiéis, o que culminou no discurso justificador dos jesuítas.

Seja qual for a história, nada, portanto, em relação à cor da pele. Retomemos o exemplo do padre Manoel Ribeiro Rocha. Em 1758, ano de publicação do livro, compreende a iniquidade da instituição:

> A maior infelicidade, a que pode chegar a criatura racional neste mundo, é a da escravidão; pois com ela lhe vêm adjuntas todas aquelas misérias,

---

122 QUERINO, Manuel. *O Africano como Colonizador*. Salvador: Livraria Progresso Ed., 1954.

123 KI-ZERBO, Joseph. *História da África Negra*. Lisboa: Publ. Europa-América, 1972, p. 21.

e todos aqueles incômodos, que são contrários e repugnantes à natureza, e condição do homem, porque sendo este pouco menos que o anjo, pela escravidão tanto desce, que fica sendo pouco mais, do que o bruto; sendo vivo, pela escravidão se julga morto; sendo livre, pela escravidão fica sujeito; e nascendo para dominar, e possuir, pela escravidão fica possuído, e dominado. Trabalha o escravo sem descanso, lida sem sossego e fatiga-se sem lucro, sendo o seu sustento o mais vil, o seu vestido o mais grosseiro, e o seu repouso sobre alguma tábua dura, quando não é sobre a mesma terra fria[124].

Mas sua condição de escravo já estava dada em África. Nestes termos, o bom jesuíta justifica sua permanência na condição de escravo:

> Ainda assim, que a tudo isto, e a tanta miséria, e aniquilação fique reduzido um gentio cativado em guerra pública, justa, e verdadeira de um com outro Príncipe naquelas regiões, onde suposto por falta da luz da fé se não observe a Lei Evangélica.
>
> [...] Porém que fora destes justos títulos, e circunstâncias legítimas, tenham tolerado as misérias, aflições, angústias e aniquilações da escravidão, há muito mais de dois séculos, milhares e milhares de pretos africanos, barbaramente cativados pelos seus próprios compatriotas, por furtos, por piratarias, por falsidades, por embustes, e por outros modos, que a malícia daqueles infiéis, instigada do demônio, tem inventado e cada dia inventa, nas suas incultas, rudes, bárbaras e inumanas regiões de Guiné, Cafraria e Etiópia, onde nem se observa o direito natural, nem o das gentes, e nem ao menos as leis da humanidade? Esta por certo ainda é maior, e muito maior desgraça; porque sendo a servidão em si mesma a maior, que pode sobrevir à humana criatura nesta vida; a mesma multidão, e inumerabilidade de tantos pretos que violentamente a têm sofrido, a constitui indizível, imensa e inexplicável[125].

Acompanhemos os argumentos do jesuíta: a condição de escravo a que os "pretos" estão sujeitos é bárbara e impetrada pelos seus coetâneos,

---

124 ROCHA, Manoel Ribeiro. *Etíope Resgatado, Empenhado, Sustentado, Corrigido, Instruído e Libertado*. Petrópolis: Vozes, 1992, p. 4.

125 Idem, p. 5.

estes infiéis que não conhecem nem o direito natural nem o direito das gentes. Daí que o resgate é, acima de tudo, um gesto de humanidade. Vejamos:

> E que sobre tudo isto, podendo os Comerciantes Católicos (sem prejuízo, e diminuição desses mesmos lucros, e interesses, que atualmente tiram destas alheias desgraças) resgatar por comércio os ditos injustos e furtivos escravos, para que venham servir, não *jure dominii*, senão somente *jure pignoris*, enquanto não pagarem, ou não compensarem em longos e diuturnos serviços o preço, e lucros de sua redenção[126].

Façamos notar que tal resgate não é para domínio (*jure dominii*), mas apenas como um penhor (*jure pignoris*), ou seja, os cristãos resgatam esses "infelizes" que penavam na escravidão em África e, como parte do pagamento devido, trabalham para esses novos senhores, representantes de Deus, até pagarem pelos gastos e sacrifícios despendidos em seu resgate, para o benefício da fé.

Assim justifica Manuel Ribeiro Rocha o título de seu opúsculo:

> [...] apliquei o título de *Etíope resgatado, empenhado, sustentado, corrigido, instruído e libertado;* isto é, *Resgatado* da escravidão injusta a que barbaramente o reduziram os seus mesmos nacionais, como se diz na primeira parte; *Empenhado*, no poder de seu possuidor para o respeitar como Senhor e lhe obedecer, e o servir como escravo, enquanto lhe não pagar ou compensar com serviços o seu valor, como se diz na segunda e terceira parte; *Sustentado*, como se explica na quarta. *Corrigido*, como se expende na quinta. *Instruído* na Doutrina, como se declara na sexta; e nos bons costumes, como se mostra na sétima. E ultimamente *Libertado*, por alguns dos quatro modos mencionados na oitava[127].

Como se vê, e tal discurso não destoa dos discursos inacianos do período, nada tem a ver com a cor da pele, mas se trata da salvação da alma.

---

126 Idem, ibidem.

127 Idem, p. 6-7.

Outro exemplo fundamental é que, segundo John Manuel Monteiro, a designação em São Paulo que definia índios e africanos era absolutamente distinta:

> De certo modo, a valorização maior do índio "crioulo" devia-se à expectativa dos colonos no que dizia respeito à longevidade e, especialmente, à produtividade. Mas o significado maior desta escala diferenciada residia no processo de transformação aí implícito, pelo qual passavam os índios. O próprio termo índio – redefinido no decorrer do século – figura como testemunho deste processo: na documentação da época o termo referia-se tão somente aos integrantes dos aldeamentos da região, reservando-se para a vasta maioria da população indígena a sugestiva denominação de "negros da terra"[128].

Mas se aos índios escravos era reservado essa designação, e aos africanos? É também Monteiro quem o explica:

> À primeira vista, uma solução para a crise da escravidão indígena seria a sua substituição por escravos negros, solução aliás adotada por todos os paulistas mais abastados no início do século XVIII. Para alguns, no contexto do declínio da população indígena, a presença crescente de cativos africanos em São Paulo parecia indicar uma incipiente transição para a escravidão africana. É claro que alguns cativos negros, claramente diferenciados dos índios como "gentio da guiné", "peças de Angola" ou, mais frequentemente, "tapanhunos" – termo tupi designativo de escravo negro –, estiveram presentes na capitania desde os seus primórdios, porém representando uma parcela ínfima da força de trabalho global, ocupada pela massa de trabalhadores indígenas. Apenas a partir do último quartel do século XVII e sobretudo após 1700 é que escravos africanos começaram a transformar os tijupares em senzalas[129].

Um exemplo que pode nos auxiliar na denegação de uma naturalização do preconceito enraizado nesse período está na Inglaterra do século XVIII.

---

128 MONTEIRO, John. *Negros da Terra.* São Paulo: Cia. das Letras, 1994, p. 155.

129 Idem, p. 220.

Antes, contudo, precisamos indicar que a relação homem/animal nem sempre fora de hierarquias:

> Mesmo sem qualquer impulso consciente naquela direção, a nova associação simbiótica do homem com os animais e as plantas foi favorável ao posterior desenvolvimento da cidade. A princípio, o cão foi menos um animal de caça que um vigia e um carniceiro; sem o cão e o porco, é de duvidar que pudesse ter sobrevivido às suas infrações sanitárias a comunidade muito densa; na verdade, o porco serviu como um departamento auxiliar de limpeza pública até o século XIX, em cidades supostamente progressistas, como Nova York e Manchester. Também, então, quando os cereais se tornaram abundantes, o gato – e no Egito a cobra domesticada – serviu para espantar os roedores que transmitiam doenças e desbaratavam os suprimentos alimentares. Contudo, é necessário acrescentar, por uma questão de justiça, uma palavra a respeito do lado negativo: os camundongos, os ratos e as baratas, por sua vez, tiraram partido das novas colônias e formaram anexos mais do que permanentes a elas[130].

Em *O homem e o mundo natural*, Keith Thomas apresenta argumentos sobre a emergência do pensamento racionalista que provoca uma ruptura na relação homem/natureza. Em um capítulo-chave da obra, intitulado *Seres humanos inferiores*, aparece menção da questão aqui discutida. Vejamos os argumentos:

> [...] "o ser humano bruto, sem artes e sem lei mal pode ser distinguido do restante da criação animal". A cultura era tão necessária ao homem como a domesticação às plantas e aos animais. Robert Gray declarava em 1609 que "a maior parte" do globo era "possuída e injustamente usurpada por animais selvagens ou por selvagens brutais, que, em razão de sua ímpia ignorância e blasfema idolatria, são ainda piores que os animais". O conde de Clarendon concordava: "a maior parte do mundo é ainda habitada por homens tão selvagens como as feras que com eles convivem". "Suas palavras soam mais parecidas às dos chimpanzés que às dos homens", relatava sir Thomas Herbert, a respeito dos habitantes do Cabo da Boa Esperança; "duvido que a maioria deles tenha antepassados melhores que macacos". "Os hotentotes", dizia um clérigo da época de Jaime I, eram "bestas em pele

---

130 MUNFORD, Lewis. *A Cidade na História*. São Paulo: Martins Fontes, 2008, p. 14.

de homem", e sua fala, "um ruído inarticulado em vez de uma linguagem, como o cacarejar das galinhas ou o engrolar dos perus". Trata-se de "animais imundos", disse um viajante, que "dificilmente merecem o nome de criaturas racionais". Os séculos XVII e XVIII ouviram muitos discursos sobre a natureza animal dos negros, sobre sua sexualidade animalesca e sua natureza brutal[131].

Essa inferioridade humana, todavia, não estava calcada num discurso racial. Pois se os negros são aqui comparados a animais, não serão prerrogativas só deles. Índios e brancos também estarão nos mesmos estatutos. Vejamos:

> Em 1689, Edmund Hickeringill, um clérigo inglês que estivera nas Índias Ocidentais, falava desdenhosamente dos "pobres e tolos índios nus" como estando "apenas a um passo (se tanto) dos macacos".
>
> Como viam os irlandeses à mesma luz. Viviam "como bichos", afirmava o elisabetano Barnaby Rich; "em condições brutais e detestáveis", dizia sir William Petty. Comiam carne crua e bebiam sangue quente de vacas. A natureza animal dos irlandeses fora descoberta muito tempo antes das caricaturas vitorianas que os descreviam com feições simiescas. Na década de 1650, um capitão no regimento do general Ireton contou de que modo, quando uma guarnição irlandesa foi destroçada em Cashel, no ano de 1647, os vencedores encontraram entre os mortos "vários que tinham cauda de quase vinte centímetros"; e, quando se duvidou da história, quarenta soldados apresentaram-se para testemunhar, sob juramento, que as tinham visto pessoalmente[132].

Tais características estavam muito mais perto dos homens que impunham uma racionalidade que já se revelava instrumental[133], na medida em que justificava a dominação por um discurso político e cultural, do que podemos imaginar. Segundo este mesmo autor, as mulheres também passavam a ser vistas como animais:

---

131 THOMAS, K. *O Homem e o Mundo Natural*. São Paulo: Cia. das Letras, p. 50.

132 Idem, p. 50-1.

133 Aliás, tais questões levantam a hipótese de que talvez tal dominação não seja tão inata como imaginamos.

Os ginecologistas da época davam muita ênfase aos aspectos animais do parto. Era comum referir-se a uma mulher grávida como "procriando"; um clérigo do período anterior à Guerra Civil comparava, no púlpito, as mulheres às porcas. Certos puritanos inimigos dos rituais realizados após o nascimento às vezes faziam o mesmo, referindo-se à mãe como uma porca seguida pelos bacorinhos. Até o século XVIII, o ato de amamentar os bebês costumava ser visto pelas classes superiores como uma atividade degradante, a ser evitada quando possível, confiando-se os recém-nascidos aos cuidados de amas-de--leite. Jane Austen alinhava-se numa longa tradição ao descrever as pessoas de seu sexo como "pobres animais" consumidos por partos todos os anos[134].

No fundo, tais designações escondiam uma nova ordenação social fortemente hierarquizada pelos discursos da emergente racionalidade, como demonstra o trecho seguinte:

> Ainda mais bestiais eram os pobres – ignorantes, sem religião, esquálidos em suas condições de existência e, mais importante, não tendo os elementos que se supunham caracterizarem o ser humano: alfabetização, cálculo numérico, boas maneiras e apurado senso de tempo. Os intelectuais desde muito costumavam encarar as pessoas não letradas como sub-humanas. No início dos tempos modernos essa atitude persistia. "Os membros da vasta ralé que parece portar os sinais do homem no rosto", explicava sir Thomas Pope Blount, em 1693, "não passam de seres rudes em seu entendimento; é por metáfora que os chamamos homens, pois na melhor das hipóteses nada mais são que os autômatos de Descartes, molduras e sombras de homens, que têm tão somente a aparência para justificar seus direitos à racionalidade"[135].

Tais procedimentos tinham um alvo muito claro:

> Uma vez percebidos como bestas, as pessoas eram passíveis de serem tratadas como tais. A ética da dominação humana removia os animais da esfera de preocupação do homem. Mas também legitimava os maus-tratos àqueles que supostamente viviam uma condição animal[136].

---

134 Idem, p. 51-52.

135 Idem, p. 52.

136 Idem, p. 53

E, finalmente, afirma Thomas:

> Os historiadores consideram atualmente que a escravidão negra precedeu as afirmações da condição semianimal dos negros. As teorias mais desenvolvidas de inferioridade racial vieram depois. Entretanto, é difícil crer que o sistema jamais tivesse sido tolerado se aos negros fossem atribuídos traços totalmente humanos. A sua desumanização foi um pré--requisito necessário dos maus-tratos[137].

Consideremos, agora, a possibilidade de que o preconceito tenha sido o resultado das injustas relações tecidas durante os trezentos e tantos anos da instituição escravista. Segundo aqueles que divagam na busca de sua aparição, esta é a melhor resposta, ou a mais plausível.

As relações entre brancos e negros, nesse caso, não compunham um diagrama de complexidades, mas uma simplificação que pressupõe senhores brancos dominando legiões de escravos negros tendo como mediação o discurso e a prática da violência.

Tal pressuposto, fruto de leituras singelas da história da escravidão, considera o negro como "coisa", reificado que foi pela instituição, cuja resultante foi uma história de sua própria vitimização enquanto grupo social. Contrapõe-se a esta condição a resistência, considerada em suas múltiplas facetas, o suicídio, o assassinato dos filhos, as fugas, os quilombos, as muitas rebeliões, enfim, as contradições que antepõem brancos e negros em suas prefixadas amarrações sociais.

Essa interpretação faria sentido se acreditássemos que a vitalidade da instituição escravista, praticamente trezentos e cinquenta anos, pudesse ser conquistada unicamente com o discurso e a prática da violência. Unidades produtivas contavam com três mil homens escravos exercendo funções tão variadas e, às vezes, tão especializadas que fica difícil imaginar o recurso da violência como única estratégia de submissão, já que não mais que cinquenta feitores estavam a cargo de conter um plantel tão numeroso. Sessenta escravos por feitor! E uma vida, muitas gerações submetidas a essa brutalidade cotidiana. Considerando as muitas rebeliões ocorridas, foram ínfimas se analisadas sob essa perspectiva.

A vitalidade da escravidão só pode ser explicada por variadas formas de sociabilidade, de tal sorte que a escravidão tenha se tornado

---

137 Idem, ibdem.

um sistema, uma visão de mundo, a própria realidade. E, da mesma forma que hoje pensamos no mundo do trabalho "livre" como natural, também a escravidão teve que "parecer natural" para ter se prolongado por mais de três séculos.

Se algo foi fruto de preconceito durante esses trezentos e cinquenta anos, foi o trabalho, atividade executada quase que exclusivamente por escravos[138].

Um exemplo da crescente complexidade da instituição escravista pode ser apresentado em sua própria diacronia e em sua variância regional e produtiva. Senão vejamos:

Tomemos o nordeste açucareiro que já a partir de 1530 viu seus canaviais serem devotados à monocultura da produção do açúcar.

Numa unidade produtora de açúcar a divisão de tarefas é tão grande que inclusive contava com escravos que recebiam salários. Exemplo são os purgadores do açúcar, escravos tão especializados que além de receberem salários, eram alugados para outros engenhos, responsáveis que eram pelo momento do desligamento das caldeiras. Um erro incorria na perda de toneladas do precioso produto.

Os escravos das gerais contemplavam outras singularidades. Precocemente, foram os escravos que mais rapidamente ascenderam à condição de senhores. Há casos de ex-escravos (Manoel Preto) que possuíam centenas de escravos e dezenas de lavras, fruto de oportunismos e de expedientes que desviavam o fruto do trabalho mortal, dadas as terríveis condições de trabalho, geralmente enterrados em minas ou na lavagem das bateias, constantemente imersos nos rios das minas. A mentalidade escravista começara a tomar forma. E nela incluem-se senhores e escravos, brancos e negros.

Os escravos de ganho, característicos tanto de Salvador quanto do Rio de Janeiro, chamadas de cidades negras devido a essa vasta rede de movimentação urbana de escravos e forros, compunham outro exemplo da enorme variedade de relações possíveis na instituição: trabalhavam na cidade sem outra caracterização que não os pés descalços, tabu que caracterizava o escravo, justamente para diferenciá-lo dos não escravos.

---

138 A chamada brecha camponesa, ou seja, a possibilidade de que escravos produzissem para si sua própria sobrevivência, apenas reforça esta tese.

Escravos pedintes estendiam a mão para dividir o fruto de sua pobreza com um senhor igualmente pobre que aguardava em casa sua única fonte de renda.

Nesse sentido, o trabalho era tão negativo que quando um escravo conseguia comprar sua alforria, guardava um tanto de dinheiro para comprar seu próprio escravo e seu sapato, senão não haveria distinção entre ser livre e ser escravo. A despeito disso, contudo, muitos senhores pobres eram obrigados a trabalhar junto com seus poucos escravos, incluindo suas famílias, pois a maioria das unidades produtivas no Brasil tinha entre 4 e 5 pessoas trabalhando como escravos, sendo exceção grandes plantéis.

Em seu livro *História do Brasil com Empreendedores*[139] de 2009, Jorge Caldeira aponta que as relações entre livres e escravos necessariamente foram se alterando ao longo do período da escravidão. No século XVIII 40% da população brasileira era constituída de escravos. Já no início do XIX esse percentual cai para 25%. Por essa mesma época, cerca de 91% dos brasileiros não tinham nenhum escravo.

Ser negro não era a mesma coisa que ser escravo, eis o imperativo da instituição. Não são poucas as fotos, principalmente de Cristiano Jr., de escravos que tinham a tez da pele branca. Igualmente não são poucas as fotos de senhores de escravos que eram negros. A mentalidade escravista, em sua sedimentação e sua complexidade, ganhava as almas e se instalava como verdade que danava o trabalho, mas não criava nenhum obstáculo de ascensão social àqueles que traziam na pele a cor da maioria da população.

Exemplo que enerva nas artérias do sistema tais complexidades é o de Chachá, ou Francisco Félix de Souza, o maior mercador de escravos brasileiro, homem notável por sua inteligência, habilidade e encanto pessoal, esse baiano e negro não recebeu tanto destaque quanto outros homens negros que ascenderam à condição de grandes e notáveis senhores ao tempo da escravidão[140].

> Os nagôs, por exemplo, foram vendidos à Bahia pelos reis do Daomé. Ninguém cruzou o mar oceano para arrancá-los de sua terra natal. Outros africanos fizeram isso. E o Daomé, na verdade, manobrou como pôde para

---

139 CALDEIRA, Jorge. *História do Brasil com Empreendedores*. São Paulo: Mameluco, 2009.

140 SILVA, Alberto da Costa e. *Francisco Félix de Souza*. Rio de Janeiro: Ed. Uerj, 2004.

tentar monopolizar a exportação de negros para o Brasil. Todo historiador sabe disso: o tráfico de escravos foi, também, um negócio de empresários africanos.

[...]

Isto aconteceu no Brasil, nos EUA, em Cuba. Nos EUA, ficou conhecido o caso da família Metoyer, de negros forros da Luisiana – família rica, letrada, fina, proprietária de escravos[141].

Outro exemplo mais recentemente "descoberto" é o caso de Domingos Sodré, um sacerdote africano que transitou da condição de escravo, tornando-se adivinho, feiticeiro, chefe de junta de alforria e, finalmente, senhor de escravos[142].

Bert Barickman, historiador da Universidade do Arizona, aponta em seu livro *Um Contraponto Baiano* que, em Campos dos Goytacazes, no Rio de Janeiro, um terço dos donos de escravos eram negros. Em Santiago do Iguape, 46,5%. "Como o número de escravos era menor que o necessário, podemos supor que o dono da fazenda e seus filhos trabalhavam na roça ao lado dos escravos". Pois Renato Marcondes, professor de história econômica da USP, afirma que a grande maioria das unidades produtivas brasileiras era constituída de poquíssimos escravos, sendo que parte considerável desses senhores eram ex-escravos[143].

Nesse mesmo texto encontro a seguinte informação:

Conheça 3 mulheres da história do Brasil: Joanna Baptista, Caetana e Bárbara Gomes de Abreu e Lima.

Joanna Baptista foi uma mulher livre que, em 1780, em Belém do Pará, decidiu se vender como escrava. Cobrou, por si própria, 40 mil-réis em dinheiro e outros 40 mil em joias e roupas. A venda foi registrada em escritura por um tabelião, na presença do comprador e de duas testemunhas. O documento conta que Joanna, doente, decidiu se tornar escrava porque "se achava sem pai nem mãe que dela pudessem tratar, e nem tinha meios

---

141 RISERIO, Antonio. *A Utopia Brasileira e os Movimentos Negros*. São Paulo: Ed.34, 2007, p. 382.

142 REIS, João José. *Domingos Sodré, um Sacerdote Africano*. São Paulo: Cia. das Letras, 2008.

143 NARLOCH, Leandro. A nova história do Brasil. *Revista Superinteressante*, junho de 2010, ed. 279, p. 65.

para viver em liberdade, e para poder viver em sossego, empregando-se no serviço de Deus e de um senhor que dela tivesse cuidado e em suas moléstias a tratasse".

Em 1835, Caetana, escrava de uma fazenda de café de Rio Claro, em São Paulo, foi obrigada a casar com o escravo Custódio. No começo ela aceitou. Depois, bateu o pé e se recusou a dormir com o marido. Pediu ao seu dono, o capitão Tolosa, para anular o casório. O senhor da escrava topou. Contratou um advogado, que montou uma petição para a Justiça eclesiástica. Contrariando o machismo e a falta de direitos dos escravos daquela época, Caetana conseguiu anular seu casamento.

Uma das pessoas mais ricas da vila mineira de Sabará no século 18 foi a ex-escrava Bárbara Gomes de Abreu e Lima. Dona de um casarão em frente à Igreja Matriz, ela tinha 7 escravos, revendia ouro e controlava negócios em diversas cidades de Minas e da Bahia. A herança incluía dezenas de saias, vestidos, joias e artefatos de metais preciosos.

Essas 3 mulheres dificilmente se encaixam em alguma lógica ou em teorias tradicionais da história do Brasil. Como pode uma pessoa livre querer virar vítima de um sistema cruel? Por que uma ex-escrava, depois de se libertar da escravidão, se tornaria dona de escravos? Casos como os delas, descobertos na última década por historiadores brasileiros e americanos, são exemplos de mais uma diferença da nova história do Brasil: tentar contar uma história com pessoas.

A geração anterior, que inspirou nossos livros didáticos, consideraria essas mulheres exceções. O método predominante lá atrás era montar teorias gerais, grandes esquemas para explicar as origens da sociedade brasileira. Nessa leitura do passado, sociológica, o que mais importava eram as dinâmicas das classes sociais e as relações econômicas entre os países. Indivíduos que não agiam conforme uma lógica de classes ficavam de fora dos livros.

Aos escravos e ex-escravos, só havia duas possibilidades de comportamento: ou eles eram submissos, vítimas eternamente passivas do sistema escravista, ou rebeldes que morriam lutando contra a escravidão[144].

Entre a alvice algo casta de uma escrava Isaura e a negritude forte da senhora dos diamantes, Xica da Silva, há um diagrama de possibilidades que ainda não foi plenamente explorado pela historiografia.

---

[144] Idem, p. 64-5.

Aliás, como bem demonstra Júnia Ferreira Furtado[145], o caso de Xica da Silva não se constituía absolutamente em exceção, já que enorme camada de forros ascendeu socialmente nas Minas Gerais e chegaram à condição de senhores de homens e razoável fortuna.

Jorge Ben Jor lhe rende uma homenagem neste poema, que está no disco *África Brasil*:

> Ai ai ai, ai ai, ai, ai ai ai, ai ai ai, ai ai
> Ai ai ai, ai ai, ai, ai ai ai, ai ai ai, ai ai
> Xica da, Xica da, Xica da, Xica da Silva, a negra
> Xica da Silva, a negra, a negra
> De escrava a amante, mulher, mulher
> Do fidalgo tratador João Fernandes
> Xica da, Xica da, Xica da, Xica da Silva, a negra
> Xica da, Xica da, Xica da, Xica da Silva, a negra
> A imperatriz do Tijuco, a dona de Diamantina
> Morava com a sua Corte, cercada de belas mucamas
> Num castelo na Chácara da palha de arquitetura sólida e requintada
> Onde tinha até um lago artificial e uma luxuosa galera
> Que seu amor João Fernandes, o tratador, mandou fazer só para ela
> Xica da, Xica da, Xica da, Xica da Silva, a negra
> Xica da, Xica da, Xica da, Xica da Silva, a negra
> Muito rica e invejada, temida e odiada
> Pois com as suas perucas, cada uma de uma cor
> Joias, roupas exóticas das Índias, Lisboa e Paris
> A negra era obrigada a ser recebida como uma grande senhora
> Da Corte do Rei Luis, da Corte do Rei Luis
> Ai ai ai, ai ai ai, ai ai
> Xica da, Xica da, Xica da, Xica da Silva, a negra
> Xica da, Xica da, Xica da, Xica da Silva, a negra
> Ai ai ai ai ai ai ai ai ai
> Tchu tchuru tchu tchuru tchu tchuru
> Xica da, Xica da, Xica da, Xica da Silva
> Xica da, Xica da, Xica da, Xica da Silva
> Xica da, Xica da, Xica da, Xica da Silva

---

145 FURTADO, Júnia Ferreira. *Chica da Silva e o Contratador de Diamantes*. São Paulo: Cia. das Letras, 2007.

Nem, tampouco, era desconhecido fora das Américas. Na Europa, os casos se acumulavam. O mais interessante deles foi o caso do chamado *A estrela negra do iluminismo*[146]:

> Ele foi bisavô de Alexandre Pushkin, o pai da literatura russa e foi levado para a Rússia, da Turquia a São Petesburgo por Pyotr Andreywvich Tolstoi, bisavô do autor de *Guerra e Paz*. Nascido em 1696 na Etiópia, havia sido capturado e enviado para o sultão de Constantinopla, numa época em que os monarcas colecionavam crianças exóticas.
>
> Na Rússia, foi apadrinhado pelo próprio czar, Pedro, o Grande, e dele ganhou o nome Abram Petrovich Gannibal. Aos 20 anos foi estudar em Paris e pertenceu ao círculo de amizade de Diderot, Montesquieu e Voltaire, que lhe alcunharam de "a estrela negra do iluminismo". Segundo seu biógrafo, Hugh Barnes, ele foi o primeiro intelectual negro da Europa.
>
> Formado em belas-artes e na arte da guerra, participou do conflito entre França e Espanha, de onde saiu capitão. A fama de estrategista lhe inspirou um novo sobrenome: Gannibal – em russo, Aníbal, um general africano que assombrava a Europa 2 mil anos antes.
>
> Promovido à nobreza, ele espalhou a notícia que era um príncipe africano. Verdade ou não, acreditava na história e criou um brasão de família com a imagem de um elefante.
>
> Voltou para a Rússia em 1722 e exerceu a função de engenheiro. Como o Otello de Shakespeare, o "mouro de Petesburgo" havia cumprido algumas funções para o Estado, o que lhe valeu uma propriedade na província de Pskov, com milhares de pinheiros e centenas de servos. O escravo africano havia se tornado um nobre russo dono de escravos.

Todavia, em meados do século XIX, na França, a convergência de inúmeras teorias, o darwinismo e seu componente evolucionista, o conceito de progresso, a legitimação da cientificidade, ainda que mesclada então com alguma religiosidade e um tanto de crenças estapafúrdias, convenceram o Conde de Gobineau de que uma explicação possível para a desigualdade que as estruturas de poder haviam inserido na realidade poderia ser a questão do racialismo.

---

146 URBIM, Emiliano. *Revista Superinteressante*, edição 264, abr./2009, p. 47.

Sua teoria racial apontava a inferioridade da raça negra, principalmente, mas não somente, em relação à raça branca. Afirmava que a primeira, se misturada à segunda, degenerava a resultante.

Convidado a estanciar no Brasil em período posterior à proibição do tráfico de escravos, o que apontava para o fim da instituição, coincidiu com a emergência do estado-nação e de um espelhamento das elites nas nações europeias, eminentemente brancas. Aqui tem início o preconceito racial no Brasil, mas não ainda o racismo.

O ponto alto em que o ser negro passa a ser fruto de preconceito é o projeto de branqueamento da raça. Aqui o racismo se instala como um projeto de impedimento de inclusão ou de acolhimento na nação brasileira nascente.

A opção por imigrantes brancos, principalmente italianos, alemães e suíços, para substituir a mão de obra escrava no mundo do trabalho livre e o expurgo devotado aos ex-escravos[147] consiste num elaborado sistema de condenação que haveria de se estender a inúmeros níveis e instituições.

Outro exemplo disso foi não somente a historiografia construída sobre a escravidão mas, principalmente, aquela história oficial que passou a incorporar o ensino de história na instituição escolar básica.

A vitimização do negro explicava, em grande medida, sua marginalidade coetânea e não somente um projeto que sistematicamente o colocava para fora do mundo do trabalho, obrigando-o a ocupar, a partir de então, a periferia, os cortiços do mundo urbano da república.

De fato, a longevidade da instituição escravista aponta para outro caminho de análise, já que ninguém, a despeito do que possam afirmar as legislações, ninguém jamais é uma *coisa*. As pessoas agem, reagem, cooptam, se deixam cooptar, tecem alianças em variados níveis, colaboram, fingem, aderem, recusam, cooperam, usufruem, desistem, etc. São sujeitos sempre!

A brecha camponesa não era a única, ou o trabalho assalariado de certos especialistas; inúmeras outras saídas compunham o vasto e complexo círculo da escravidão[148]. Realmente, o projeto de branquea-

---

147 Já preventivamente proscritos pela lei de terras de 1850.

148 Em grande medida, hoje, as Universidades Federal do Rio de Janeiro e a Unicamp são redutos de pesquisadores que nos revelam o caráter de sujeito com que os escravos reagiram e interagiram no universo escravista.

mento criou o estereotipo do negro como negatividade, como algo inferior, como algo perigoso.

Não se trata aqui de reduzir a violência da instituição escravista, já tão consagrada pela história oficial, mas de apontar para o caráter necessariamente inclusivo (para usar um termo tão caro à nossa contemporaneidade) de uma instituição que não teria sobrevivido tão longamente sem que se tornasse a própria realidade, sem que todos pensassem e compartilhassem de uma visão de mundo escravista.

E o que essas pessoas tinham em comum além do fato de serem negras? Todas eram livres, todas usavam sapatos. A distinção que diferenciava o ser superior na sociedade escravocrata não era a cor da pele, era o trabalho escravo. Se o sapato era o distintivo e prerrogativa dos livres, então não era a cor da pele esse distintivo. O que se diferenciou com as teses racistas de meados do século XIX foi a introdução de um novo símbolo de inferioridade, a cor da pele. Aí, e somente aí, ser negro passou a ser sinônimo de inferioridade. Antes, essa questão simplesmente não poderia ser enunciada. Houve, portanto, um projeto, uma ressignificação para operar novos níveis e novos símbolos de desigualdade. E esse projeto forçou sua materialidade na atuação cotidiana contra as manifestações até então legítimas dos negros.

Segundo Ubiratan Castro de Araújo (*Utopia africana e identidade afro-brasileira*), depois da Constituição de 1891 que excluía a mão de obra negra do mundo do trabalho, "o novo regime passara então a considerar toda manifestação pública da cultura negra de origem africana uma vergonha para o Brasil civilizado. A capoeira foi declarada contravenção criminal, assim como a religião africana – o candomblé. Os grupos de carnaval formados por negros, que desfilavam na rua com motivos africanos, foram interditados pela polícia. Estava fora de questão deixar a Bahia parecer a África".

CAPÍTULO 17

RELAÇÕES RACIAIS: DA POLÍTICA DO BRANQUEAMENTO À CONSTRUÇÃO DAS IDENTIDADES ÉTNICAS (DA RAÇA À CULTURA)

O projeto de branqueamento funcionou, isso não podemos negar. Algo que veio "de cima" ganhou legitimidade de tal modo que brancos e negros, após algumas gerações, passaram a viver a realidade do preconceito, a uma cruel desvalorização da cor da pele negra.

Se entendemos que o preconceito foi encetado como um projeto de dominação, já que a mera exclusão de um importante contingente de pessoas do universo do trabalho não foi suficiente para erradicá-las, então podemos lutar contra ele, pois é histórica sua constituição e não natural, não fruto das relações sociais tecidas durante os mais de trezentos anos de escravidão, mas projeto ideológico imposto às gerações posteriores com o apoio de instituições poderosas e de ferramentas de poder no alvorecer da República.

Nesse sentido, a historiografia nunca se manteve isenta. Comprometeu-se com o projeto dominante atestando sua vinculação com o poder.

Silvio Romero foi o primeiro, a partir desse "destino manifesto" do branqueamento, a atestar nossa condição miscigenada: "mestiços se não no sangue ao menos na alma" (1888). Ali, naquele momento, estava fresco o caráter evolutivo (biológico) do branqueamento e sua busca impositiva para realizar-se como poder. Lembremos que havia disputas a convergir a organização política com o espírito da nação, ainda inconclusos.

Será a partir da década de 1930 que Gilberto Freire e seu *Casa-Grande & Senzala* consolida o caráter positivo da mestiçagem, transferindo a tônica do entendimento sobre o negro da biologia para a cultura, muito embora seja um dos primeiros a consolidar efetiva condição de sujeito ao escravo. Açodado pelo princípio das *três raças tristes* de Paulo Prado, Gilberto Freire torceu o ponto fulcral da análise para referendar a extinção das características do negro brasileiro numa diluição preguiçosa e malemolente de sua sugestão picante.

Com isso, provocou a ira dos chamados autores da escola paulista (Florestan Fernandes[149], Octavio Ianni, Fernando Henrique Cardoso, Caio Prado Jr.[150], Celso Furtado), cujos estudos sobre os trabalhadores negros fizeram cair por terra a mística da democracia racial. Contudo, mantiveram a vinculação entre escravidão e vitimização, arremetendo o fracasso adaptativo dos ex-escravos no mundo do trabalho livre, sua incompetência, portanto, como sendo a causa de sua marginalização.

Nesse sentido, legitimaram a situação coetânea de precarização social do contingente de excluídos da parcela negra da sociedade brasileira.

Em grande medida, a USP manteve intacta sua proposta analítica sobre a escravidão e sua posteridade. Ainda hoje é reduto de uma perspectiva excessivamente conservadora, chamada por isso mesmo, por autores como João Fragoso e Manolo Florentino, de xiita. Ambos autores que encampam uma linhagem interpretativa mais condizente com esses tempos. Tanto quanto a UNICAMP, a UFBA e a UERJ apontam para caminhos que retiram do negro escravo sua condição de vítima.

---

149 "[...] a perpetuação, em bloco, de padrões de relações raciais elaboradas sob a égide da escravidão e da dominação senhorial, tão nociva para o 'homem de cor', produziu-se independentemente de qualquer temor, por parte dos 'brancos', das prováveis consequências econômicas, sociais ou políticas da igualdade racial e da livre competição com os 'negros'. [...] Em síntese, não se esboçou nenhuma modalidade de resistência aberta, consciente e organizada, que colocasse negros, brancos e mulatos em posições antagônicas e de luta." FERNANDES, Florestan. *A Integração do Negro na Sociedade de Classes.* V. 1. São Paulo: Ática, 1978, p. 250. Uma análise dos anais do Congresso Agrícola de 1878 oferece subsídios para entender o caráter projetivo da exclusão dos negros do mundo do trabalho "livre".

150 Veja a crítica bem fundamentada ao pensamento de Caio Prado Jr. de João Luís Fragoso em *Homens de Grossa Aventura*. Rio de Janeiro: Civilização Brasileira, 1998.

Todavia, existe mais de uma escravidão. Mas antes de apresentá-la, resgatemos, por uma sequência de imagens, a escravidão familiar que fez raiz na história áulica brasileira.

Fonte: *Revista Retrato do Brasil*, nº 10 de 1985. Batida policial nos morros do Rio de Janeiro em 29/09/82. No detalhe, Jean-Baptiste Debret.

Fonte: PREZIA, Benedito; HOORNAERT, Eduardo. *Esta Terra Tinha Dono.* São Paulo: FTD, 1995, p. 108.

Mulheres reféns, mantidas sob vigilância para forçar os maridos a entrar na floresta e recolher borracha nativa.

Fonte: HOCHESCHILD, Adam. *O fantasma do Rei Leopoldo*. São Paulo: Cia. da Letras, 1999.

Pessoas detidas durante blitz policial no morro do Andaraí, Rio de Janeiro. Julho de 1966.

Fonte: Arquivo em imagens nº 1. *Série Última Hora*. São Paulo: Arquivo do Estado, 1997.

Roriz veta livro acusado de preconceito

Governador do DF acatou pedido de senador e proibiu 'Banzo, Tronco e Senzala' na rede pública

SANDRA SATO

BRASÍLIA – O livro *Banzo, Tronco e Senzala* está proibido na rede pública do Distrito Federal por ordem do governador Joaquim Roriz, que acatou pedido do senador Paulo Paim (PT-RS). "Esse livro trata a comunidade negra como macacos ou mortos-vivos", protestou Paim, ao mostrar a Roriz um exemplar da obra escrita por Elzi Nascimento e Elzita Melo Quinta, publicado pela editora Harbra e com ilustrações de Negreiros.

O senador recebeu de um pai denúncia contra o livro. O garoto, negro, de 10 anos, avisou em casa que não voltaria à escola porque o livro estudado na aula mostrava que seus antepassados eram traidores e macacos.

Na semana dor Paim conv toras e contou ceram que o "l voco". Mas ont torial da Har Castiglia, garai vendo um mal me". A editora de "especialist analisar se é r mulá-lo.

O senador a to de lei exigir didáticos passe ne de qualida de "Inmetro d a carne tem sel até hotéis têm que o livro, o c formação, ou não tem nenhu

O ilustrador ros Faria Júnio 30 de profissã acusações de c mostram os ne de macaco. "N de ser mau de

Ilustração da obra, que não consta da lista de livros do MEC

Fonte: Jornal *O Estado de S. Paulo*. 11 de março de 2003. Geral, p. A12.

Como essas, existem muitas outras imagens que atualizam a escravidão. O preconceito, a discriminação, o menosprezo que uma grande parcela da população brasileira sofre cotidianamente nada tem de interpretação. É real e está presente nos lugares mais visíveis.

O jornal *Folha de S. Paulo*, de 10 de março de 2003, apresenta três imagens na capa:

adolescente negro empunhando metralhadora, o que indica que trabalha no tráfico de drogas em favela carioca; homem negro trabalhando informalmente em garimpo urbano, catando alumínio, plástico e outros materiais dos entulhos retirados do leito do rio Tietê, e jogador negro do São Paulo Futebol Clube no instante em que sofre pênalti em partida contra o Corinthians.

As imagens de algumas atribuições sociais do homem negro estão ali, estampadas na primeira página do jornal de maior circulação no país.

16 jovens do tráfico iniciam filme; só um continua vivo

Adolescente que trabalha para o tráfico em favela carioca

GARIMPO URBANO Pedro dos Santos, 32, um dos catadores que procuram alumínio e plástico para vender no entulho tirado do fundo do rio Tietê por máquinas de limpeza Pág. C4

NO AR Reinaldo, do São Paulo, sofre pênalti que deu ao time a vitória por 1 a 0 contra a

Fonte: Jornal *O Estado de S. Paulo*. 10 de março de 2003. Capa.

Os dois grupos de imagens fazem parte, ambos, de uma realidade social dramática, mas também da construção de um imaginário social igualmente dramático.

Estabelecer alguma relação entre esses dois universos tão distintos não é nem fácil nem recomendável, mas é impossível não reconhecer que estão muito próximos.

A iconografia referente ao negro presente nos livros didáticos de história comporta algumas reflexões acerca não só de seu conteúdo ideológico e conformador, mas principalmente dos instrumentos que condenam geração após geração a uma ideia de escravidão que aponte ora com argumentos para a harmonia, ora para a punição, ora para a inevitabilidade, sendo que, entre esses argumentos, um vazio parece se concretizar.

As artimanhas políticas proporcionadas pelas imagens e por suas utilizações não estão isoladas em sua força. Conceitos hoje bastante estudados, como o currículo oculto, podem nos auxiliar a compreender o quanto grupos hegemônicos tentam fazer de suas experiências particulares a experiência de todo um povo e de suas prescrições a História desse povo.

A imagem do negro é construída e utilizada nos livros didáticos com o objetivo de manter vastas camadas da população a se reconhecerem como vítimas históricas potenciais, sustentando um conceito homogeneizador quer da própria escravidão, erradicada de toda sua complexidade, quer dessas mesmas populações negras, constrangidas pela temporalidade e pela distância, a um estado secundário de cidadania, já que historicamente subordinadas pelo atavismo da escravidão que as vitimou.

Logo na introdução de *O escravismo colonial*, Jacob Gorender alerta:

> Desde o início, contudo, não se fez do escravo a categoria central explicativa da formação social extinta. O foco do interesse interpretativo se concentrou sucessivamente em outras categorias, que serviram de elemento-chave à reconstrução conceitual do passado. O escravo, está claro, sempre figurou no quadro geral, mas explicado por este e não o explicando. Como se devesse ocupar na hierarquia teórica o mesmo lugar subordinado que ocupara na hierarquia social objetiva.[151]

---

[151] GORENDER, Jacob. *O Escravismo Colonial*. São Paulo: Ática, 1978, p. 15.

Alguns anos depois (o livro de Gorender é de 1978), Kátia Mattoso ansiava por entender as complexidades extremas que envolviam o tema do escravo:

> Quem se aventuraria a situar no mesmo grupo social o africano curvado para o chão de terra vermelha e compacta das regiões canavieiras e o mestiço condutor de tropas e boiadas que tange, pelos caminhos do interior, suas manadas numerosas para os abatedouros das cidades e os currais dos portos? Que semelhanças, que diferenças de mentalidade entre o escravo minerador do ouro e o cativo vendedor ambulante, entre o negro recém-alforriado, expulso de sua plantação de café, que não soube explorar em termos competitivos, e o marinheiro liberto que fez fortuna?[152]

Inúmeros autores consideram que a escravidão não poderia ter produzido exclusivamente vítimas, tampouco seu oposto, exclusivamente resistências. Sidnei Chalhoub, mais recentemente, afirma:

> A ênfase na chamada "transição" da escravidão ao trabalho livre é problemática porque passa a noção de linearidade e de previsibilidade de sentido no movimento da história. Ou seja, postulando uma teoria do reflexo mais ou menos ornamentada pelo político e pelo ideológico, o que se diz é que a decadência e a extinção da escravidão se explicam em última análise a partir da lógica da produção e do mercado. Trata-se, portanto, por mais variadas que sejam as nuanças, da vigência da metáfora base/superestrutura; da ideia, frequentemente geradora de reducionismos grotescos, de "determinações em última instância pelo econômico". Em outras palavras, trata-se da postulação de uma espécie de exterioridade determinante dos rumos da história, demiúrgica de seu destino – como se houvesse um destino histórico fora das intenções e das lutas dos próprios agentes sociais. Talvez caiba recorrer aqui à intuição de um poeta: "Já se modificaram muitas noções relativas ao movimento; há de se reconhecer, aos poucos, que aquilo a que chamamos destino sai de dentro dos homens em vez de entrar neles".[153]

---

[152] MATTOSO, Kátia de Queirós. *Ser Escravo no Brasil*. São Paulo: Brasiliense, 1982, p. 11.

[153] CHALHOUB, Sidney. *Visões de Liberdade*. São Paulo: Cia. das Letras, 1990, p. 19-20.

Para esses autores, o escravo não era uma vítima, embora imerso contra sua vontade num sistema injusto. Agia constantemente como sujeito. Submetia-se como sujeito, rebelava-se como sujeito, traía como sujeito, amava como sujeito, paria como sujeito, trabalhava como sujeito, negociava constantemente. A lógica escravista era compartilhada por todos os seus atores. Durante mais de trezentos anos ela se estabeleceu como espaço de luta. Só deixou de sê-lo quando se tornou categoria de estudo, magma instituído esvaziado de sua incandescência.

Claude Meillassoux aponta para uma verdadeira "ficção ideológica" do escravo-objeto:

> Em termos de direito, o escravo é descrito como um objeto de proprie-dade, logo alienável e submetido ao seu proprietário.
>
> Mas na perspectiva de sua exploração, a comparação de um ser humano a um objeto, ou mesmo a um animal, é uma ficção contraditória e insusten-tável. Se, na prática, o escravo fosse tratado como tal, a escravidão não teria nenhuma superioridade sobre o uso de instrumentos materiais ou sobre a criação de gado. Na prática, os escravos não são utilizados como objetos ou animais, aos quais essa ficção ideológica tenta rebaixá-los. Em todas as suas tarefas – até no transporte de cargas – apela-se à sua razão, por pouca que seja, e sua produtividade ou utilidade aumenta na proporção desse apelo à sua inteligência. Uma boa gestão do escravo implica o reconhecimento, em diversos graus, das suas capacidades de *Homo sapiens*, e consequentemente uma tendência constante para as noções de obediência, de dever, que o tor-nam indiscernível, em direito estrito, de outras categorias de dependentes. As filhas púberes, os caçulas, as esposas, os protegidos, os penhorados etc. estão, como o escravo, submetidos ao poder absoluto do chefe de família. Eles podem ser espancados, alienados, eventualmente mortos. A obrigação do trabalho pesa sobre todos aqueles, francos ou cativos, que dependem de um senhor, de um "patriarca", de um soberano.[154]

Apresentar rápidos e generalizantes fragmentos da história da es-cravidão não será atrevimento, mas breve argumentação que enfatize esta condição do escravo: sujeito, agente histórico, ainda que escravo.

---

154 MEILLASSOUX, Claude. *Antropologia da Escravidão*. O ventre de ferro e dinheiro. Rio de Janeiro: Zahar, 1995, p. 9-10.

Em Machado de Assis[155], Brás Cubas refere-se a seu escravo ou ex-escravo:

> Eu, em criança, montava-o, punha-lhe um freio na boca, e desancava-o sem compaixão; ele gemia e sofria. Agora, porém, que era livre, dispunha de si mesmo, dos braços, das pernas, podia trabalhar, folgar, dormir, desagrilhoado da antiga condição, agora é que ele se desbancava: comprou um escravo, e ia-lhe pagando, com alto juro, as quantias que de mim recebera. Vejam as sutilezas do maroto.[156]

A fala do Conde dos Arcos, inserida em algum ponto desse texto, nos permite avaliar o grau de negociação a que senhores e escravos estavam sujeitos e o ritmo em que ocorriam.

Uma vez mais Machado:

> Ora, pegar escravos fugidos era um ofício do tempo. Não seria nobre, mas por ser instrumento da força com que se mantêm a lei e a propriedade, trazia esta outra nobreza implícita das ações reivindicadoras. Ninguém se metia em tal ofício por desfastio ou estudo; a pobreza, a necessidade de uma achega, a inaptidão para outros trabalhos, o acaso, e alguma vez o gosto de servir também, ainda que por outra via, davam o impulso ao homem que se sentia bastante rijo para pôr ordem à desordem.[157]

Inúmeras são as obras que tratam desse sujeito social complexo. Sem que sua condição fique claramente demarcada, jamais poderíamos entender os inúmeros sujeitos que se articularam com as fissuras do sistema e emergiram no cenário da história, às vezes com suas negras fisionomias, outras vezes, branqueados até a dúvida sobre sua condição.

---

155 Aliás, Machado de Assis é um exemplo paradigmático da questão do preconceito. Nascido de mãe branca e pai negro, foi registrado como mulato e fundou a Academia Brasileira de Letras. Quando de sua morte, a certidão de óbito o caracterizava como branco, mas a família de sua esposa, branca, não permitiu que ele fosse enterrado ao lado da mulher no jazigo da família. Numa vida, o preconceito já se estabelecera: como mestiço pôde ser o maior escritor brasileiro; como negro, nem mesmo o epíteto de maior escritor da língua o salvou do preconceito.

156 ASSIS, Machado de. *Memórias Póstumas de Brás Cubas*. São Paulo: Ática, 1988, p. 35.

157 ASSIS, Machado de. Pai Contra Mãe. In: MOTA, Carlos Guilherme; LOPES, Adriana. *Brasil Revisitado. Palavras e Imagens*. São Paulo: Ed. Rios, 1989, p. 127.

Como vimos, se analisada diacronicamente, em cada século representa substantivas modificações; se analisada geograficamente, em cada região igualmente é diversa, na peculiar relação entre senhores e escravos. Senhores administravam plantéis de três mil escravos ou, de tão pobres, velhos, dependiam de que seu único escravo esmolasse para garantir sua sobrevivência. Entre senhores e senhores e escravos e escravos, enfim, distinta sob qualquer ângulo que a investiguemos, a instituição escravista em nenhum momento foi monolítica ou integral.

Quanto à mobilidade social daquela sociedade, ecoa esse trecho:

> [...] a impregnação da hierarquia social de elementos mercantis e a possibilidade de ascensão social, dada pela acumulação de riqueza mercantilizada, ou seja, através dela poder-se-ia adquirir uma posição de prestígio, os senhores de terras e de homens poderiam quebrar e os comerciantes, adquirir *status*.
>
> [...] no escravismo colonial, esses negociantes estão inseridos em uma sociedade onde as relações de poder assumem o papel de relações de produção e na qual a mobilidade social significa tornar-se senhor de homens[158].

Disso não se exclui ninguém, nem mesmo homens negros. Senão, vejamos:

> [...] é o que mostra o processo que, em 1812, por causa de longo atraso na quitação de débito, foi aberto na Junta do Comércio pelo traficante Bernardo Lourenço Vianna, do Rio de Janeiro, contra seu devedor, Antonio Rodrigues de Moura, comerciante de grosso trato estabelecido em Luanda[159].

Enquanto outro autor complementa:

> No entanto, o grau variável de obediência dos povos de Angola à Coroa portuguesa era anterior, e sua conexão com o tráfico de escravos é notória. Embora o tráfico negreiro contasse com a colaboração de pombeiro,

---

158 FRAGOSO, J. L. *Homens de Grossa Aventura*. Rio de Janeiro: Civilização Brasileira, 1998, 33-36.

159 FLORENTINO, Manolo. *Em Costas Negras*. São Paulo: Cia. das Letras, 1997, p. 129.

negociantes negros e mestiços e soberanos locais, havia um outro lado da moeda – representado por etnias bantu da África Central que se opuseram de forma tenaz à presença portuguesa em seus territórios[160].

Como se vê, só pelo nome não é possível distinguir a cor da pele. Assim, outra questão fundamental era ser negro. Ser escravo ou ser livre, eis a mentalidade escravista, com suas interdições e espaços (Reitero que por isso a questão do sapato deve retornar: só podia usar sapato aquele que livre fosse). A questão do negro e, portanto, a questão do preconceito só aparece com a importação dos modelos racistas da segunda metade do século XIX, quando aparece a questão do branqueamento. Frases como estas decretaram o preconceito e, paulatinamente, uma estrutura racista, pois preconceito significa o sentimento, quando racial, relativo a alguma característica física e o racismo consiste numa estrutura que politicamente exclui uma parte da população cujo designativo de distinção pode ser percebido na construção de uma aparência igualmente distintiva:

> Já não existe nenhuma família brasileira que não tenha sangue negro e índio nas veias; o resultado são compleições raquíticas que, se nem sempre repugnantes, são sempre desagradáveis aos olhos.
>
> As melhores famílias têm cruzamentos com negros e índios. Esses produzem criaturas particularmente repugnantes, de um vermelho acobreado...A imperatriz tem três damas de honra: uma marrom, outra chocolate-claro, e a terceira, violeta.[161]

Entre as teorias de Joseph Arthur, conde de Gobineau (1816-82), um diplomata francês que esteve por algum tempo no Brasil, em 1868, e cujo livro *Essai sur l'inegalité des races humanines*, publicado em 1855, o precedera tanto na visita quanto na preferência do imperador e no qual defendia pioneiramente a questão da superioridade da raça branca sobre todas as demais e de Madison Grant (1865-1937), autor do *The passing of the great race*, de 1916, um militante racista que tentou impedir diversas ondas migratórias para os Estados Unidos e que advogava a superioridade da raça branca perante as outras, cujo teor cientificista fundamentado

---

160 RODRIGUES, Jaime. *De Costa a Costa*. São Paulo: Cia. das Letras, 2005, p. 227.

161 RAEDERS, George. *O conde de Gobineau no Brasil*. Rio de Janeiro: Paz e Terra, 1997, p. 40.

na biologia ganhara no Brasil uma interpretação surpreendente, já que justificadora de diferenças sociais que até então apenas a escravidão garantira[162].

Ah! Essa memória recorrente. Numa sociedade escravista, nada mais natural que, uma vez alforriado, o sujeito empregasse, por sua vez, um escravo. Trabalho era coisa de escravo. Ser livre estava impregnado do afastamento gradual da mácula do trabalho. Até hoje, em nossa cultura, há algo dessa deterioração. Para tantos brasileiros, o sonho de felicidade implica alguma condição na qual não exista o trabalho como rotina e obrigação diária.

No final do século XVIII, os administradores do Rio de Janeiro já preparavam a cidade para uma possível transferência da corte de Lisboa para sua mais importante colônia.

Para tanto, abriram concurso público para a escolha de um projeto de urbanização que desse conta das necessidades reais. Inúmeros foram os projetos apresentados, mas o vencedor foi um mestre já reconhecido no Rio de Janeiro de então:

> Poder-se-ia assim explicar o programa iluminista que dom Luis de Vasconcelos impôs à modesta capital, a fim de torná-la mais atraente aos olhos de uma sociedade com dois séculos de aculturação, de uma burguesia cada vez mais dominante e perigosamente estratificada em confrarias. Um discurso de sedução e de dominação. Assim poder-se-ia explicar a apropriação da produção marginal da sociedade – todo desvio é ameaçador –, pondo-a a serviço da dominação reinol. Como foi o caso do mulato Mestre Valentim, letrado e possuidor, como já dissemos, da maior oficina da cidade do Rio de Janeiro, que, preterindo brancos engenheiros militares diplomados, foi o escolhido por dom Luís de Vasconcelos para levar a cabo o grandioso programa de abastecimento de água, saneamento público e embelezamento urbano.[163]

Não seria a primeira vez que Mestre Valentim estaria em evidência. João Francisco Muzzi registraria em óleo sobre tela este senhor em atividade. Por volta de meados de 1789 ocorre um incêndio no Recolhimento de Nossa Senhora do Parto:

---

162 SCHWARCZ, L. M. *O Espetáculo das Raças*. São Paulo: Cia. das Letras, 1995, p. 18.

163 CARVALHO, Anna Maria Fausto Monteiro de. *Mestre Valentim*. São Paulo: Cosac & Naify, 1999, p. 14.

Fonte: MUZZI, João Francisco. Incêndio do Recolhimento de Nossa Senhora do Parto, 1789. Óleo sobre tela. In: MACEDO, Joaquim Manoel de. *Um Passeio pela Cidade do Rio de Janeiro*. Rio de Janeiro: Garnier, 1991, p. 40.

Da mesma forma como pintou o incêndio, pintou a reconstrução:

Fonte: MUZZI, João Francisco. Feliz e pronta reedificação da Igreja do Antigo Recolhimento de Nossa Senhora do Parto. 1789. Óleo sobre tela, 100,5x124,5cm. Museu Castro Maya, Rio de Janeiro. In: CARVALHO, A. M. F. M., op. cit. 12.

No detalhe, Mestre Valentim conduzindo os trabalhos:

Detalhe.

Este é um exemplo que poderia ser multiplicado, trançando imagens e nomes. A seguir, apresentarei alguns nomes de negros entremeados por imagens de negros que superam o estigma da vitimização. Não proponho amenizar a crueldade da escravidão. Afinal, apresentar esse sistema como produtor de injustiças não é o que está em jogo aqui. Mas, a despeito de toda sua crueldade, sujeitos históricos romperam suas fissuras, interagindo, oportunizando, criando espaços que, de alguma forma, os evidenciaram, embora, por vezes, negando ostensivamente sua condição de negro, a tal ponto que dois presidentes republicanos negros tenham desaparecido para a História.

Zacarias Góes de Vasconcelos (1815-1877), senador do Império; Manoel Vitorino Pereira ((1854-1903), médico e professor, vice-presidente da República e presidente substituto de Prudente de Moraes; Caetano Lopes de Moura (1780-1860), cirurgião e médico particular de Napoleão Bonaparte; Visconde de Inhomerim (1812-1876), médico, advogado, presidente do Banco do Brasil, ministro plenipotenciário do Brasil na França...

Fonte: BECKX, Jasper. Retrato do embaixador do Congo. 1643. Óleo sobre tela. In: HERKENHOFF, Paulo. *O Brasil e os holandeses (1630-1654)*. Rio de Janeiro: Sextante, 1999, p. 143.

Antonio de Castro Alves, poeta; General Francisco Glicério de Cerqueira César, fotógrafo, professor, senador do Império; D. Silvério Gomes Pimenta (1840-1920), primeiro bispo negro brasileiro e membro da Academia Brasileira de Letras; Barão de Cotegipe (1825-1889), um dos mais notáveis políticos do segundo reinado; Padre José Mauricio Nunes Garcia (1767-1830), um dos grandes músicos clássicos brasileiros; Machado de Assis (cuja certidão de nascimento o aponta como negro e a de óbito, como branco; esta a ponte para o aparecimento do preconceito); Eduardo das Neves (1874-1919), palhaço, poeta e cantor...

Fonte: Anônimo. Santos Elesbão. Século XVIII. Madeira policromada. 150x130x64cm. Confraria de Nossa Senhora dos Homens Pretos de Olinda. Olinda, PE. Santo Elesbão é um rei cristão dos etíopes ascumíticos em vitória contra tribo dos hameritas, cujo líder é Dunaan, rei ímpio.

...João Timóteo da Costa (1879-1932), pintor; Benjamim de Oliveira (1870-1954), primeiro palhaço negro do mundo, atuou em *Othelo* e fez um dos primeiros filmes brasileiros, *Os guaranis*, de 1908; D. Manuel de Assis Mascarenhas (1805-1867), presidente das províncias do Rio Grande do Norte e de Sergipe; Fracisco Correia Vasques (1839-1892), ator cômico...

Fonte: Anônimo. *Baiana*. Segunda metade do século XIX. Óleo sobre tela. 95,5x76,5cm. Museu Paulista. São Paulo.

...Lima Barreto; Antonio Rafael Pinto Bandeira (1863-1896), pintor, considerado um dos melhores paisagistas e marinistas do séc. XIX; Xisto Bahia (1842-1894), ator; Antonio Firmino Monteiro (1855-1888), pintor; Artur Timoteo da Costa (1882-1922), pintor; Joaquim Candido Soares de Meirelles (1797-1868), médico...

Fonte: Autoria não identificada. Jovem da família Costa Carvalho, de São Paulo, sentada em cadeirinha, ladeada por dois escravos com libré. 1860. In: MOURA, Carlos Eugenio Marcondes de. *Travessia da calunga grande*. São Paulo: Edusp, 2000, p. 628.

...Manoel Raimundo Querino, escritor, abolicionista; André Rebouças (1838-1898), engenheiro; Juliano Moreira, um dos mais notáveis cientistas do séc. XIX; Teodoro Sampaio, engenheiro, historiador e geógrafo; Nilo Peçanha, presidente da República; Lino Coutinho (1784-1836), médico; Padre Antonio Vieira; Benedito José Tobias, pintor; João da Cruz e Souza, escritor simbolista; ; Antonio Gonçalves Crespo, poeta parnasiano; Padre Jesuíno do Monte Carmelo (1764-1819), arquiteto e pintor; Antonio Gonçalves Dias, poeta; Mestre Valentim (1740-1813), arquiteto; José Teófio de Jesus, pintor; Antonio Carlos Gomes, músico; Emmanuel Zamos (1840-1917), pintor; Estevão Silva (1840-1891), pintor;

Gravura do suíço Johann Jacob Steinmann retratando o capitão Buonaparte, integrante da infantaria Henrique Dias.

...Domingos Caldas Barbosa (1738-1800), poeta e músico, e tantos outros e outras que o anonimato condenou ao ostracismo. Esses nomes, antes de nos conduzir ao engano de que a instituição escravista fosse permissiva ou frouxa, devem ser encarados como destaques de ações individuais ou de grupos que conseguiram romper o cerco de ferro que ela impunha aos negros e seus descendentes. Mas também não podemos negligenciar que a escravidão, como "visão de mundo", compunha um complexo repertório que conferia aos homens e mulheres negras um entendimento que a sociedade estava dilatada não entre brancos e negros, mas entre aqueles que trabalhavam na lida da escravidão e outros tantos, cujos vínculos não eram garantia de exclusão das distinções sociais das elites.

A lembrança de algumas personalidades negras dos séculos XVIII e XIX e a constatação que ainda no período pós-escravidão, em plena República, tivemos dois presidentes negros podem servir de alerta para que possamos avaliar adequadamente a distância que nos separa da realidade não tão distante, mas tão estranha desse período.

Em obra fundamental sobre as elites negras, Manuel Querino deixou os primeiros vestígios na obra *O Africano Colonizador*[164]:

> Do convívio e colaboração das raças na feitura deste país procede esse elemento mestiço de todos os matizes, donde essa plêiade ilustre de homens de talento que, no geral, representaram o que há de mais seleto nas afirmações do saber, verdadeiras glórias da nação. Sem nenhum esforço, podemos aqui citar o Visconde de Jequitinhonha, Caetano Lopes de Moura, Eunapio Deiró, a privilegiada família dos Rebouças, Gonçalves Dias, Machado de Assis, Cruz e Souza, José Agostinho, Visconde de Inhomirim, Saldanha Marinho, Padre José Maurício, Tobias Barreto, Linho Coutinho, Francisco Glicério, Natividade Saldanha, José do Patrocínio, José Teófilo de Jesus, Damião Barbosa, Chagas – o Cabra, João da Veiga Murici e muitos outros, só para citar os mortos. Circunstância essa que nos permite asseverar que o Brasil possui duas grandezas reais: a uberdade do solo e o talento do mestiço.
>
> Tratando-se da riqueza econômica, fonte da organização nacional, ainda é o colono preto a principal figura, o fator máximo. São esses os florões que cingem a fronte da raça perseguida e sofredora que, a extinguir-se, deixará imorredouras provas do seu valor incontestável que a justiça da história há de respeitar e bendizer, pelos inestimáveis serviços que nos prestou, no período de mais de três séculos. Com justa razão disse um patriota:

---

164 QUERINO, Manuel. *O Africano como Colonizador*. Salvador: Livraria Progresso Ed., 1954.

"Quem quer que releia a história
Verá como se formou
A nação, que só tem glória
No africano que importou".

Sem dúvida, essa constatação de Querino, um mestiço nos seus próprios termos, é frutificada de inúmeras questões, mas acima de tudo deixa entrever como se pensavam as elites negras na segunda metade do século XIX.

Será que deveria causar estranheza que, por exemplo, durante o século 19, ou boa parte dele, tanto negros quanto analfabetos podiam votar?

É sabido que nas eleições censitárias de dois graus ocorrendo no Império, até a Lei Saraiva, de 1881, os analfabetos, incluindo negros e mulatos alforriados, podiam ser votantes, isto é, eleitores de primeiro grau, que elegiam eleitores de 2º grau (cerca de 20.000 homens em 1870), os quais podiam eleger e ser eleitos parlamentares. Depois de 1881, foram suprimidos os dois graus de eleitores e em 1882, o voto dos analfabetos foi vetado. Decidida no contexto pré-abolicionista, a proibição buscava criar um ferrolho que barrasse o acesso do corpo eleitoral à maioria dos libertos. Gerou-se um estatuto de infracidadania que perdurou até 1985, quando foi autorizado o voto do analfabeto. O conjunto dos analfabetos brasileiros, brancos e negros, foi atingido. Mas a exclusão política foi mais impactante na população negra, onde o analfabetismo registrava, e continua registrando, taxas proporcionalmente bem mais altas do que entre os brancos.

O censo de 1980 mostrava que o índice de indivíduos maiores de cinco anos "sem instrução ou com menos de 1 ano de instrução" era de 47,3% entre os pretos, 47,6% entre os pardos e 25,1% entre os brancos. A desproporção reduziu-se em seguida, mas não tem se modificado nos últimos 20 anos. Segundo as PNADs, em 1992, verificava-se que na população maior de 15 anos, os brancos analfabetos representavam 4,0 % e os negros 6,1 %, em 2008 as taxas eram, respectivamente de 6,5% e 8,3%. O aumento das taxas de analfabetos provém, em boa parte, do fato que a partir de 2004, as PNADs passam a incorporar a população rural de Rondônia, Acre, Amazonas, Roraima, Pará e Amapá. Dados extraídos das tabelas do IPEA[165].

---

[165] BERQUÓ, Elza; ALENCASTRO, L.F. de. *A Emergência do Voto Negro*. Novos Estudos Cebrap, São Paulo, nº 33, 1992, pp. 77-88.

Quanto às mulheres, sua ausência, tanto quanto a de mulheres não negras, apenas reforça o caráter patriarcal da sociedade brasileira, hoje menos que ontem, a despeito dos assustadores e constantes crimes em defesa da honra, entre outras grotescas razões que ainda persistem por todo o território nacional.

Mas não posso deixar de lembrar aqui Xica da Silva, a mãe de Luis Gama, que se destacou na revolta dos Malês; Lélia Gonçalvez, uma ativista que se destacou nas causas negras; Carolina Maria de Jesus, uma escritora magnífica; a distante Makeda, a rainha negra de Sabá, dentre tantas outras.

Mulheres do Brasil

Durante muito tempo, a historiografia brasileira considerou a história do Brasil como resultado quase exclusivo da atuação dos homens. Segundo essa visão, as mulheres eram meros coadjuvantes; no máximo, estavam *por trás* dos *grandes homens do país*.

Mais recentemente, diversos historiadores e historiadoras brasileiros, influenciados por estudiosos como Jacques Le Goff, Fernand Braudel e Georges Duby, entre outros, passaram a trabalhar com a noção de que história não é só o resgate dos grandes fatos e o culto aos grandes heróis: pelo estudo das *pessoas comuns* também é possível entender o processo de construção da nação brasileira.

Assim, o papel da mulher assumiu nova dimensão. Esses estudiosos mostraram que, ricas, pobres, escravas, livres, letradas ou analfabetas, as mulheres participaram de todos os acontecimentos de nossa história.

Nessa reconstrução historiográfica, eles destacaram a importância das mulheres que lutaram na Guerra do Paraguai; das que foram às ruas exigir a abolição da escravidão; daquelas que, com seu conhecimento, transmitido de mãe para filha, indicavam as plantas certas para cada tipo de doença; das negras que, durante séculos, cuidaram da casa, das crianças, das plantações e roçados dos brancos; das parteiras que trouxeram ao mundo as crianças de pobres e ricos; das índias, como a caingang Vanuire, que exerceu papel fundamental para acabar com os constantes conflitos entre o seu povo e os brancos que invadiram o território indígena para construir a Estrada de Ferro Noroeste, no início do século XX; e muitas outras.

Pesquisas revelam ter sido grande o número de mulheres que desafiaram as normas sociais de seu tempo. Assim, em 1832, a educadora Nísia

Floresta (1810-1885), considerada uma das pioneiras do feminismo no Brasil, publicou um livro no qual defendia direitos iguais para homens e mulheres e reinvidicava, entre outras coisas, o direito de as mulheres exercerem profissões liberais como a medicina e a advocacia e ocuparem altas patentes no Exército.

Estudos recentes mostram ainda o grande número de mulheres casadas que foram aos tribunais com pedidos de separação judicial. Em geral, isso ocorria quando percebiam que seus maridos as traíam com outras mulheres, quando eram vítimas de maus-tratos ou quando seus maridos ameaçavam dilapidar o patrimônio familiar. Outras pesquisas revelam a grande incidência de mulheres como chefes de família. Em 1804, só em Vila Rica (Ouro Preto), por exemplo, 45% das famílias estavam sob a responsabilidade das mulheres.

A historidora Maria Odila da Silva Dias, em sua obra *Cotidiano e poder*, mostra como, por meio do trabalho informal, muitas mulheres conseguiram, sozinhas, criar seus filhos em meio à sociedade patriarcal e machista no Brasil do século XIX.

Fonte: DEL PRIORE, Mary [Org.]. *História das mulheres no Brasil*. São Paulo: Contexto, 1997; SCHUMAHER, Schuma & BRAZIL, Érico Vital. *Mulheres negras do Brasil*. Rio de Janeiro: Senac Nacional, 2007.

A essa condição de sujeito é que essas imagens e esses nomes devem ser creditados, sem ocultar ou esquecer as outras, expressões da violência que a escravidão representou. Inúmeras fissuras possibilitaram tais individuações. Quando lançamos um olhar sobre a história, apenas a violência, os trabalhos forçados, atitudes subalternas são apresentadas ou as resistências violentas, muito embora em grande medida tais dualidades venham sendo superadas, como tentei apresentar nesse texto. As imagens acima subvertem essa lógica. Tal não significa menosprezar a violência da escravidão, mas realçar toda a sua complexidade e oferecer aos estudantes uma visão menos estereotipada da escravidão e de seus diversos sujeitos.

Eis a importância de resgatar a emergência da discriminação racial, sua historicidade. Torná-la visível significa operar criticamente e, portanto, ter a capacidade de produzir reações igualmente políticas e de acabar definitivamente com esta farsa que virou verdade.

Hoje, vivemos situação similar. Há um projeto em andamento, de natureza ambígua e repleto de lacunas, que é o modo com que a ideologia opera: nas lacunas, como no intervalo de um quadro e outro das revistas em quadrinhos, nós fazemos o preenchimento e nos tornamos coautores, corresponsáveis, como se, de certo modo, fosse nosso também esse projeto.

Durante todo o século XX, a população negra não deixou de se mobilizar, lembramos o teatro e a ação cultural de Abdias Nascimento e de tantos outros movimentos que culminaram, nos últimos dez, quinze anos, nos chamados movimentos de ações afirmativas. Busquemos essa historicidade singular.

A partir de 1940, uma importante parcela da população negra toma a si a responsabilidade de inserção no mundo da cultura. Abdias Nascimento, com a fundação do Teatro Experimental do Negro (1944) e do jornal *O Quilombo*, dá início a um processo irreversível no desvelamento do projeto de exclusão dos negros imposto pelo branqueamento.

Em maio de 1950, Maria de Lourdes Nascimento funda o *Conselho Nacional das Mulheres Negras*, enquanto Arinda Serafim e Elza de Souza fundam a *Associação das empregadas domésticas*. Em 1954, José Correa Leite funda a *Associação Cultural do Negro*. Em 1978, sem interrupção de outros tantos movimentos importantes neste segmento, foi criado o *Movimento Negro Unificado Contra a Discriminação Racial*, depois *Movimento Negro Unificado*[166].

Movimentos legítimos que ampliaram significativamente a discussão acerca não só do preconceito, mas principalmente do racismo, obrigando o surgimento de toda uma legislação que fornecesse apoio ao desmontar a estrutura institucional que impede a livre movimentação das pessoas pelas potencializadoras relações sociais.

Contudo, em algum momento, apresentada como legítima aspiração desses grupos e, portanto, como elemento das ações afirmativas, um factoide, uma bolha foi "jogada" na realidade, primeiro como um ensaio a ver como reagiam os formadores de opinião, depois em forma de projeto e definitivamente como realidade tangível, experimentada no espaço das lutas sociais e incorporada pelos movimentos negros como

---

166 No entanto, e apesar disso, pesquisa recente realizada pelo PNAD em 2001 aponta o resultado da iniquidade inerente ao regime racista brasileiro: renda mensal *per capita* de um branco: R$ 482; renda mensal *per capita* de um negro: R$ 205; anos médios de estudo de um branco: 5,9; anos médios de estudo de um negro: 3,9, considerando pessoas com mais de 15 anos de idade.

se deles fosse realmente a autoria: trata-se do regime de cotas de vagas nas universidades públicas reservadas para esse grupo social.

O primeiro movimento para a implantação do sistema de cotas universitárias para negros foi proposto ainda durante o governo Fernando Henrique Cardoso, em 1996, quando foi aprovada a Lei de Diretrizes Básicas da Educação Nacional, enfatizando a adoção de políticas de ações afirmativas, incluindo as cotas para negros, pessoas carentes ou ex-alunos de escolas públicas.

Em 2001, já durante o governo Lula, o governo federal apresentou a mesma proposta na Conferência Mundial contra o Racismo, Discriminação Racial, Xenofobia e Intolerância Correlata em Durban, África do Sul[167]. Naquele mesmo ano, o Rio de Janeiro foi o primeiro estado a adotar o sistema[168].

Repito que não sou nem a favor nem contra as cotas, reconhecendo que seu aparecimento faz emergir a existência de estruturas racistas que em algum momento do passado impediram o acesso de uma parte da população ao mundo do trabalho no início da república. A discussão é apenas a nuvem de fumaça que todo factoide produz. Mas, o aparecimento das cotas revela outra coisa muito mais importante. O oportunismo da inclusão desse tema justamente quando as ações afirmativas ganhavam forte apelo político merece alguma discussão.

As ações afirmativas compuseram importante e crescente apelo contra o preconceito, mas principalmente contra o racismo, além de incidirem numa valorização da estética, mas principalmente da cultura negra. Contudo, a lógica das cotas é incompatível com a lógica das ações afirmativas. Enquanto a primeira é compensatória, as ações afirmativas compõem um leque de atitudes autônomas e independentes dos favores institucionais.

O momento, contudo, coincide com um grau de empobrecimento e de marginalização de um número nunca antes visto de pessoas.

---

167 HERINGER, Rosana. Políticas de promoção da igualdade racial no Brasil: um balanço do período 2001-2004. In: FERES JÚNIOR, João; ZONINSEIN, Jonas. *Ação Afirmativa e Universidade: Experiências Nacionais Comparadas.* Brasília: Ed. UnB, 2006, p. 79-109.

168 GOIS, Antônio. 51% das universidades estaduais adotam ações afirmativas. *Folha de S. Paulo,* 8 de janeiro de 2008. http://www1.folha.uol.com.br/fsp/cotidian/ff0501200830. htm.

Recordemos o ocorrido no treze de maio de 2006 na cidade de São Paulo, dia oficial da libertação dos escravos e há muito recusado pelos movimentos mais ativos de ações afirmativas:

A miséria gera violência?

O Brasil produziu um dos maiores fossos sociais do mundo. A diferença entre ricos e pobres, aqui, é tão longínqua, que não se aventa qualquer possibilidade de ponte. Condomínios privados, carros blindados, a maior frota de helicópteros do mundo, um exército privado da ordem de um milhão de seguranças só na cidade de São Paulo, tudo isso confronta nossa sensibilidade com uma racionalidade que tremula qual bandeira da nação.

De outro lado, a emergência de uma favela por dia. Um nível de desemprego estrutural da ordem de 22 milhões de vagas de trabalho nos últimos quinze anos. A desregulamentação do trabalho formal, que gera um grau de miséria e de abandono que criminaliza unicamente o desempregado, confrontado com a falsa ideia de que não se preparou convenientemente para esses novos tempos do mundo do mercado.

Segundo dados do Bird com base no Pnad, enquanto os 10% mais ricos ficam com 46% da renda nacional, os 40% mais pobres ficam com apenas 9%, eis o tamanho de nosso fosso social.

Ainda assim, recentemente se divulgou que apenas um por cento dos moradores das favelas estão envolvidos com o crime, ou seja, noventa e nove por cento das pessoas que moram em favelas estão longe da criminalidade. Não é, portanto, a miséria que gera a violência.

No entanto, esses 1% justificam a repressão para todos os 100% dos moradores desses vastos bolsões de miséria, que são coagidos, reprimidos, insultados e descaracterizados como cidadãos durante todos os dias de suas vidas.

Pergunto: como se mantém esses 1% de atuantes no mundo do crime?

Antes da resposta, talvez alguns dados sejam convenientes: desde os primórdios dos anos noventa, o número de mortos por tiros no Brasil vem aumentando aceleradamente. Em 2007 apresentou um número assustador: 70 mil mortos por tiro em apenas um ano. Para efeito de comparação, durante os quinze anos da Guerra do Vietnã, morreram 80 mil americanos.

Setenta mil mortos por ano! Sendo que oitenta por cento desses mortos são "criminosos" de primeira viagem, sem antecedentes, portanto. Significa que a grande maioria desses mortos não tem relação direta com o mundo do crime. Matam-se entre si, são mortos pela repressão, são mortos por balas perdidas subitamente encontradas em suas cabeças.

Só podemos entender essa lógica macabra se cruzarmos três linhas de força que caminham para esse abismo: tráfico de drogas, tráfico de armas e um exército de desocupados, deprimidos, desprezados, extraídos do mundo da "dignidade" do trabalho por sua própria "incompetência".

Mitifica-se que o sistema jurídico não funciona nesse país. Funciona muito bem! Ao tempo desses eventos oitenta prisões estavam sendo construídas e nenhuma escola, só em São Paulo. Enquanto uma desempregada passa oito meses na prisão por roubar um tablete de manteiga, um jornalista está solto há anos, embora seja réu confesso de matar sua namorada. É um sistema jurídico que confina os pobres e mantém os ricos bem longe de qualquer punição possível, exceto um ou outro como exemplo, como pedagogia de sua cegueira. Mas não convence ninguém. Em frase publicada na revista *Época* nº 428 de 31 de julho de 2006, o jornalista Alexandre Garcia resume numa frase o problema legal brasileiro: "No Brasil as leis são feitas por gente que imagina que um dia pode ser presa".

Mitifica-se que o sistema prisional não funciona. Funciona muito bem! Mantemos em depósitos de gente sessenta homens em lugares que cabem doze e isso não explode. Em grande medida, serão organizações como o PCC que controlam e fazem cumprir as regras dentro das prisões.

Agora dizem que nossa polícia é corrupta. Claro que é! A desigualdade só funciona com corrupção. A desigualdade brutal funciona com uma brutal corrupção. Portanto, também a polícia funciona como deveria funcionar.

Então, o tráfico de armas e o tráfico de drogas fazem parte dessa realidade da corrupção, envolvendo todo o sistema em sua lógica para produzir, no final dessa contabilidade monstruosa, o um por cento que justifica a repressão sobre os noventa e nove por cento.

A única coisa que a miséria produz são possibilidades alternativas de existência, fuga de um sistema que já os jogou para fora. Mas que necessitam de controle. Como esse controle não pode ser exercido mais pela família, em extinção, pela escola, desnecessária, pelo emprego, inexistente, resta apenas a coerção mais descarada. A coerção que vem da polícia e que vem do crime, parceiro ignorante dessa ordem que escraviza. Escravidão de todos por todos, poder exercido por todos, única realidade da democracia liberal, senhores e servos dentro de cada um de nós.

O que aconteceu, então, nesse 13 de maio de 2006 (note a coincidência: 13 de maio de 1888)?

Os criminosos fizeram a única coisa que não poderiam ter feito nesse sistema que carece deles para funcionar plenamente, com suas tragédias cotidianas, seus setenta mil mortos por ano, suas chacinas ocasionais, suas balas compradas à colt: eles se organizaram (já há muito!) e com a desculpa de que não queriam a remoção de sua liderança para presídios de segurança máxima, ou por causa das TVs que queriam para a Copa do Mundo, mostraram a sua cara, perfeitamente organizada. Os corvos, agora, estão comendo os olhos de seus treinadores.

Há pouco tempo, um coronel da polícia militar veio a público, exatamente quando foram eliminados os chefes do PCC num pedágio de São Paulo, e afirmou que nesse estado os bandidos não se organizariam nunca. Ele sabia bem que isso era o proibido e não o fato de a sociedade produzir setenta mil mortos por ano nesse país. Os setenta mil mortos são perfeitamente aceitáveis para uma sociedade com esse nível de exclusão, mas a organização desses criminosos seria uma afronta ao regime que os gerara.

No dia 13 de maio de 2006 um bando de descolados foras da lei pararam a maior cidade do país e colocaram em xeque sistemas produtivos, educacionais, legais, militares, políticos, inviabilizando uma nação inteira, ao atingirem certeiramente o seu coração nada simbólico.

Dizem as más línguas que, como no Rio, quando o exército teve que negociar com os morros para que aparecessem as armas roubadas de uma de suas unidades, também por aqui o governador e os chefes policiais estariam negociando com as chefias destas facções para que a normalidade "aparente" retorne e assim seus cidadãos retomem igualmente à zona de conforto ilusório de suas rotinas.

Claro que vieram as chacinas, a execução exemplar de um monte de desconhecidos, os dias de matança para o deleite da mídia e da classe média que precisa desse lenitivo para o seu sonho de futuro, esse sonho de Prozac que a cada dia se torna mais nervoso e inquieto.

Dia 13 de maio, depois dia das mães, depois segunda-feira brava... uma perversa contabilidade entrou em movimento. As certezas até então normatizadas foram suspensas e entramos abruptamente no universo do caos, da incerteza, da magia e da mitologia.

Surpreendentemente, o então governador do Estado de São Paulo, Cláudio Lembo, afirmou "que o problema da violência no Estado só será resolvido quando 'a minoria branca' mudar sua mentalidade. 'Nós temos uma burguesia muito má, uma minoria branca muito perversa', afirmou. 'A bolsa da burguesia vai ter que ser aberta para poder sustentar a miséria social brasileira no sentido de haver mais empregos, mais educação, mais solidariedade, mais diálogo e reciprocidade de situações'"[169].

"Cria cuervos y te sacaron los ojos". Com seus bicos afiados, os corvos estão saboreando os olhos de seus comparsas e estão mandando um recado cifrado para o mundo: a corrente que nos unia foi (temporariamente?) rompida, o elo se desfez num dia muito especial, de longa memória construída e estaremos sempre por aí, a qualquer momento assombrando os dias que virão. Como gêmeos siameses que a cirurgia tardia separou, eles andarão a estranhar-se pelos dias que virão e nós, seus financiadores, seus subsidiários, não poderemos mais assistir aos seus espetáculos sem um grande arrepio a percorrer nossas espinhas, sem puxarmos um pouco mais para os olhos as cobertas de nossa (in)segurança, naquelas caminhas confortáveis que nos acostumamos a dormir. Porque, de agora em diante, teremos sob a cama um réptil espreitando nosso sono, bem debaixo de nosso colchão.

Até quanto queremos perder para mudar?

Voltemos agora às questões das cotas.

O que garante o acesso às cotas que, aliás, não funcionaram nos Estados Unidos e nem mesmo em Ruanda, lugares em que foram implementadas sem sucesso e, talvez, apenas talvez, pelas mesmas razões que estão sendo implementadas por aqui, que é justamente o aparecimento de uma forma peculiar de identidade: a identidade étnica.

Na primeira metade do século XIX, o Conde dos Arcos apresentava aos senhores de escravos da Bahia o seguinte manifesto:

> Batuques olhados pelo governo são uma coisa e olhados pelos particulares da Bahia são outra diferentíssima. Estes olham para os batuques como para um ato ofensivo dos direitos dominiais. Uns porque querem empregar seus escravos em serviço útil ao domingo também, e outros porque o querem ter naqueles dias ociosos à sua porta, para assim fazer parada de sua riqueza. O governo, porém, olha para os batuques como

---

169 BERGAMO, Mônica. *Folhaonline*, 18/05/2006, 8h54.

para um ato que obriga os negros, insensível e maquinalmente, de oito em oito dias, a renovar as ideias de aversão recíproca que lhes eram naturais desde que nasceram, e que todavia se vão apagando pouco a pouco com a desgraça comum; ideias que podem considerar-se como o garante o mais poderoso da segurança das grandes cidades do Brasil, pois que, se uma vez as diferentes nações da África se esqueceram totalmente da raiva com que a natureza as desuniu, e então os Agomés vierem a ser irmãos com os Nagôs, os Gêges com os Aussás, os Tapas com os Ashantis, e assim os demais, grandíssimo e inevitável perigo desde então assombrará e desolará o Brasil. E quem haverá que duvide que a desgraça tem poder de fraternizar os desgraçados?

Ora, pois, proibir o único ato de desunião entre os negros vem a ser o mesmo que promover o governo, indiretamente, a união entre eles, do que não posso ver senão terríveis consequências.

A identidade étnica tem função semelhante, já que não pode nunca erigir-se sozinha. A identidade étnica somente pode ser encetada diante de outra identidade, igualmente étnica e oposta.

Não sou, a rigor, nem a favor nem contra as cotas para negros nas universidades públicas. Entendo que elas são razoavelmente inúteis e, sobretudo, não perco meu tempo discutindo seus pontos positivos e negativos.

O aparecimento das cotas como uma decisão de governo exige uma leitura em dois sentidos. Primeiro, se abrem, parcialmente, as portas da instituição educacional de ensino superior a importante e significativo grupo social, reconhece que, em algum momento, estas portas foram fechadas também institucionalmente, portanto atesta a estrutura racista da sociedade brasileira e de sua política de dominação. Porém, em sentido contrário, exige que algum referendo estabeleça com clareza quem pode ou não ter direito a essas mesmas cotas.

Recentemente, o IBGE alterou a designação referente à cor da pele. Três novos itens foram expostos para a escolha dos entrevistados: *preto, pardo, branco.* Eis o início da identidade étnica.

Um grupo de rapazes brancos foi preso em São Paulo quando pichavam um muro: *"Hoje os negros ficaram com suas vagas na universidade, amanhã ficarão com seus empregos!".* Isso ocorreu na primeira quinzena de outubro de 2006, num bairro de classe média (Vila Mariana) de São Paulo; foi talvez o primeiro incidente da emergência de uma identidade branca. Em 20 de novembro, dia da consciência negra, tais manifestações se multiplicaram assustadoramente. Corremos o grave risco de enfrentarmos os dilemas de uma sociedade segregada, marcada por gestos nada metafóricos de violência explícita.

Por um lado, as cotas nas universidades públicas não contemplam os cursos em que a ascensão social está potencializada. Direito, engenharia, medicina, propaganda e *marketing* não abrem acesso pela via das cotas. Normalmente, cursos relativos às ciências humanas são aqueles que atendem a esta demanda, ou seja, cursos cuja profissionalização remunera precariamente seus possuidores.

De outro lado, 1.250.000 universitários com diploma estão desempregados hoje no Brasil. O que significa que a posse de um diploma universitário não é mais requisito de ascensão social, nem mesmo de garantia de emprego.

Ou seja, as cotas aparecem em condições materiais extremamente duvidosas, num momento histórico de fortes pressões sociais e apontam para novas formas de rupturas e de confrontos.

Não é o caso de ser favorável ou contrário ao regime de cotas. A questão é entendermos sua aparição e surpreendermos a voz do poder operando silenciosamente, tramando novos conflitos, gerando nos espaços de exclusão novas e perigosas inimizades. O conflito étnico é a mais perigosa forma de convulsão, pois suas vítimas, como nos ensina o caso de Ruanda, são sempre, sempre os pobres.

Existem muitos Condes dos Arcos travestidos de defensores do povo. Precisamos urgentemente desmascará-los em suas ações, enquanto tecem seus ardis. E não podemos mais falar pela boca dos mortos, nem deixarmos que os mortos falem pela nossa boca.

Existe um hiato entre Machado de Assis e Cruz e Souza. Nesse hiato, Machado, que nascera negro, fora enterrado como branco; tivemos dois presidentes da República negros (Nilo Peçanha e Manoel Vitorino Pereira – 1853 –1903 –, vice-presidente substituto de Prudente de Moraes), enquanto Cruz e Souza, o poeta do Desterro, não encontrou nenhum reconhecimento de seu trabalho unicamente pelo fato de ser negro.

Esse hiato precisa ser investigado, pois no prazo de uma geração, de uma vida, o preconceito racial e o racismo erigiram o seu império. Alguns o chamam de *branqueamento*, outros desconhecem a sua existência. De certa forma, ainda vivemos sob sua influência e poder, pois quando fixamos identidades étnicas estamos presos àquele hiato tenebroso.

Modesto Brocos, *A redenção de Cam*, 1895

O maior exemplo da criação do preconceito racial no Brasil, estimulado pelo discurso ideológico do branqueamento, é o quadro *A redenção de Cam*, pintado pelo espanhol radicado no Brasil Modesto Brocos.

Com o fim da escravidão e a proclamação da República, um enorme refluxo nas relações sociais foi sentido. Os ex-escravos e seus descendentes passaram a ser perseguidos e deliberadamente expulsos do mundo da nação e do trabalho. Tais ações respondiam a um projeto muito específico: o desejo alimentado pelas elites de "civilizar" o Brasil aos moldes europeus, o que significava, de antemão, assumir politicamente as teses racialistas e "branquear" a população.

Em 1911, o quadro participou do Congresso Internacional sobre Raças na Inglaterra, demonstrando como a população brasileira assumia, ou prometia assumir, na mistura de raças, a tonalidade clara dos europeus.

Desde o século XVI e XVII, como já vimos, a Igreja Católica havia justificado o apresamento de negros africanos devido a uma maldição bíblica (ferramenta política que se adapta: "sem fé, sem lei e sem rei"), alocando no Gênesis, 9, 18-27 sua gênese e que poderia ser redimida somente pelo trabalho (*tripalium*):

> Os filhos de Noé, que saíram da arca, foram Sem, Cam e Jafé; Cam é o pai de Canaã. Esses três foram os filhos de Noé e a partir deles se fez o povoamento de toda a terra.
>
> Noé, o cultivador, começou a plantar a vinha. Bebendo vinho, embriagou-se e ficou nu dentro de sua tenda. Cam, pai de Canaã, viu a nudez de seu pai e advertiu, fora, a seus dois irmãos. Mas Sem e Jafé tomaram o manto, puseram-no sobre os seus próprios ombros e, andando de costado, cobriram a nudez de seu pai; seus rostos estavam voltados para trás e eles não viram a nudez de seu pai. Quando Noé acordou de sua embriaguez, soube o que lhe fizera seu filho mais jovem. E disse:
> — Maldito seja Canaã!
> Que ele seja, para seus irmãos,
> O último dos escravos.
> — Bendito seja Iahweh, o Deus de Sem,
> E que Canaã seja seu escravo!
> Que Deus dilate a Jafé,
> Que ele habite nas tendas de Sem,
> E que Canaã seja teu escravo!

Essa alocação do registro faz equivaler Canaã à África e os filhos de Cam aos negros.

A imagem de Brocos sugere, nesse sentido, uma redenção, partindo da linhagem que se inicia na avó negra, africana, cuja miscigenação de raça gera uma filha mestiça que, por sua vez, se casa com um branco e tem o filho branco. A disposição das figuras no quadro é simbólica desse ajustamento pedagógico. A postura grata da avó negra, a ação da mãe que liga o neto à avó, os contrastes do fundo amarelo e negro dividindo o quadro em duas partes iguais que positiva o branqueamento ao mesmo tempo que redime a danação da linhagem de Cam[170].

---

[170] BOSI, Alfredo. *Dialética da Colonização*. São Paulo: Cia. das Letras, 1992, p. 256-7; CARDOSO, Rafael. *A Arte Brasileira em 25 Quadros*. Rio de Janeiro: Record, 2008; SCHILICHTA, Consuelo Alcioni Borba Duarte. *A Pintura Histórica e a Elaboração de*

Dentre outros instrumentos, o preconceito e o racismo nascem nesses cinquenta anos que vão do início da segunda metade do século XIX até a primeira década do XX e daí em diante se naturaliza para todo o passado da escravidão.

Tal escolha foi feita a partir de uma ciência legitimada pelo racialismo e pela frenologia e não por uma pseudociência, que tivera início no darwinismo, se desdobrando no darwinismo social e que passaria a compor a pauta da eugenia na segunda metade do século XX e, depois da Segunda Guerra Mundial, assumiria o nome de genética. Essa cientificidade, aliada ao ingresso do Brasil na órbita estética europeia tão desejada pelas elites do pós-escravidão que passaram a ver no passado escravista uma "nódoa" e, claro, em seus testemunhos vivos um incômodo que lembrava um crime e que precisava ser erradicado.

No fundo, trata-se de um movimento que foi efetivado na prática cotidiana e sentido pelas pessoas como uma nova danação, tão ou mais dramática do que a própria escravidão, pois encerrava com mais de trezentos anos de estratégias de sobrevivência que o novo poder instituído saberia enfrentar:

> O que mais espanta, no entanto, é que o medo branco da cidade negra parece ter aumentado com o fim da escravidão e da monarquia [...]. O fato é que os primeiro governos republicanos só souberam exibir truculência e intolerância em relação à cidade negra, deixando entre muitos populares aquela convicção profunda – captada por João do Rio – de que os "novos" tempos não eram necessariamente tempos melhores [...]

> "Eu vou bebê,
> Eu vou me embriagá,
> Eu vou fazê baruiu
> Pra puliça me pegá.
> A puliça não qué
> Que eu dance aqui.
> Eu danço aqui,
> Danço acolá [...]"

---

uma Certidão Visual para a Nação no Século XIX. Curitiba, 2006. Tese de doutorado. Universidade Federal do Paraná.

Perseguir capoeiras, demolir cortiços, reprimir a vadiagem – o que geralmente equivalia a amputar opções indesejáveis de sobrevivência –, era desferir golpes deliberados contra a cidade negra. Os administradores republicanos procuravam assim anular os movimentos daqueles que solaparam a instituição da escravidão sem apoiar contudo nenhum projeto político autoritário e totalizante. Depois da escravidão... sei lá, talvez simplesmente a continuação da vida, mas não a reencarnação da morte na "nova" sociedade do trabalho. A luta entre estes modos diferentes de ver a vida deu-se nas ruas, e a revolta da vacina em 1904 pode ter sido o último grito de protesto da cidade negra clássica – o grito estridente de consciências diferentes, que clamavam apenas por um pouco de tolerância[171].

A história enterrou todas essas vozes na contundência irrevogável do progresso, em sua naturalização. Pois esse caminho do qual não se pode recusar, caracteriza como evolução todos os processos, afasta o rural do urbano, o analfabeto do moderno, formas alternativas de vida do trabalho regular, metrificado, enobrecedor.

Fixar identidades sempre foi uma tarefa descomunal, mormente nesses tempos de identidades tão descentradas:

Em 1991, o então presidente americano, Bush, ansioso por restaurar uma maioria conservadora na Suprema Corte americana, encaminhou a indicação de Clarence Thomas, um juiz negro de visões políticas conservadoras. No julgamento de Bush, os eleitores brancos (que podiam ter preconceitos em relação a um juiz negro) provavelmente apoiaram Thomas porque ele era conservador em termos da legislação de igualdade de direitos, e os eleitores negros (que apoiam políticas liberais em questões de raça) apoiariam Thomas porque ele era negro. Em síntese, o presidente estava "jogando o jogo das identidades".

Durante as "audiências" em torno da indicação, no Senado, o juiz Thomas foi acusado de assédio sexual por uma mulher negra, Anita Hill, uma ex-colega de Thomas. As audiências causaram um escândalo público e polarizaram a sociedade americana. Alguns negros apoiaram Thomas, baseados na questão da raça; outros se opuseram a ele, tomando como base a questão sexual. As mulheres negras estavam divididas, dependendo de

---

171 CHALHOUB, Sidney. Medo Branco de Almas Negras: Escravos, Libertos e Republicanos na Cidade do Rio. *Revista Brasileira de História*. São Paulo: ANPUH. Editora Marco Zero. V. 8, nº 16, p. 15, mar./ago., 1988.

qual identidade prevalecia: sua identidade como negra ou sua identidade como mulher. Os homens negros também estavam divididos, dependendo, não apenas de sua política, mas da forma como eles se identificavam com respeito ao racismo e ao sexismo. As mulheres conservadoras brancas apoiavam Thomas, não apenas com base em sua inclinação política, mas também por causa de sua oposição ao feminismo. As feministas brancas, que frequentemente tinham posições mais progressistas na questão da raça, se opunham a Thomas tendo como base a questão sexual. E, uma vez que o juiz Thomas era um membro da elite judiciária e Anita Hill, na época do alegado incidente, uma funcionária subalterna, estavam em jogo, nesses argumentos, também questões de classe social. (HALL, Stuart. *A identidade cultural na pós-modernidade*. Rio de Janeiro: DP&A, 2006, p. 18-20)

Assim, não fica mais tão fácil entender a eleição do Obama.

Num colóquio realizado na cidade do Porto em 2004, *Estados, Poderes e Identidades na África Subsaariana*, uma das dificuldades foi justamente precisar na fluidez do contemporâneo a questão da identidade, já que o racismo havia se metamorfoseado da sua forma de contaminação étnica presente nos anos 1930, para a de limpeza étnica, nos anos 1990 em diante, e continua ainda se ocultando, abandonando seu apelo referente à *raça* e alocando-se cada vez mais na *cultura*.

Nesse colóquio, disse Manuel Laranjeira Rodrigues de Areia, antropólogo do departamento de Antropologia da Universidade de Coimbra:

> Estamos na linha do relativismo cultural (ou do culturalismo americano) que fez época como reação às teorias racistas e se apresenta hoje numa perspectiva triunfalista e isolacionista trazem implícito um relativismo moral e cognitivo que leva, no limite, ao diferencialismo absoluto, à naturalização da xenofobia e, por fim, à própria negação da partilha de uma natureza comum a todos os humanos.
>
> O multiculturalismo (cheio de boas intenções) tem veiculado muitos suportes a estes novos racismos de matriz cultural e às "identidades assassinas".
>
> Não falta sequer uma componente judaico-cristã neste messianismo cultural, até porque se é indispensável que o essencial da mensagem cristã é o "agapé" de salvação para todos, continua a militar a ideia que "os deuses dos pagãos são demônios", e esta demonização recria uma espécie de raças culturais que, não sendo superiores nem inferiores (como o racismo clássico

pretendia), são diferentes e por isso privilegia a diferença a tal ponto que a essencializa, produzindo constantemente minorias étnicas e reforçando até o limite a dinâmica dos processos identitários.

Já não é apenas o evitar da assimilação em que os grupos minoritários se "perderiam" nas grandes comunidades, mas a recusa de qualquer forma de partilha cultural para preservar *ad eternum* a identidade cultural[172].

Não nos enganemos: num sistema fundamentado na desigualdade, a mudança dos termos é prova do ditado "mudar para continuar o mesmo".

Os novos racismos estão camuflados sob o grande manto da cultura no discurso das diferenças e a manutenção das identidades étnicas é parte da manutenção da iniquidade sistêmica e, pior, sintoma de sua naturalização.

...
Pausa para o mais imperfeito dos presentes...

---

[172] AREIA, Manuel Laranjeira Rodrigues de. Racismo, neo-racismo e anacronismo científico. In: GONÇALVES, Antonio Custório [Coord.]. *Atas do Colóquio Internacional Estados, Poderes e Identidades na África Subsaariana*. Centro de Estudos Africanos da Universidade do Porto, Porto, 2005, p. 162.

CAPÍTULO 18

O CASO NORTE-AMERICANO: EXPERIÊNCIAS DE SEGREGAÇÃO E MORTE

O preço da unificação americana, contudo, levanta uma lebre que devemos investigar, ainda que aqui a exposição sirva mais como um alerta para pesquisas futuras que um esgotamento do tema. É uma remontagem da arquitetura, tendo como fundamento a percepção dos perdedores e não o sistema econômico.

Lembro-me aqui do final do filme *Gangs de Nova York*, em que as lápides que observam a ponte do Brooklyn vão sendo recobertas de grama e mato e ninguém mais saberá o que realmente aconteceu. Tenha esse final na memória enquanto ler este ensaio.

Existem três mitos sobre os Estados Unidos: que desde a carta constitucional existia uma nação americana, que esta era democrática e que o capitalismo lá consolidou sua forma plena. Acreditamos que estas três qualidades fundamentais resultaram nos Estados Unidos da América. Nos acostumamos a pensar que os Estados Unidos foram desde seu início uma nação unificada, democrática e economicamente avançada e liberal. De fato, antes de 1790, ou de 1830, ou de 1868 tais condições ainda estavam sendo construídas.

Em 1789, os Estados Unidos existiam mais na Constituição (elaborada por Washington e Jefferson) e num mapa do que de fato.

Após a Independência, e durante as guerras napoleônicas, os EUA ganharam muito dinheiro exportando alimento e matéria-prima para a Inglaterra. O país era então uma nação de fazendeiros e comerciantes: algodão no sul, grãos no oeste e transporte no norte (90% das importações vinham da Inglaterra).

Guerra com a Inglaterra; crise econômica; fundação do partido democrata; vitória de Jackson e a marcha para o oeste, além da guerra civil foram os fatores que possibilitaram a hegemonia de um grupo sobre todo o território.

A política expansionista parece ter sido uma tentativa de encontrar uma causa que pudesse unir todos os americanos em uma nova onda de nacionalismo.

Contudo, as anexações esbarraram num antigo problema: os estados do norte não permitiram de forma alguma que essas terras servissem para aumentar o poder político dos sulistas.

Desde Jefferson, os presidentes foram na sua maioria do sul, assim como os juízes do Supremo Tribunal.

Mas a partir de 1850, as coisas estavam mudando. O norte obteve recursos na Europa e estava investindo em transporte. A construção de ferrovias e canais barateou os custos dos alimentos (a tonelada de grãos, vindos de Buffalo para Nova York, caiu de 100 $ para 5 $).

As ferrovias tinham também outra função:

O vento mágico de Dakota

Mágico Vento começa sua viagem. E, claro, começa num trem. É justamente a partir do mítico cavalo de ferro que a aventura do faroeste começa: da ferrovia que é, ao mesmo tempo, civilização da fronteira e violação de uma terra que os índios consideram sagrada e povoada pelos espíritos. O nosso trem corre pelo território de Dakota, um dos estados menos conhecidos e celebrados da América.

O clima em Dakota é inclemente: longas temporadas de estiagem, chuvas torrenciais, nevascas que podem durar dias, o *Blizzard*, um vento que leva a poeira a sessenta quilômetros por hora, variações térmicas que podem provocar imprevisíveis saltos de temperatura, de dez graus abaixo de zero a dez acima. Quem pode escolher viver num território assim? Mas foi justamente esse território árido que abriu o apetite de conquista dos brancos. Talvez tenha sido a sua própria inviolabilidade aparente a representar o grande desafio para quem queria levar o progresso às Grandes Planícies, para quem, depois de tê-las tomado dos índios, as abandonou, fazendo de Dakota o que é hoje, o apartamento vago da América, povoado por apenas um milhão e trezentos mil habitantes, ou seja, um quinto da população de Nova York, numa área quase do tamanho da Califórnia, e destinado a se tornar, em poucos anos, reserva natural repovoada de búfalos por um lado, e, por outro, a grande lixeira da América, com seus depósitos de rejeitos radiativos. Segundo Katleen Norris (escritora americana), Dakota é, ainda hoje, uma típica terra de fronteira... dura e, ao mesmo tempo, intensamente espiritual: "uma paisagem terrificante, mas belíssima, na qual ficamos à mercê do imprevisto". Poderia haver cenário melhor para nossas histórias? O vento é a presença invisível encarnada em nosso protagonista: o vento, divindade fundamental para os Sioux, que o chamam Tatekan (Vento Sagrado, Misterioso, Mágico), o vento mutável e inconstante, que pode ser suspiro e tormenta, brisa leve que faz ondular a grama das pradarias e sopro implacável de enlouquecer. O vento que pode transportar miragens, visões e ecos longínquos, escancarando as portas da imaginação[173].

As mesmas ferrovias fizeram com que o volume de exportações, que era de 52 milhões em 1815, saltasse para 113 milhões em 1840.

As ferrovias estimularam também o aparecimento das indústrias, como a do aço e do carvão. O comércio também se expande.

No centro dessa mudança, aparece Chicago, cidade que se transforma em centro da produção de alimentos. Ali, grãos e carne vindos do oeste são enlatados na Armour e Swift, que logo virariam um monopólio.

Inevitavelmente, esse crescimento econômico vai refletir na política. Chicago, a nova cidade, vai ter dois candidatos a presidente. Um deles, Abraham Lincoln, um advogado da Armour, ganha a eleição em 1860.

Importante lembrar que entre 1840 e 1860 entram nos EUA 4,2 milhões de imigrantes.

Lincoln, considerado um antiescravista, assusta os políticos do sul. Declara que o "norte tem o direito de crescer" baseado no trabalho livre.

---

173 MANFREDI, Gianfranco. *Mágico Vento*, nº 1. São Paulo: Ed. Mytos, 2002, p. 4.

Ele afirmava que o trabalho livre era "justo, generoso e ideal para o país, pois nele uma pessoa pobre pode ganhar algum dinheiro, economizar e mais tarde tornar-se um patrão, ajudando a outros da mesma forma como foi ajudado".

As palavras de Lincoln ficarão registradas, mas esqueceram-se da resposta que o advogado William Harper, da Carolina do Sul lhe deu: "um homem que passa toda sua vida dependendo de um salário de fome é tão escravo quanto um negro do sul" e completou: "pelo menos o escravo tem garantia de emprego".

Por trás dessa disputa, é bom lembrar, estava o preço do algodão. A Inglaterra, incomodada com a perda de mercado, pressiona os sulistas a barrarem leis de proteção à indústria e prometem continuar pagando pelo algodão em troca do aço.

Com a Guerra de Secessão, as tropas nortistas consumiram mais de meio bilhão de toneladas de carne, conferindo lucro fantástico à Armour.

Todavia, existe outra interpretação mais adequada a este artigo. Dois filmes lançam dúvidas quanto à questão moral (leia-se escravidão) que envolveu a Guerra da Secessão americana. O primeiro, *Deuses e Generais*, aponta a conferência da Carolina do Sul em 1860 como o estopim da guerra. Ali se questionava a necessidade de um governo central, acabando com a autonomia dos estados, sob a liderança do Norte. Os estados do Sul eram contra e o discurso da escravidão foi aderido ao processo, dando legitimidade histórica posterior ao conflito. Foi, portanto, devido à centralização que a Guerra da Secessão aconteceu.

Em 1860, com a eleição da Abraão Lincoln com 1.866.452 votos, o que lhe dava 180 votos no colégio eleitoral, 57 a mais do que precisava para eleger-se, o projeto centralizador que ele vinha divulgando parecia consumado. Contudo, uma convenção reunida na Carolina do Sul em dezembro daquele mesmo ano declarou-se fora da União, formando os Estados Confederados da América, com capital em Richmond, situada a apenas 190 km de Washington. Juntamente com a Virginia aliaram-se a Carolina do Sul e do Norte, Geórgia, Florida, Alabama, Mississipi, Louisiana, Arkansas, Texas e Tennessee.

No começo de 1861 (a guerra consumiria quatro anos, até 1865, e estima-se que entre 600 mil a mais de um milhão de americanos serão mortos no conflito), a Virginia Ocidental separa-se da Virginia e, juntamente com Maryland, Delaware, Nova Jersei, Connecticut, Rhode Island, Massachusetts, Maine, Nova Iorque, Vermont, Pensilvânia,

Ohio, Indiana, Kentucky, Illinois, Missouri, Iowa, Wisconsin, Michigan, Minnesota, Kansas, Oregon e Califórnia, compuseram os Estados Unidos da América.

De fato, sob o ponto de vista da Constituição americana, nada obrigava um estado a permanecer na União, mas Lincoln e seu grupo não podiam admitir a separação, já que no seu sentido moderno, um Estado somente existe se erradicar as diferenças. Numa carta ao *New York Tribune*, escrita 17 meses depois de a guerra ter começado, afirmou: "Meu principal objetivo nesta luta é salvar a União e não salvar a escravidão nem destruí-la; se eu pudesse salvar a União ao preço de não libertar um só escravo, eu o faria; e se pudesse salvá-la libertando todos os escravos, eu faria; se pudesse salvá-la libertando uns e abandonando a outros, também o faria"[174].

A objeção do Norte na questão do escravo, aliás, já vinha sendo expressa em diversas ocasiões em termos muito ambíguos:

> As implicações raciais em relação ao processo eleitoral vinham se arrastando nos Estados Unidos desde o final do séc. XVIII. Em meio aos trabalhos da Convenção da Filadélfia (1787), os representantes sulistas, embora não tivessem nenhuma intenção de permitir que seus escravos votassem, gostariam que eles fossem, numericamente, levados em conta para aumentar a representação da bancada parlamentar no Congresso, evitando, assim, a dominação política dos Estados do Norte, mais populosos.
>
> Assim, desejavam criar um sistema eleitoral que não fosse baseado na votação individual, mas sim na representação parlamentar, o que traria mais poder ao Sul. Os convencionais que representavam os Estados do Norte, ainda que contrariados pela possibilidade do aumento de poder político do Sul, concordaram com a medida. Porém, foi adotado um compromisso, denominado de "Compromisso dos 3/5" ("*3/5 Compromise*"), por meio do qual o escravo, para os propósitos de definição do tamanho da representação política, seria contado como se valesse 3/5 de uma pessoa.
>
> Dos 55 participantes da Convenção Constitucional da Filadélfia, 25 eram proprietários de escravos, nos Estados do Sul; o próprio Thomas Jefferson era detentor de um grande número de escravos.
>
> Após o acordo que resultou no "*3/5 Compromise*", os convencionais, constrangidos diante da possibilidade de ter de lançar a expressão "es-

---

174 ADAMS, William Paul. *Los Estados Unidos de América*. 1979, p. 100.

cravo" no texto da Constituição, resolveram que a redação constitucional faria menção a "pessoas livres" e a "mais três quintos de todas as outras pessoas". Obviamente que, de forma ainda que um tanto arrevesada, ficaria subentendido que, se alguém fosse uma "outra pessoa", obviamente não seria uma "pessoa livre", mas sim um escravo.

Não me parece nenhuma objeção concordar, para efeito de sufrágio, que "algumas pessoas" equivalham a 3/5 de outras e a hipocrisia que daí desponta é parte do jogo que a história teima em conservar oculto de uma análise mais contundente.

O outro filme, *Gangs de Nova York,* mostra qual foi a reação da população daquela cidade quanto ao quesito "escravidão". A eliminação pertinaz dos homens, mulheres e crianças negras daquela cidade, caçados pelas ruas e enforcados, queimados e mortos aos milhares.

Aliás, como ainda veremos aqui, a eliminação dos negros acabaria por se consolidar no projeto eugenista proposto basicamente por universidades pertencentes ao Norte dos Estados Unidos.

Mas a dimensão que a unificação americana assumiu pode ser observada na grande tragédia da eliminação dos nativos.

Nos 25 anos decorridos entre 1865 e 1890, todo um modo de vida fora destruído para sempre e seus descendentes incapacitados a reviverem o esplendor da escolha.

Dentre as estratégias dessa destruição existem três pontos que devem ser explicitados: primeiramente, os brancos destruíram as relações de tradição tratando todos os índios de forma igual, sendo que a idade e a sabedoria sempre foram pontos de reverência dessas comunidades necessários à sua coesão. Essa primeira ruptura foi traduzida na prática pela distribuição de terras a cada indivíduo, uma certa quantidade de acres necessários à sua sobrevivência, que rompia com todo o vínculo coletivo, sendo que o indivíduo poderia vender para a União parte desse território e com o dinheiro, plantar, que em tudo era contrário à sua experiência, feita de caça e de coleta.

O segundo ponto, os filhos deveriam frequentar as escolas dos brancos. E o terceiro, a religião cristã deveria ser a de todos. Assim, a propriedade privada, a cultura cristã e a educação foram os pontos que investiam sobre um saber fazer que necessitava ser erradicado. Os brancos haviam construído uma ideologia para esses eventos: "o único índio bom é o índio morto".

Transcrevo os últimos anos de Touro Sentado, na narração de Dee Brown:

Pouco antes da comissão Dawes chegar a Dakota, Touro Sentado foi liberado da prisão em Forte Randall e transferido para a agência hunkpapa em Standing Rock. A 22 de agosto de 1883, quando os comissários chegaram para ouvir depoimentos, ele foi para a sede da agência, desde seu acampamento fixado no Rio Grand, para comparecer ao conselho. Os comissários ignoraram deliberadamente a presença do mais famoso chefe sioux vivo, pedindo primeiro o testemunho de Antílope Ligeiro e, depois, do jovem John Grass, filho de Grama Velha, chefe dos sioux blackfoot.

Finalmente, o senador Dawes virou-se para o intérprete e disse: "Pergunte a Touro Sentado se ele tem algo a dizer para a comissão".

"Claro que lhe falarei se quiser que eu faça isso", respondeu Touro Sentado. "Suponho que só homens assim é que desejam que fale alguma coisa".

"Supúnhamos que os índios escolheriam homens para falarem por eles", disse Dawes, "mas qualquer homem que deseje falar, ou qualquer homem que os índios daqui desejem que fale por eles, será ouvido com agrado por nós, se tiver algo a dizer".

"Sabe quem sou, para falar desse modo?"

"Sei que é Touro Sentado".

"Diz que sabe que sou Touro Sentado, mas sabe que posição tenho?"

"Não sei de nenhuma diferença entre você e os outros índios desta agência".

"Estou aqui pela vontade do Grande Espírito e, pela sua vontade, sou um chefe. Meu coração é vermelho e doce, e sei que é doce, porque quem passa perto de mim apresenta-me sua língua; vocês vieram para cá falar conosco e dizem que não sabem quem sou. Quero dizer-lhes que se o Grande Espírito escolheu alguém para ser o chefe deste território, sou eu".

"Qualquer que seja a qualidade com que veio aqui hoje, se quiser dizer-nos alguma coisa, nós o ouviremos; de outro modo, encerraremos este conselho".

"Sim, isto está certo", disse Touro Sentado. "Comportaram-se como homens que beberam uísque e vim aqui para lhes dar alguns conselhos". Fez um gesto amplo com a mão e todos os índios, na sala do conselho, levantaram-se e seguiram-no.

Nada poderia desanimar mais os comissários do que o pensamento dos sioux reunidos em torno de um líder forte como Touro Sentado. Tal situação fazia perigar toda a política índia do governo, que objetivava remover tudo que fosse índio nas tribos e transformá-los em homens brancos. Em menos de dois minutos, bem diante de seus olhos, haviam permitido que Touro Sentado demonstrasse seu poder de bloquear tal política.

Mais tarde, nesse dia, os outros líderes hunkpapas falaram com Touro Sentado; asseguraram-lhe sua lealdade, mas disseram que ele não deveria ter ofendido os comissários. Esses homens não eram como os ladrões de terra que haviam vindo no ano anterior; esses representantes do Grande Pai estavam lá para ajudá-los a manter suas terras, não para tirá-las.

Touro Sentado não estava tão certo da integridade de caráter de qualquer homem branco, mas disse que se ele tivesse cometido um erro, estaria disposto a desculpar-se. Mandou uma mensagem para os comissários dizendo que desejava outro conselho.

[...] Touro Sentado continuou a descrever a condição dos índios. Não tinham nenhuma das coisas que o homem branco possuía. Se fossem tornar-se brancos, deveriam ter ferramentas, gado e carroções, "pois essa é a maneira pela qual os brancos fazem sua vida".

Em vez de aceitarem simplesmente as desculpas de Touro Sentado e ouvirem o que ele tinha a dizer, os comissários imediatamente desencadearam um ataque. O senador John Logan censurou-o por acabar com o conselho anterior e por acusar os membros da comissão de estarem embriagados. "Quero dizer também que você não é um grande chefe desse território", continuou Logan, "que não tem seguidores, nem força, nem controle, nem direito a qualquer controle. Está numa reserva índia apenas devido à tolerância do governo. É alimentado pelo governo, vestido pelo governo, seus filhos são educados pelo governo e tudo que tem e é hoje, é devido ao governo. Se não fosse o governo, estaria morrendo de frio e fome nas montanhas. Disse apenas estas coisas para informá-lo que não pode insultar o povo dos Estados Unidos da América ou suas comissões... O governo alimenta, veste e educa seus filhos agora e deseja ensiná-los a se tornarem fazendeiros e a civilizá-los, e torná-los homens brancos".

Para acelerar o processo de tornar os sioux homens brancos, a Agência Índia designou James McLaughlin para dirigir a agência em Standing Rock. McLaughlin, ou Cabelo Branco, como os índios o chamavam, era um veterano do Serviço Índio, casado com uma mulher santee mestiça, e seus superiores confiavam que ele pudesse destruir eficientemente a cultura dos sioux e substituí-la pela civilização do homem branco. Depois da partida da comissão Dawes, Cabelo Branco McLaughlin tentou diminuir a influência de Touro Sentado, tratando com Galha os assuntos que envolviam os hunkpapas e com John Grass os dos sioux blackfoot. Cada ato de Cabelo Branco era calculado para manter Touro Sentado em segundo plano, para demonstrar aos sioux de Standing Rock que seu velho herói não tinha força para liderá-los ou ajudá-los[175].

George Crook, um general que tentava um último recurso para convencer os índios a venderem suas terras ao governo, vaticinou esta maldição para os índios:

> Os brancos do Leste são como pássaros. Estão indo e precisam ir para outro lugar; vieram para o Oeste, como vieram nos últimos anos. E ainda estão vindo e virão, até tomarem todo este território; vocês não podem evitar isso... Tudo é decidido em Washington pela maioria e essas pessoas virão para o Oeste e, quando virem que os índios têm uma grande porção de terra que não estão usando, dirão "nós queremos a terra"[176].

Mas para isto foi necessário repetir a metodologia da destruição da aldeia:

> Essa foi uma das grandes catástrofes das tribos indígenas norte--americanas das planícies: todo o seu centro religioso concentrava-se no búfalo como seu alimento principal, e as manadas de búfalos foram exterminadas, fazendo com que sua vida perdesse seu potencial mágico.
>
> Nas décadas de 1870 e 1880, um dos grandes projetos da conquista do oeste americano foi a aniquilação das manadas de búfalos. Quando vemos as fotos que George Catlin fez das planícies onde os búfalos viviam, achamos incrível a quantidade de animais existentes. Mas não era possível construir estradas de ferro naquela terra ou plantar trigo. E assim os matadores de búfalo foram enviados às planícies e os animais foram simplesmente massacrados – não apenas para limpar a terra, mas também para desvincular os índios de suas fontes de alimento, para que fossem obrigados a ir viver nas reservas e receber rações do governo.

---

175 BROWN, Dee. *Enterrem meu Coração na Curva do Rio. Índios Contam o Massacre de sua Gente*. São Paulo: Melhoramentos, 1973, p. 268-70.

176 BROWN, op. cit. p. 273.

Uma maneira completamente contrária, na forma e no sentimento, às usadas pelos índios para matarem os búfalos. Os animais eram mortos unicamente quando necessário. Eles eram venerados, com o devido respeito. Uma atitude de gratidão. Grandes festivais são realizados em honra do animal que fornece aos índios seu principal alimento. Isso envolve, como já vimos, a ideia de harmonia com o mundo natural[177].

Ainda hoje, depois de inúmeros exercícios a forçar a centralização, os partidários desta (WASP) continuam numa batalha cerrada para diminuir a gana dos autonomistas, que nunca dormem.

O estatismo municipal, característica indelével do arranjo político mais tradicional norte-americano, ainda hoje se expressa em forças como a *Milícia do Kansas* e a *Posse Comitatus*, movimentos, dentre tantos outros, que se opõem ao governo dos EUA e defendem um localismo radical, abdicando de uma organização nacional em prol de unidades locais autônomas.

Em 1848, nos Estados Unidos, Henry Thoreau escrevia *n'A Desobediência Civil*:

Aceito com entusiasmo o lema "O melhor governo é o que menos governa"; e gostaria que ele fosse aplicado mais rápida e sistematicamente. Levado às últimas consequências, esse lema significa o seguinte, no que também creio: "O melhor governo é o que não governa de modo algum"; e quando os homens estiverem preparados, será esse o tipo de governo que terão. O governo, no melhor dos casos, nada mais é do que um artifício conveniente; mas a maioria dos governos é por vezes uma inconveniência, e todo governo algum dia acaba sendo inconveniente. As objeções que têm sido levantadas contra a existência de um exército permanente, numerosas e substantivas, e que merecem prevalecer, podem também, no fim das contas, servir para protestar contra um governo permanente. O exército permanente é apenas um braço do governo permanente. O próprio governo, que é simplesmente uma forma que o povo escolheu para executar a sua vontade, está igualmente sujeito a abusos e perversões antes mesmo que o povo possa agir através dele. Prova disso é a atual guerra contra o México,

---

177 COUSINEAU, Phil. *A Jornada do Herói. Joseph Campbell, Vida e Obra*. São Paulo: Agora, 2003, p. 49.

obra de um número relativamente pequeno de indivíduos que usam o governo permanente como um instrumento particular; isso porque o povo não teria consentido, de início, uma iniciativa dessas.

Esse governo norte-americano – que vem a ser ele senão uma tradição, ainda que recente, tentando se transmitir inteira à posteridade, mas que a cada instante vai perdendo porções de sua integridade? Ele não tem a força nem a vitalidade de um único homem vivo, pois um único homem pode fazê-lo dobrar-se à sua vontade. O governo é uma espécie de revólver de brinquedo para o próprio povo; e ele certamente vai quebrar se por acaso os norte-americanos o usarem seriamente uns contra os outros, como uma arma de verdade[178].

---

178 THOREAU, H. *A Desobediência Civil.* Rio de Janeiro: Rocco, 1986, p. 35,6.

CAPÍTULO 19

UNIVERSIDADES AMERICANAS: OS CULTIVADORES E OS ESTIVADORES DA EUGENIA[179]

Tem de admitir, no entanto, doutor, que o homem do século XIX podia acreditar que, um dia, a ciência explicaria o mundo. Renan, Berthelot, Taine, também esperavam o mesmo no princípio de suas vidas. O homem do século XX já não tem tais esperanças. Sabe que as descobertas só fazem recuar o mistério. Quanto ao progresso, constatamos que os direitos do homem só provocaram fome, terror, desordem, tortura e confusão de espírito. Que esperança resta? Para que viver, doutor?

André Malrois, Les Nouvezux Discours du Docteur O'Grady.

---

[179] BLACK, Edwin. *A Guerra Contra os Fracos*. A eugenia e a campanha norte-americana para criar uma raça superior. São Paulo: Ed. A Girafa, 2003.

O super-homem nasceu nos Estados Unidos no início da década de 1930 e só lá poderia ter nascido, embora, aparentemente, Nietszche ousasse antecipá-lo sob mesquinhas desrazões.

Mas para entendermos o aparecimento desse sulfuroso personagem dos quadrinhos, precisamos compreender os fundamentos da sociedade americana sob três aspectos funcionais:

O primeiro e o segundo estão no passado:

> Estou convencido de que nenhuma constituição foi jamais tão bem calculada como a nossa para o vasto império e o autogoverno (Thomas Jefferson)
>
> Nossa constituição é tão simples e prática que sempre será possível atender a necessidades extraordinárias por meio de mudanças de ênfase e de adaptações, sem perda da forma essencial *(Franklin D. Roosevelt)*[180]

O terceiro está no futuro:

> Aos pais fundadores:
>
> Vocês são os mortos revolucionários. São os homens e mulheres, lavradores, negociantes, artesãos, advogados, impressores, panfletários, lojistas e soldados que, juntos, criaram uma nova nação nas distantes costas da América. Vocês se incluem entre os 55 que vieram juntos em 1787 para elaborar, durante um escaldante verão em Filadélfia, aquele espantoso documento chamado Constituição dos Estados Unidos. Vocês foram os inventores de um futuro que se tornou o meu presente.
>
> Esse pedaço de papel, com a Carta de Direitos acrescentada em 1791, é evidentemente uma das realizações da história humana. Eu, como tantos outros, sou continuamente forçado a me perguntar como vocês conseguiram – como foram capazes, no meio de tão azedo torvelinho social e econômico, sob as pressões imediatas – mostrar tanta consciência do futuro emergente. Escutando os sons distantes do amanhã, vocês sentiram que uma civilização estava morrendo e outra nascia.
>
> Concluo que vocês foram impelidos a isso – foram compelidos, arrastados pela força da maré dos eventos, temendo o colapso de um governo ineficaz, paralisado por princípios inapropriados e estruturas obsoletas.

---

[180] HARDT, Michael; NEGRI, Antonio. *Império*. Rio de Janeiro: Record, 2000, p. 179.

Raramente uma peça de trabalho tão majestosa foi feita por homens de temperamentos tão agudamente divergentes – homens brilhantes, antagônicos e egoístas – homens apaixonadamente dedicados a diferentes interesses regionais e econômicos e, contudo, tão transtornados e afrontados pelas terríveis "ineficiências" de um governo existente a ponto de se juntarem e intentarem um radicalmente novo, baseado em princípios surpreendentes. [...]

Vocês sabiam, melhor do que nós agora, que nenhum governo, nenhum sistema político, nenhuma constituição, nenhuma carta ou estado é permanente, nem as decisões do passado podem prender o futuro para sempre. E nem um governo projetado para uma civilização pode medir-se adequadamente com o seguinte.

Vocês teriam compreendido, por conseguinte, por que mesmo a Constituição dos Estados Unidos precisa ser reexaminada e alterada – não para reduzir o orçamento federal ou incorporar este ou aquele princípio acanhado, mas para expandir a Carta de Direitos, levando em conta ameaças à liberdade inimaginadas no passado e para criar toda uma nova estrutura de governo capaz de tomar decisões democráticas inteligentes, necessárias para a nossa sobrevivência num mundo novo. [...]

Sinceramente, não sou defensor de mudanças frequentes e não experimentadas nas leis e constituições... Mas também sei que as leis e as instituições devem ir de mão em mão com o progresso da mente humana... Quando se fazem novas descobertas, se desvendam novas verdades e as maneiras e opiniões mudam com a mudança das circunstâncias, as instituições devem avançar também e acompanhar o andamento dos tempos.

Por esta sabedoria, acima do tempo, agradeço ao Sr. Jefferson, que ajudou a criar o sistema que nos serviu tão bem durante tanto tempo, e que agora, por sua vez, deve morrer e ser substituído.

Alvin Toffler
Washington, Connecticut[181]

Eis o princípio do chamado "destino manifesto", ou, digamos, de sua temporalidade extemporânea. Mas para que esse fundamento seja entendido plenamente, precisamos compreender o significado vívido da liberdade nos Estados Unidos.

---

181 TOFFLER, Alvin. *A Terceira Onda*. Rio de Janeiro: Record, 1980, p. 409-10.

Diferentemente daqui, que não conseguimos facilmente dar sentido à palavra liberdade, para os americanos foi experimentada como eliminação e incorporação, por isso o uso de armas é livre: eliminação e incorporação.

Assim foi contra os índios: morte ao diferente e incorporação de suas terras, na grande corrida em direção a oeste. É que a ideia da "pureza racial" está na base do ordenamento jurídico norte-americano.

A última grande corrida pela terra, na Faixa Cherokee, território de Oklahoma, 1893[182].

Assim, a experiência da liberdade, numa região com tantos interesses regionais diversos, com tantos homens "egoístas", "homens de temperamentos tão agudamente divergentes", somente o inimigo externo (ou interno) pode uni-los, daí que os indígenas foram os primeiros, mas não os últimos a serem eleitos como inimigos da pátria. Negros, brancos pobres do sul, imigrantes, comunistas, muçulmanos acabariam por reconhecer na carne o custo da pacificação interna dos Estados Unidos, de sua centralização.

---

[182] SCHAMA, Simon. *O Futuro da América*. São Paulo: Cia. das Letras, 2009.

"Em quem recai a culpa": charge de 1891 contra a imigração;
a galeria completa de caricaturas étnicas das raças inferiores.

Inicio aqui um movimento fundamental desse conjunto de ensaios sobre o poder. Requisito um texto de Daniel Quinn, outro cara que também investiga essa estrela sem fim. Em seu texto "de que as pessoas não gostam nas hierarquias", ele propõe essa divisão social:

> Por uma questão de justiça, eu poderia dividir esse problema em duas partes: de que os governantes gostam nas sociedades hierárquicas e o que todos os outros detestam nelas, mas duvido que alguém precise realmente que eu explique a primeira parte.
> De que as pessoas (com exceção dos governantes) não gostam nas sociedades hierárquicas é que elas não existem para todos os seus membros da mesma forma. Oferecem uma vida de comodidade e luxo inacreditáveis aos governantes e uma vida de pobreza e trabalho duro a todos os outros. A forma com que os governantes se beneficiam do êxito da sociedade é imensamente diferente da forma com que as massas se beneficiam, e as pirâmides e os templos mostram a importância dos governantes, não das massas que os construíram. E a mesma coisa podemos dizer de todas as facetas da vida de uma sociedade hierárquica.
> A diferença entre o circo e o Disney World é que o circo é uma tribo e o Disney World, uma hierarquia. O Disney World tem empregados, não

membros. Não provê o sustento desses empregados, simplesmente paga-lhes um salário. Os empregados trabalham para si mesmos, e, se o Disney World não puder mais pagar-lhes, eles o abandonam imediatamente. Os donos fizeram um investimento em seu sucesso e se beneficiam desse sucesso. Os empregados são apenas empregados.

Crianças de todas as idades fogem com o circo. Ninguém foge de casa para trabalhar no Disney World[183].

Toda historicidade serve para desvendarmos as mudanças que ocorreram em supostas verdades, em projetos, em conceitos. A hierarquia, se um dia foi ostensiva, dividindo a sociedade em partes identificáveis, dominadores e dominados, no momento que estamos estudando teve que se reconfigurar.

Essa reconfiguração, nada instantânea, mas paulatina, teve como objetivo internalizar os papéis sociais tanto de dominadores quanto de dominados. O Estado Burocrático teve, afinal, essa função.

Por quê? Porque o Estado Classista, aristocrático, desgastou suas formas de poder e teve que se reconfigurar: mata-se o rei para perpetuar o poder... a fórmula já estava aprendida.

E as diversas instituições contribuíram para isso. A família nuclear burguesa, com papéis hierárquicos entre pais e filhos; a escola, com papéis hierárquicos entre professores e alunos, o trabalho, com papéis hierárquicos entre vários níveis de funções até o topo, onde habita o patrão.

Quanto mais complexo o gerenciamento da dominação, mais intermédios hierárquicos tiveram que ser implementados.

Nesse momento, as mentes de cientistas, de técnicos, de gerentes, de funcionários públicos foram requisitadas num projeto de vida: selecionar e classificar seus semelhantes para que pudessem incluí-los numa classe de desigualdade tão fundamental que a única opção seria a segregação e a morte.

Pessoas que não faziam parte dos dominadores eram convocadas para uma esfera decisória que, como experiência hierárquica, os aproximava.

A hierarquia só pode prevalecer, pois estabeleceu uma escala de êmulos infinita. De tal sorte que todos nós, hoje, experimentamos os papéis de dominadores e de dominados todos os dias, diversas vezes ao

---

183 QUINN, Daniel. *Além da Civilização*. São Paulo: Peirópolis, 2001, p. 78

dia, no desempenho de nossas funções, na relação com nossos chefes e com nossos subalternos, que na falta de algum, são nossos filhos, nossas mulheres ou nossos maridos, nossos cachorros que compreendem nosso poder.

Como cúmplices, ficamos com o Disney World e não o circo. Isso não implica dizer que não existam outras experiências plenamente vitalizadas em que a hierarquia é tão fraca que talvez sequer exista. O circo é uma delas, assim como as tribos, as diversas tribos que se movem nômades na realidade.

O início do século XX marca uma das mais importantes mudanças na reconfiguração da hierarquia e é preciso que apontemos seus antecedentes. Para tanto, utilizo um livro impactante que descortina os arranjos do poder para além da ideologia dos mocinhos e bandidos. Trata-se de *A Guerra contra os Fracos*[184]:

> Ao longo das primeiras décadas do século XX, centenas de milhares de americanos e um número desconhecido de pessoas não puderam ter filhos nem construir família. Selecionados por sua ancestralidade, nacionalidade, raça ou religião, foram esterilizados à força, proibidos de casar e algumas vezes até descasados por burocratas do Estado, erroneamente confinados em instituições de doentes mentais, onde morreram em grande número. Nos Estados Unidos, a campanha de extermínio de grupos étnicos inteiros não foi empreendida por exércitos bem-armados nem por seitas que cultuam ódio pelas minorias. Ao contrário, essa perniciosa guerra enluvada foi promovida por respeitados professores, universidades de elite, ricos industriais e funcionários do governo que conspiraram um movimento racista e pseudocientífico denominado eugenia. O objetivo: criar uma raça nórdica superior.
>
> Para que a campanha tivesse êxito, disseminou-se uma fraude acadêmica, combinada com a atividade "filantrópica" de várias instituições, com o fim de estabelecer os fundamentos biológicos da perseguição. Empregando um obscuro amálgama de conjecturas e suposições, boatos, falsidade de informações e polissilábica arrogância acadêmica, o movimento eugenista construiu lentamente uma infraestrutura nacional, burocrática e jurídica para limpar os Estados Unidos de seus "incapazes". Testes específicos de inteligência conhecidos com QI – quociente intelectual – foram criados para

---

184 BLACK, Edwin. *A Guerra contra os Fracos*. São Paulo: A Girafa Editora, 2003.

justificar o encarceramento de um grupo qualificado como "débil mental". Os assim chamados débeis mentais eram em geral apenas pessoas tímidas, de natureza excessivamente dócil para serem respeitadas ou levadas a sério, ou simplesmente falavam a língua errada, ou tinham a cor errada de pele. Leis que impunham a esterilização foram promulgadas e implementadas em cerca de vinte e sete estados do país, para prevenir que determinados indivíduos tivessem descendentes. Leis proibindo casamentos proliferaram em todo o país para impedir a miscigenação racial. O caso foi levado à Suprema Corte, que santificou a eugenia e suas táticas.

O objetivo era esterilizar o mais rápido possível quatorze milhões de pessoas nos Estados Unidos e milhões a mais no mundo inteiro – o décimo inferior – e depois erradicar continuadamente os inferiores remanescentes, até que somente uma super-raça nórdica e pura permanecesse. Em última análise, cerca de sessenta mil americanos foram esterilizados coercitivamente, e provavelmente o total é muito maior. Ninguém sabe quantos casamentos foram impedidos de se realizar em razão de criminosos estatutos estaduais. Embora a perseguição tivesse origem no mais puro racismo, no ódio étnico e no elitismo acadêmico, a eugenia usou um manto de respeitabilidade científica para ocultar sua verdadeira natureza.

As vítimas eram habitantes urbanos pobres, o "lixo branco" rural da Nova Inglaterra à Califórnia, imigrantes de toda a Europa, negros, mexicanos, nativos americanos, epilépticos, alcoólatras, criminosos banais, doentes mentais e quaisquer outros que não tivessem os cabelos louros e os olhos azuis do ideal nórdico que o movimento eugenista glorificava. A eugenia contaminou causas sociais, médicas e educativas importantes, do controle de natalidade ao desenvolvimento da ciência psicológica, e até o saneamento urbano. Psicólogos perseguiram seus pacientes. Professores estigmatizaram seus estudantes. Associações de caridade defenderam a premissa de enviar os que necessitavam de ajuda para as câmaras letais, que seriam construídas conforme desejavam e esperavam. Os departamentos oficiais de amparo à imigração conspiraram para mandar os mais carentes para as usinas de esterilização. Profissionais eminentes da área de oftalmologia empreenderam uma longa e assustadora campanha para identificar e esterilizar coercitivamente cada família de qualquer americano com problema de visão. Tudo isso foi tramado e produzido nos Estados Unidos, nos anos que antecederam a ascensão do Terceiro Reich na Alemanha. (p. 19-21)

O projeto primeiramente recaiu sobre os imigrantes, novamente contrariando o discurso oficial de sociedade aberta às diferenças que marca a política norte-americana:

> A boa acolhida da virada do século nos Estados Unidos tinha sido imortalizada, outrora, com a injunção: "Dê-nos vossos exauridos, vossos pobres, vossas massas atordoadas, ansiosas para respirar livres, a escória desgraçada das vossas praias prolíferas". Mas depois da primeira guerra mundial, a sociedade americana vivia uma agitação étnica, econômica e demográfica. Indústrias, então reduzidas, demitiam milhões de trabalhadores. Os soldados da infantaria, que retornaram, também precisavam de trabalho, aumentando o desemprego generalizado. A inflação devorava os salários. Os afro-americanos que tinham ido para a guerra também queriam empregos; eles tinham lutado por seu país e agora queriam seu naco do sonho americano. O transtorno gerava descontentamento. Amplas greves trabalhistas paralisaram muito dos Estados Unidos em 1919, com cerca de 22 por cento da força de trabalho envolvidos numa ação judicial trabalhista, em algum momento durante aquele ano.
>
> Além disso, a convulsão demográfica tecia outra vez a trama da estrutura social americana. Meninos criados em fazendas tinham se tornado repentinamente homens endurecidos nas trincheiras da guerra; ao retornar, quase sempre se mudavam para as cidades, prontos para uma vida nova. A imigração do pós-guerra explodiu – novamente, concentrada nos centros urbanos. O censo de 1920 revelou que, pela primeira vez na história dos Estados Unidos, a maioria da população se mudara da área rural para a urbana. Os Estados Unidos estavam se urbanizando, e principalmente pelos imigrantes. O censo de 1920 acarretou a repartição dos membros do Congresso, ou seja, redesenhou as linhas distritais para as cadeiras dos deputados. No processo, onze estados rurais perderam representantes para os estados mais urbanizados. A Câmara tinha ampliado suas cadeiras para 435, para preservar o *status quo* distrital, tanto quanto possível. Mas a imigração permaneceu o ponto central de um turbilhão político.
>
> Para inflamar ainda mais aquele tempo, distúrbios raciais e rivalidades étnicas irromperam nas cidades. Afro-americanos, de volta dos quartéis da primeira guerra mundial, estavam cansados do racismo; eles queriam algo semelhante a direitos. Ao mesmo tempo, a Ku Klux Klan emergiu com destaque jamais visto. A ameaça do bolchevismo preocupava o governo e o homem comum. O alarme vermelho no verão de 1919 opôs um ismo

contra o outro. O marxismo, o comunismo, o bolchevismo e o socialismo jorraram na consciência americana, competindo com o capitalismo. Os distúrbios raciais contra afro-americanos, a violência do populacho contra os anarquistas, e alguns conhecidos agitadores políticos incendiaram a nação. Um homem chamado J. Edgar Hoover foi nomeado para investigar subversivos, principalmente estrangeiros. (p. 310-2)

O movimento eugênico ganha estatuto de projeto de Estado e isso define atitudes de poder em nível de consciência, não de movimento histórico emergente. É imposição e ganha ares de assombro. E não podemos crer que o discurso racista seja fruto, nem por um segundo, de fundamentos científicos, exceto pelo fato de que a ciência é, antes de tudo, política. É política e nada mais que isso, utilizando o discurso científico em cumprimento com sua própria natureza, que é a de servir de fonte de veracidade institucional.

A ética, nesse caso, cumpre seu papel costumeiro: sobrepõe-se como discurso moral que não consegue aplacar os danos humanitários dessas decisões, nem de conferir inocência a seus agentes.

O primeiro relatório do Comitê de Imigração Seletiva concluiu que os Estados Unidos necessitavam da raça nórdica para florescer: "imigrantes do noroeste da Europa nos fornecem o melhor material para a cidadania americana, e para a construção futura do desenvolvimento da raça americana. Possuem padrões de vida mais elevados que o grosso dos europeus do sudeste; possuem um grau mais elevado de inteligência; de educação; de qualificação; são mais capazes de compreender, apreciar e apoiar nossa forma de governo". Como contraste, o comitê concluía: "o sul e o leste da Europa... têm enviado grandes números de mascates, trabalhadores desqualificados, quitandeiros, e engraxates...". (p. 320)

Os eugenistas americanos usufruíam de um gigantesco *establishment* de pesquisa, bem financiado e bem equipado de recursos humanos. A lista de organismos oficiais e quase-oficiais que apoiavam, e de engajados em atividades eugenistas era longa: a Estação Experimental da *Carnegie Institution*, o Escritório de Registro Eugenista/ERRO, a seção de eugenia da Associação Americana de Criadores [que a essas alturas mudara seu nome para Associação Americana de Genética], o Exército dos Estados Unidos, o Departamento de Agricultura, o Departamento de Comércio, agências do Departamento de Estado, e um comitê do Congresso. Além disso, uma série de agências e de instituições dos estados, dos condados e dos municípios acrescentava suas contribuições. Do mesmo modo que uma rede de departamentos de biologia, zoologia, genética e eugenia de algumas das universidades privadas e estaduais mais respeitadas do país. Reforçando tudo isso havia uma rede de organizações, como a Associação de Pesquisa Eugenista, em Nova York, a Fundação para Melhoria Humana, na Califórnia, a Fundação para a Melhoria da Raça, em Michigan, além de associações profissionais em todos os campos médicos e científicos. Um labirinto de leis americanas, suficientes para encher um guia de quinhentas páginas para a legislação de esterilização, enervava o empreendimento das ações nessa área. (p. 359-60)

Relatório ERRO: "a conclusão de que o pauperismo é devido a defeitos inerentes, que são hereditariamente transmissíveis"; "não há dúvida de que existe uma classe hereditária de pessoas que não fazem nem farão nenhuma tentativa para trabalhar"; "logo pareceu que antes que qualquer coisa possa ser averiguada, em relação à existência de uma causa biológica para o pauperismo, é necessário fazer uma pesquisa de um número razoável de histórias de famílias indigentes". (p. 362)

"Dois proeminentes autores americanos calcularam recentemente que 1 mil universitários formados dificilmente terão 200 bisnetos adultos, enquanto 1 mil mineiros terão 3.700. Não temos razões para duvidar desses números, embora infelizmente as estatísticas britânicas não nos forneçam meios para comprová-los acuradamente." (p. 370)

"Depois nos aprofundaremos e incluiremos uma grande massa de pessoas, cerca de nove décimos da humanidade. Então sobrará o décimo inferior, formado pelas pessoas socialmente inadequadas, que devemos impedir de procriar. Se tentarmos classificá-las por tipos, devemos chamá-las de insanas, de débeis mentais, de indigentes, de epilépticos, de criminosos, e assim por diante. Essas pessoas e as cepas familiares que as produzem... devem ser segregadas e impedidas completamente de reproduzir."

Laughlin enfatizava que não bastava esterilizar um indivíduo; era necessário esterilizar também os membros da família. "Não acredito que a humanidade jamais fará... qualquer progresso eugenista, impedindo simplesmente que esses indivíduos se reproduzam. Para prevenir a reprodução desses indivíduos, devemos chegar até os estratos mais elevados, e descobrir quais famílias estão reproduzindo esses degenerados. A solução reside em secar as fontes. É mais o *pedigree* familiar do que propriamente a base individual de seleção que conta nos destinos raciais." (p. 370)

No final dos anos 20, milhares de americanos tinham sido coercitivamente esterilizados. (p. 369)

Em 1926, os resultados dos testes britânicos de inteligência demonstraram, para surpresa dos que os aplicaram, que o número dos mentalmente defeituosos havia aumentado enormemente, e que os custos de sua manutenção haviam escalado para 4 milhões de libras anuais. Em três anos, investigadores do governo, empregando testes mentais desenvolvidos pelos americanos Goddard, Terman e Yerkes, afirmaram que os números dos mentalmente deficientes haviam quase dobrado em duas décadas, de 156 mil em 1909, quando os números ainda eram compilados pela Comissão Real, para cerca de 300 mil em 1929. O índice de deficiência mental havia quase dobrado também, eles afirmaram, de 4.6 para 8.56 para cada mil habitantes. Não havia maneira de saber se os números haviam genuinamente duplicado, ou se eram meramente um resultado da metodologia questionável de Terman e Goddard – que pouco tempo antes havia classificado como débeis mentais 70 por cento dos recrutas militares americanos. (p. 371)

Aí sim, quando se instala controladamente como projeto, quando seu laboratório foi concluído com sucesso, o movimento pode se expandir até o paroxismo da verdade. Cria-se uma espécie perversa de Imperialismo Eugenista, exportado para todos que estiverem alinhados com os mesmos propósitos. Mas isso só é possível quando uma parte da sociedade se acumplicia dele e o saboreia como usuários do poder que dele emana e nele se legitima.

Os eugenistas americanos viam a humanidade como um esgoto biológico.

Depois de purificar os Estados Unidos por dentro e prevenir que as linhagens defeituosas atingissem a costa do país, eles planejaram eliminar os indesejáveis do resto do planeta.

A eugenia global começou em 1912, com o primeiro congresso internacional de eugenia em Londres.

Em 4 de agosto de 1913, proeminentes líderes eugenistas dos Estados Unidos, Inglaterra, Bélgica, Dinamarca, França, Alemanha, Itália e Noruega se reuniram em Paris.

O Segundo Congresso Internacional de Eugenia foi em 1921, em Nova York.

Em 1922, o Comitê Internacional de Eugenia troca o nome para Comissão Internacional Permanente de Eugenia e contempla os seguintes países: Bélgica, Tchecoslováquia, Dinamarca, França, Grã-Bretanha, Itália, Países Baixos, Noruega, Suécia, Argentina, Brasil, Canadá, Colômbia, Cuba, México, Venezuela, Austrália, Nova Zelândia e os Estados Unidos. A Alemanha se recusa a participar em protesto contra a presença da Bélgica e França, seus inimigos da Primeira Guerra. (p. 385-90)

E note que, no final, o assassinato sempre foi uma opção:

O ponto oito do relatório preliminar da seção eugenista do comitê da Associação Americana de Criadores para estudar e reportar sobre os melhores meios práticos para eliminar o germo-plasma defeituoso da população humana especificava a eutanásia como uma possibilidade a considerar. Naturalmente, eutanásia era apenas um eufemismo – realmente uma designação errônea. Os eugenistas não viam a prática como "assassinato misericordioso" para os que sofriam de dores insuportáveis ou doenças incuráveis, mas como "assassinato indolor" de pessoas consideradas indignas da vida. O método mais comentado e negado publicamente, mas jamais fora de suas mentes, era a "câmara letal".

Essa solução (criada em 1884) para animais indesejáveis foi imediatamente contemplada como solução para os humanos indesejáveis – criminosos, débeis mentais e outros desajustados. O conceito de câmara letal era comum na virada do século. Quando mencionado, não precisava de explicações; todos sabiam o que significava.

Outro defensor do controle de natalidade, o escritor socialista Éden Paul, declarou que a sociedade devia se proteger dos "procriadores de cepas antissociais que vão prejudicar as gerações que virão. Se a sociedade rejeitar a câmara letal, que outra alternativa o estado socialista pode arquitetar?" (p. 401-2)

William Robinson, urologista nova-iorquino, publicou livros e artigos sobre o tópico do controle de natalidade e eugenia. Em seu livro *Eugenia, casamento e controle de natalidade* – eugenia prática, ele advogou asfixiar os filhos dos incapazes com gás. Em palavras diretas, insistia: "a melhor coisa seria asfixiar, gentilmente, essas crianças com clorofórmio, ou lhes aplicar uma dose de cianeto de potássio". (p. 407)

Paul Popenoe, líder do movimento eugenista na Califórnia e coautor de um livro didático amplamente usado, *Eugenia Aplicada*, concordava que a maneira mais fácil para se contrapor à debilidade mental era a simples execução. "De um ponto de vista histórico, o primeiro método que se apresenta é a execução...Seu valor em manter o padrão da raça não deverá ser subestimado." (p. 408)

A eutanásia silenciosa de recém-nascidos não era incomum em Chicago. (p. 410)

"A morte é o grande e eterno desinfetante", Dr. Haiselden, médico que autorizou a execução de uma criança recém-nascida defeituosa e que ganhou grande destaque na imprensa naquele período. (p. 414)

Haiselden se tornou do dia para a noite uma celebridade eugenista, conhecido pelas pessoas comuns devido aos muitos artigos para jornais, circuitos de palestras e diatribes ultrajantes. Em 1917, Hollywood apareceu no cenário. O filme foi *A Cegonha Negra*. Haiselden desempenhou a si mesmo num relato fictício de um casal eugenicamente imperfeito que é aconselhado por ele a não ter filhos, porque certamente poderiam nascer defeituosos. No episódio, a mulher dá à luz uma criança deficiente a quem, então, ela permite que morra. A criança morta levitou para os braços abertos de Jesus Cristo. Era uma desbragada propaganda cinematográfica do movimento eugenista.

Em muitos cinemas, o filme era apresentado continuadamente, das nove horas da manhã até as onze horas da noite. A publicidade nacional advertia que era uma "história eugenista de amor".

Cartazes publicitários anunciavam: "matem defeituosos, salvem a nação e vejam *A Cegonha Negra*".

O filme foi exibido em todo o país, durante mais de uma década.

Eliminar os indesejáveis pela morte a gás, pela câmara letal ou por outros métodos de eutanásia se tornou parte do dia a dia do linguajar americano e do debate ético, duas décadas antes que o presidente Woodrow Wilson, na ordem geral 62, ordenasse que o "serviço de gás" se tornasse o "serviço de guerra química", instruindo-os para desenvolver armas de gases tóxicos para a guerra. (p. 417-8)

Os linchamentos de homens, mulheres e crianças pelo fato de serem negros teve um crescimento assustador entre os anos 1910 e 1940.

A história oficial termina o processo carreando para a Alemanha a gestão e a gênese dessa infâmia, afinal a construção moral de bons e maus é condição *sine qua non* para o sucesso e os historiadores repetirão à exaustão essa história. Assim opera a ideologia: em conluio com os historiadores que vociferam verdades:

> Nas primeiras décadas do século XX, o movimento eugenista americano inspirou um mundo de similares que pareciam iguais, que agiam e pensavam de modo idêntico, reproduzindo-se neles. O movimento nos Estados Unidos também deu ajuda científica e conforto e apoio a indisfarçáveis racistas em todos os lugares, de Walter Plecker, na Virgínia, a incontáveis outros na Europa. A teoria, a prática e a legislação americana eram os modelos. Na França, Bélgica, Suécia, Inglaterra e em todos os outros lugares da Europa, cada grupo de racistas eugenistas fez o melhor que pôde para

introduzir seus princípios na vida nacional; talvez o mais importante, sempre poderiam indicar os recentes precedentes dos Estados Unidos.

A Alemanha não foi exceção. Os eugenistas alemães estabeleceram relações acadêmicas e pessoais com Davenport e com o *establishment* eugenista americano, desde a virada do século. Mesmo depois da Primeira Guerra Mundial, quando a Alemanha não colaborou com a Federação Internacional de Organizações Eugenistas, em razão do envolvimento francês, inglês e belga, suas ligações com Davenport e com o resto do movimento americano permaneceram fortes e inabaláveis. Fundações americanas, como a *Carnegie Institution* e a *Rockefeller*, patrocinaram generosamente a biologia racial alemã com centenas de milhares de dólares, mesmo quando os americanos estavam nas filas da sopa, durante a Grande Depressão.

A Alemanha havia certamente desenvolvido seu próprio corpo de conhecimentos eugenistas, e sua biblioteca de publicações. Mas os leitores alemães ainda seguiam as realizações eugenistas americanas como modelo: tribunais biológicos, esterilizações coercitivas, detenção para os socialmente inadequados, debates sobre a eutanásia. Enquanto a elite americana descrevia os socialmente indignos e os ancestralmente incapazes como "bactérias", "vermes", "retardados", "mestiços" e "subumanos", uma raça superior de nórdicos era progressivamente considerada a solução final para os problemas eugenistas do mundo.

Os Estados Unidos haviam estabelecido o valor da raça e do sangue. Na Alemanha, o conceito ficou conhecido como *Rasse un Blut*.

As propostas, as leis, as investigações eugenistas e a ideologia americana não foram empreendidas quietamente fora da vista dos ativistas alemães. Elas se tornaram as marcas inspiradoras para a crescente onda de biologistas raciais e de mercadores do ódio racial, fossem eles médicos de guarda-pós brancos estudando a *Eugenical News* e comparecendo a congressos em Nova York, fossem eles agitadores de camisas-pardas balançando bandeiras e gritando por sublevações sociais nas ruas de Munique.

Um desses agitadores era um cabo descontente do Exército alemão. Ela era um nacionalista extremado que também se considerava um biólogo da raça e um defensor da supremacia racial. Estava disposto a usar a força para realizar seus objetivos raciais nacionalistas. Seu círculo íntimo incluía o mais importante editor eugenista da Alemanha. Em 1924, o cabo estava cumprindo uma pena por atividades de incitação pública à desordem. Enquanto esteve na prisão, passou o tempo vasculhando livros didáticos eugenistas, que citavam extensivamente Davenport, Popenoe e outros radicais americanos. Além disso, acompanhava fielmente os escritos de Leon Whitney, presidente da Sociedade Americana de Eugenia, e de Madison Grant, que exaltava a raça nórdica e deplorava sua corrupção pelos judeus, pelos negros, pelos eslavos e por todos os outros que não tinham cabelo louro e olhos azuis. O jovem cabo alemão chegou até mesmo a escrever uma carta como fã para um deles.

No livro *O Fim da Grande Raça*, Madison Grant escreveu: "a consideração errônea do que acreditamos ser as leis divinas e uma crença sentimental na santidade da vida humana tendem a prevenir tanto a eliminação das crianças defeituosas quanto a eliminação desses adultos que são, eles mesmos, indignos para a comunidade. As leis da natureza requerem a obliteração do incapaz, e a vida humana é valiosa somente quando tem utilidade para a comunidade ou para a raça".

Um dia, no início de 1930, o presidente da Sociedade Americana de Eugenia, Leon Whitney, visitou a casa de Grant, que, na época, presidia o comitê de imigração eugenista. Whitney queria mostrar uma carta que acabara de receber da Alemanha, escrita por um cabo, agora fora da prisão e ascendendo na cena alemã. Grant apenas sorriu. Ele também tinha uma carta. Era do mesmo alemão, agradecendo Grant por ter escrito *O Fim da Grande Raça*. A carta do fã dizia que o livro de Grant era "sua Bíblia".

O homem que escreveu ambas as cartas para os líderes eugenistas americanos em breve iria incinerar seu próprio nome no canto mais negro da história. Ele duplicaria o programa eugenista americano – tanto o que havia sido legislado quanto o que apenas havia sido impetuosamente advogado – e seu grupo consistentemente apontaria os Estados Unidos como tendo criado os precedentes para as ações na Alemanha. E depois esse homem iria ainda mais longe do que qualquer eugenista americano jamais sonhara, mais longe do que o mundo jamais poderia tolerar, mais longe do que a humanidade jamais será capaz de esquecer.

O homem que mandou aquelas duas cartas foi Adolph Hitler. (p. 418-20)

Os nazistas gostavam de afirmar que o "nacional-socialismo não era nada mais que a biologia aplicada", e, em 1934, o jornal Richmond Times--Dispatch citou um proeminente americano defensor da eugenia que afirmava: "os alemães estão nos vencendo em nosso próprio jogo". (p. 22)

Podemos dizer que esse projeto terminou lá nas cinzas da Segunda Guerra?

Foi somente depois que a verdade sobre o extermínio nazista se tornou conhecida que o movimento eugenista americano começou gradualmente a declinar. As instituições eugenistas americanas prontamente trocaram seus nomes de eugenia para genética. Com essa nova identidade, o movimento remanescente se reinventou e ajudou a estabelecer a moderna revolução genética humana, acadêmica e erudita. Embora a retórica e os nomes das organizações tenham mudado, as leis e as mentalidades permaneceram. Assim, décadas depois que Nuremberg denunciou os métodos eugenistas como genocídio e como crimes contra a humanidade, os Estados Unidos continuaram a esterilizar compulsoriamente e a proibir casamentos indesejáveis segundo o ideal da eugenia. (p. 23)

Essa relação social assume outra fisionomia e ainda é tão vívida quanto antes. Leia esse texto[185] de Marian Wright Edelman[186]:

"Jarvious Cotton não pode votar. Assim como seu pai, avô, bisavó e tataravó, lhe é negado o direito de participar em nossa democracia eleitoral. O tataravó de Cotton não podia voltar por ser escravo. Seu bisavó foi espancado até a morte pela Ku Klux Klan por tentar votar. Seu avó foi impedido de votar devido a intimidação da Klan. Seu pai foi barrado de votar por não pagar impostos e devido a ser analfabeto. Hoje, Jarvious Cotton não pode votar porque ele, assim como muitos homens negros nos Estados Unidos, foi rotulado como criminoso e está atualmente sobre liberdade condicional.

A história de Cotton ilustra, de muitas formas, o velho adágio 'Quanto mais as coisas mudam, mais ele permanecem as mesmas'. [...] Na era de 'colorblindness' (cegueira de cor), não é mais socialmente permitido usar, explicitamente, raça como uma justificativa para discriminação, exclusão e desdém social. Pois bem, não usamos. Melhor do que se basear em raça, usamos nosso sistema de justiça criminal para rotular pessoas de cor como 'criminosos' e daí engajar em todas as práticas que supostamente deixamos para trás... Uma vez que você é rotulado criminoso, as velhas formas de discriminação – na procura por emprego, moradia, negação do direito de votar, oportunidades educacionais, auxílio alimentação e outros benefícios

---

185 Texto publicado no *Huffington Post* em 11 de março de 2011. Tradução para o português de Márcio Macedo.

186 Marian Wright Edelman é presidente da *Children's Defense Fund Child*. Sua coluna *Watch Column* é publicada semanalmente no *The Huffington Post* e *Change.org*.

públicos, além da exclusão de participação em júri popular – são repentinamente legais. Como criminoso, você tem pouquíssimos direitos mais, e provavelmente menos respeito, do que um negro vivendo no Alabama no ápice do Jim Crow[187]. Nós ainda não findamos a casta racial na América; nós meramente a reprojetamos."

Assim começa a introdução do extraordinário livro *The New Jim Crow: Mass Incarceration in the Age of Colorblindness* (2010) de autoria da jurista e ex-advogada Michele Alexander. *The New Jim Crow* vem sendo elogiado por documentar em convincentes detalhes como os atuais níveis históricos de encarceramento nos Estados Unidos tem desproporcionalmente mirado comunidades de cor e funcionado com um meio de controlar pessoas de cor, justamente como a escravidão e Jim Crow fizeram no seu tempo.

Alexander reconhece que muitas pessoas acham esse argumento difícil de acreditar na era da *"colorblindness"*. Muitos americanos queriam ver a histórica eleição do Presidente Obama como o esperançoso e derradeiro sinal de que nossa nação avançou sobre seu "passado racial" e muitos acreditam que milhões de outros negros americanos que são presos e privados de direitos estão nesta condição somente por conta de escolhas individuais ruins. Quando confrontados com os fatos de que os índices de encarceramento de nossa nação tem quintuplicado nas últimas décadas e os Estados Unidos tem a maior população presidiária do mundo que aprisiona os mais altos números da sua população minoritária, Alexander diz que americanos simplesmente aceitam o mito prevalecente que "há, é claro, uma *'colorblind'* explicação para tudo isso: índice de criminalidade. Nossa população presidiária explodiu de 300.000 para mais de 2 milhões em poucas décadas, é dito, por causa do crime crescente. Nos é dito que a razão pela qual muitos homens negros e pardos (*brown*) encontram-se atrás das grades entrando num permanente *status* de segunda classe é porque acontece deles serem os rapazes ruins (vilões)". Mas como *The New Jim Crow* argumenta, os dados mostram que isto simplesmente não é verdade.

---

187 Jim Crow faz referência ao sistema de segregação racial que prevaleceu no sul dos Estados Unidos entre 1876 e 1965. A origem da expressão "Jim Crow" tem sido atribuída ao termo *"Jump Jim Crow"*, uma canção e dança caricatural de afro-americanos realizada pelo ator branco Thomas D. Rice (1808-1960) usando o rosto pintado de preto (*blackface*) que surgiu pela primeira vez em 1832 e era usada para satirizar as políticas populistas do presidente Andrew Jackson (1767-1845). Como resultado da fama de Rice, "Jim Crow" se tornou uma expressão pejorativa que designava um africano americano por volta de 1838. Posteriormente, as leis de segregação racial, que estabeleciam separação entre negros e brancos, ficariam conhecidas como "leis Jim Crow".

Enquanto encarceramento pode estar enraizado em escolhas individuais ruins para alguns, a evidente disparidade racial em buscas, prisões, condenações e sentenciamentos pelos mesmos crimes sugerem que nossa nação não trata as decisões ruins de todos igualmente. O que tem crescido exponencialmente ao longo dos anos não são os índices de criminalidade de nossa nação – os quais tem na verdade caído abaixo na média internacional –, mas sim os números de condenação por drogas nos EUA como resultado da nossa declarada "Guerra às Drogas". Muitas pessoas logo assumem que com certeza criminosos negros estão sendo encarcerados por crimes de drogas em índices recordes porque eles são os que estão cometendo esses crimes. Em alguns estados, negros compreendem de 80 a 90 por cento de todos os condenados mandados para a prisão. Mas *The New Jim Crow* diligentemente enfatiza como a mídia e estratégias políticas manufaturam as imagens populares da Guerra às Drogas como um ataque contra assustadores e violentos traficantes negros quando, de fato, "estudos mostram que pessoas de todas as cores usam e vendem drogas em índices notavelmente similares. Se há diferenças significativas a serem achadas nas pesquisas, elas frequentemente sugerem que brancos, particularmente jovens brancos, são mais prováveis de engajarem em crimes de drogas do que pessoas de cor". Enquanto isso, como *The New Jim Crow* mostra claramente, o dramático crescimento no tamanho das penas em regime fechado mesmo para crimes não violentos e as consequências a longo prazo que advêm ao ser classificado como criminoso mesmo após uma sentença ser cumprida tem feito do encarceramento hoje uma histórica forma punitiva de controle e morte social – exatamente ao mesmo tempo em que números recordes afro-americanos são mantidos confinados.

É assim que encarceramento em massa funciona como o novo Jim Crow, com previsíveis resultados destrutivos para comunidades e famílias negras. Para aqueles de nós preocupados com a crise do *Cradle to Prison Pipeline*[188] de nossa nação, este último perigo ameaça oprimir e destruir o futuro de milhões de nossas crianças. Ao identificar e dar nome a ele, Michele Alexander colocou um holofote crítico sobre uma realidade que

---

188 O termo faz referência a um relatório lançado pela *Children's Defense Fund/CDF* (Fundo de Defesa das Crianças) em 2007, cujos argumentos criavam a analogia de que, nos Estados Unidos, haveria um tubo/cano que ligava do berço à prisão (*cradle to prison pipeline*) jovens negros e latinos devido a intersecção entre pobreza e raça.

nossa nação não dar-se ao luxo de negar. Nós ignoramos sua cuidadosa pesquisa e ficamos em silêncio sobre os devastantes efeitos do encarceramento em massa sobre perigo nosso e da nossa nação.

Isso tudo a despeito de que a relação entre raça e inteligência já foi exaustivamente estudada e de que desde os anos 1950 o conceito de raça é totalmente inadequado para classificar a espécie humana, segundo documento da Unesco.

Em 1758, o botânico Carolus Linnaeus dividiu em 4 raças a espécie humana: os vermelhos, "geniosos e despreocupados"; os amarelos, "severos e ambiciosos"; os negros, "ardilosos e irrefletidos", e os brancos, "inteligentes e engenhosos". Ele era branco.

Inventado no início do século XX, o teste de QI (quociente de inteligência) pretendia medir a capacidade mental das pessoas. Mas os críticos dizem que ele só considera o raciocínio lógico-matemático, uma pequena parcela da inteligência.

Em 1899, o antropólogo francês George Vacher de Lapouge mediu os crânios de várias raças, dos arianos de "crânios longos" até os "braquiocefálicos" negros e judeus, "medíocres e inertes".

Em 1913, o psicólogo Henry Goddard fez uma adaptação tendenciosa dos testes de QI para classificar 40% dos imigrantes americanos como mentalmente inferiores, rotulando-os de imbecis. Confrontado, ele admitiu a fraude anos mais tarde.

Criada na década de 1950, a Teoria das Habilidades Cognitivas diz que o homem tem 10 subtipos de inteligência, embora derivados de uma capacidade geral. É o primeiro ataque à noção de raciocínio lógico como sinônimo de inteligência.

Em 1950, retomando uma ideia da antiguidade greco-romana, a Unesco usa o conceito de etnia para classificar os homens com base em fatores comuns – ancestralidade, religião, cultura ou idioma – em vez de usar como base a aparência física, como os defensores da ideia de raça.

Nos anos 50, com a descoberta das influências do ambiente na constituição pessoal, ganha força o conceito de população – um grupo que compartilha traços culturais, não importando a aparência física ou ancestralidade. É o critério mais aceito hoje.

Em 1981, o biólogo Stephen Jay Gould reafirmou a independência do desenvolvimento da cor da pele e da inteligência e desmontou a ideia de que todas as habilidades do ser humano têm origem genética.

No fim dos anos 80, o pesquisador americano Howard Gardner classificou a inteligência em 8 habilidades: lógico-matemática, linguística, musical, físico-cinestésica, espacial, naturalista, existencial e inteligências pessoais.

Na década de 1990, cientistas americanos descobrem que as pessoas mais ricas tendem a se sair melhor nos testes de QI. A conclusão: o teste era bom só para indicar que uma boa educação está relacionada às oportunidades propiciadas pelo nível econômico.

Nos anos 90, a Teoria da Evolução das Espécies ajuda os cientistas a descobrir que a maior produção de melanina, que dá o tom mais escuro à pele, é uma estratégia para o corpo armazenar substâncias em regiões de muita exposição à luz solar.

Desenvolvida pelo psicólogo Daniel Goleman no fim dos anos 90, a Teoria da Inteligência Emocional usa testes para medir o quociente de inteligência emocional (QE). Os críticos argumentam que o QE só mede variações de personalidade.

Essa polêmica foi requentada com a declaração do biólogo americano James Watson, co-descobridor da estrutura do DNA e vencedor do Nobel de Medicina em 1962. Em outubro de 2007, Watson disse ao jornal britânico *The Sunday Times* que estava preocupado com o futuro da África, afirmando que "todos os testes de inteligência" negam a ideia de igualdade intelectual entre brancos e negros. Depois, o próprio cientista se desculpou, explicando que a ideia de superioridade branca não tem comprovação científica. Nisso ele acertou. Primeiro, porque a única coisa que pessoas da mesma cor de pele compartilham é a cor da pele. Segundo, porque não há "o" gene da inteligência – na verdade, milhares deles interferem na formação da capacidade intelectual. E, terceiro, porque "não há nenhuma relação entre os genes responsáveis pela pigmentação da pele e os que formam o sistema nervoso central", diz o médico-geneticista Sergio Danilo Pena, da UFMG. No fim das contas, um negro africano pode ser geneticamente mais parecido com um branco norueguês que com seu vizinho, também negro. Por isso, a maioria dos cientistas defende que o conceito de "raça" (um grupo que compartilharia características físicas e composição genética) simplesmente não existe. Definir inteligência também é complicado: além do raciocínio lógico, há outras características, como a capacidade musical, que também podem ser consideradas como inteligência[189].

Recomendo assistir ao filme *1900 – Homo Sapiens.* O drama visual desse documentário é uma experiência assustadora. Seu *timming* lento, purgado, com longas pausas depois de imagens aterradoras, possibilita que pensemos enquanto transcorre e essa reflexão, como que subitamente, nos engolfa e nos vemos e sentimos que tudo aquilo está em nós, como uma memória atávica ou algo que ganhamos em nossa genética. Isso é ser herdeiro da dominação eurocêntrica. É ver-se em seus arroubos mais danados, enredado em sua loucura racionalizante.

E nada disso seria possível sem que a teoria da evolução das espécies de Darwin tivesse sido escrita. Mas é um momento privilegiado para o entendimento dos mecanismos da ideologia. Aqui pudemos perceber como os ideais de um pequeno grupo da sociedade americana, os *wasp* (*white anglo-saxon protestants*), concebem um conjunto de preceitos, criam ou utilizam as diversas instituições sob sua influência e colocam em funcionamento um perverso sistema de eliminação e erradicação de outros grupos sociais. Tornando legítima uma situação que, sob qualquer princípio de humanidade, seria simplesmente rejeitada como absurda.

O discurso ideológico do eugenismo é um discurso voltado para dentro da nação. Elege como uma patologia pobres, negros, débeis mentais, ciganos, judeus, mas estas são características móveis que são adaptáveis a cada nação.

Enquanto discurso ideológico deve ser entendido com acurada precisão: embora prescreva a morte de determinados "cidadãos", sua cientificidade não é mais que mera política, uma vez que, por exemplo, como lembrou Eichman em Jerusalém, judeu, na Alemanha nazista, era quem Goebbels dizia que era judeu.

Tal discurso, embora seja proferido para produzir morte, requer que uma parcela da população, a que identifica-se com esse mesmo discurso, seja a executora da "parte maldita", aquela eleita para ser exterminada.

Em grande medida, tal discurso é válido para todos os eventos de morte dos anos posteriores à década de 1920 em todo o mundo.

---

189 SCHNEIDER, Daniel. Brancos são mais inteligentes que negros? Revista *Superinteressante*. São Paulo: Ed. Abril, Edição 246, Dezembro de 2007, p. 52-53.

As guerras civis, a guerra mundial, os genocídios, a guerra na Bósnia, o genocídio de Ruanda, enfim, esse discurso permitiu que se legitimassem todos os movimentos de megamortes do século XX.

Ele não requer que a "parte maldita" seja realmente exterminada, embora alguns eventos fora do mundo europeu tenham demonstrado empenho para esse fim. O que esse discurso deseja é comprometer uma parte da sociedade da nação como cúmplice do assassinato de uma outra parte, já que como discurso ideológico, o que ele anuncia, não constitui realmente o seu fim, mas é um caminho, uma metodologia, um estímulo para a realização fundamental, que consiste em dois pontos: completar a erradicação de modos alternativos de vida, sociabilidades campesinas, aldeias resistentes ou escondidas, e, como ponto elementar, completar o sistema de dominação, pelo empoderamento dessa parcela de cúmplices que executam suas diretrizes.

O discurso ideológico da eugenia contempla também as questões ideológicas do socialismo contra o capitalismo e outros discursos afins que colocam as populações internas dos países em confronto direto e que aparentam se tratar de discursos ideológicos diferentes. Não o são: é o mesmo discurso proferido pelo "outro lado".

Esse discurso, ao contrário do que imaginamos, não se esgotou absolutamente. Assumiu outra forma: é agora aprimorado no discurso dos geneticistas e nas cadeias helicoidais de DNA que renderam um prêmio Nobel, em 1962, a seu inventor, James D. Watson que, recentemente, reafirmou seu preconceito:

> Watson declarou, em artigo publicado no *Sunday Times Magazine* em 14 de outubro de 2007, que está "inerentemente pessimista quanto às perspectivas da África" porque "todas as nossas políticas sociais estão baseadas no facto de que a inteligência deles é a mesma que a nossa – enquanto que todos os testes dizem que não é assim". Ele afirma desejar que todos fossem iguais, mas argumentou que "pessoas que têm de lidar com empregados negros descobrem que isso não é verdadeiro". Ele afirmou que não se deveria discriminar com base na cor da pele, porque "existem muitas pessoas de cor que são bastante talentosas, mas que não são encorajadas quando não obtêm sucesso no nível mais elementar."
>
> "Não há nenhuma razão sólida para antecipar que as capacidades intelectuais de pessoas geograficamente separadas em sua evolução provem ter evoluído de forma idêntica", escreveu. "Nosso desejo de reservar poderes

iguais de raciocínio como alguma herança universal da humanidade não será suficiente para fazer com que assim seja."

Como resultante destes comentários, o Museu de Ciências de Londres cancelou uma palestra que Watson daria em 19 de outubro de 2007. O porta-voz do museu declarou: "sentimos que o dr. Watson foi além do ponto do debate aceitável e estamos, como resultado, cancelando sua palestra".

Watson posteriormente desculpou-se por seus comentários, declarando: "para todos aqueles que extraíram uma inferência de minhas palavras de que a África, como continente, é de algum modo geneticamente inferior, posso somente me desculpar sem restrições. Não foi o que eu quis dizer. O mais importante, do meu ponto de vista, é que não há base científica para tal crença", e depois, "não posso entender como posso ter dito o que foi citado como eu tendo dito. Posso certamente entender por que as pessoas que leram estas palavras reagiram da forma que reagiram."

Várias críticas lhe foram dirigidas por este motivo. Keith Vaz, deputado trabalhista, lamenta que um "cientista de tamanha reputação" faça comentários "acientíficos e sem nenhuma base" e que é "um destacado biólogo molecular e não deveria entrar em temas em que não está qualificado" (Steven Rose, neurobiólogo).

Watson tornou-se conhecido por fazer declarações polêmicas acientíficas. No seu livro *Paixão pelo DNA* (primeira edição em 2000), manifestou-se a favor da eugenia, assunto que a sua condição de biólogo molecular não lhe confere qualificação. Em outras ocasiões, como no cinquentenário do descobrimento que lhe valeu o Nobel em conjunto com Francis Crick e Maurice Wilkins, fez comentários acientíficos a favor da clonagem humana e manipulação genética (*El Mundo*, 25-IV-2003).

Daí que não se espantem com a reportagem seguinte:

Durante pouco mais de três séculos de tráfico negreiro o trecho da África Ocidental que vai do Senegal à Nigéria possivelmente forneceu muito mais escravos ao Brasil do que se imaginava. A proporção de homens e mulheres capturados nessa região e enviados à força para cá pode ter superado – e muito – os 10% do total estimado anos atrás pelos historiadores norte-americanos Herbert Klein e David Eltis, estudiosos do tráfico de escravos no Atlântico. Os argumentos que agora servem de suporte à revisão dos cálculos, em especial para o Sudeste do Brasil, não são apenas históricos, mas genéticos. Analisando a constituição genética de pessoas que vivem em três capitais brasileiras, os geneticistas Sérgio Danilo Pena e Maria Cátira Bortolini estão ajudando a resgatar parte dessa história ainda não de todo esclarecida sobre a origem dos quase 5 milhões de escravos africanos que chegaram aos portos de Rio de Janeiro, Salvador e Recife e contribuíram para a formação do povo brasileiro.

Em dois estudos recém-concluídos a equipe de Pena, na Universidade Federal de Minas Gerais (UFMG), e a de Maria Cátira, na Universidade Federal do Rio Grande do Sul (UFRGS), compararam o padrão de alterações genéticas compartilhado por africanos e brasileiros. Desse modo, conseguiram estimar a participação de diferentes regiões africanas no envio de escravos para o Brasil, o último país da América Latina a eliminar a escravidão com a assinatura da Lei Áurea em 13 de maio de 1888.

Os resultados confirmaram que foram três as regiões da África – a Oeste, a Centro-Oeste e a Sudeste – que mais exportaram mão de obra africana para o país até 1850, quando o ministro da Justiça do Império Eusébio de Queirós formulou uma lei tornando crime o tráfico de escravos. Até aí, nada muito novo, e a genética apenas corrobora as informações históricas a respeito de uma das situações mais cruéis a que um ser humano pode submeter outro. Já se sabia que o Brasil foi um dos poucos, se não o único, países das Américas a receber africanos de todas as origens.

A novidade é o envolvimento maior no tráfico negreiro da África Ocidental, também conhecida como Costa Oeste, região de onde vieram povos como os iorubás, os jejes e os malês, que exerceram forte influência social e cultural no Nordeste brasileiro, em especial na Bahia.

Durante os três séculos em que os portugueses controlaram o tráfico no Atlântico – o mais antigo, de mais longa duração e maior em termos numéricos –, a proporção de escravos embarcados no Oeste, no Centro-Oeste e no Sudeste da África oscilou bastante. Avaliando registros de viagem africanos, Herbert Klein, da Universidade de Colúmbia, e David Eltis, da Universidade Emory, calcularam que, no total, 10% dos escravos teriam vindo da região Oeste da África e 17% da Sudeste.

O principal fornecedor de escravos seria mesmo o Centro-Oeste, onde ficava a colônia portuguesa de Angola, que teria contribuído com 73% dos africanos enviados para o Brasil amontoados no porão de pequenos navios. "Os dados sobre o tráfico de escravos ainda são incompletos e os historiadores aceitam que a maior parte veio da região de Angola", comenta

Marina Mello Souza, da Universidade de São Paulo (USP), especialista em história africana.

Cientes de que os registros de viagem nem sempre refletem com precisão o passado, nos últimos tempos os historiadores passaram a recorrer também à genética na tentativa de compreender melhor o que de fato ocorreu. "Nossas estimativas anteriores se basearam em amostras parciais", disse Klein à Pesquisa FAPESP.

"Estamos revendo essas projeções, com base no trabalho de geneticistas e na revisão dos dados de viagem que a equipe de David Eltis vem investigando na Universidade Emory." E, nesse ponto, os trabalhos de Pena e Maria Cátira podem colaborar para esse reexame histórico. A análise do material genético compartilhado por brasileiros e africanos revelou que a proporção de escravos oriundos do Oeste da África – entre Senegal e Nigéria – pode ter sido de duas a quatro vezes maior que o contabilizado até o momento, bem mais próximo dos números exportados por Angola.

Origens e destinos – Superior à esperada, a contribuição do Oeste africano provavelmente não se distribuiu igualmente pelo país. Pena e sua aluna de doutorado Vanessa Gonçalves analisaram amostras de sangue de 120 paulistas que classificavam a si próprios e aos seus pais e avós como sendo pretos, seguindo a nomenclatura adotada pelo Instituto Brasileiro de Geografia e Estatística, que agrupa os brasileiros em brancos, pretos e pardos – os movimentos de afrodescendentes em geral usam a palavra negro para se referir a pretos e pardos.

Quatro de cada dez pretos paulistas apresentavam material genético típico do Oeste africano. Essa proporção, no entanto, foi menor no Rio de Janeiro e no Rio Grande do Sul, segundo artigo da equipe da UFRGS a ser publicado no *American Journal of Physical Anthropology*. Dos 94 pretos cariocas testados por Maria Cátira e Tábita Hunemeier, 31% traziam no sangue a assinatura genética do Oeste africano, apresentada por apenas 18% dos 107 pretos gaúchos. Além de indicar origens e destinos, esses dados talvez expliquem a penetração heterogênea no país do candomblé, religião com importantes traços culturais iorubás e jejes.

Na busca pelas origens do povo brasileiro, não são apenas os historiadores que recorrem aos achados genéticos. Também os geneticistas precisam, por vezes, voltar aos livros de história, sociologia ou antropologia para compreender o que as características genéticas lhes mostram. Ao menos um fato histórico ajuda a entender por que a proporção de pretos com origem no Oeste africano é mais elevada em São Paulo do que a do Rio ou a de Porto Alegre. Nos séculos XVI e XVII, os africanos oriundos do Oeste chegaram aos portos de Salvador e Recife para em seguida serem vendidos aos proprietários dos engenhos de cana-de-açúcar do Nordeste.

Mais tarde, porém, a decadência da economia açucareira levou ao deslocamento da mão de obra escrava para as plantações de café que floresciam no estado de São Paulo. Antes dessa migração interna, entre o fim do século XVIII e o início do XIX, São Paulo já apresentava uma concentração de escravos do Oeste africano muito mais elevada que no restante do país. De acordo com Klein, as razões para essa diferença ainda não são completamente compreendidas, mas talvez possam ser parcialmente explicadas pela importação de mão de obra diretamente do Oeste africano.

Maria Cátira explica a proporção mais baixa de material genético típico do Oeste da África entre os pretos de Porto Alegre pelo fato de os escravos chegarem ao sul do país por via indireta: 80% da mão de obra africana do Rio Grande do Sul era proveniente do Rio de Janeiro, onde a presença de povos do Oeste africano era mais baixa que no Nordeste brasileiro. Ainda assim transparece na composição genética dos pretos brasileiros o tráfico mais intenso para o país de escravos de Angola, no Centro-Oeste africano. Uma proporção menor (12%), mas significativa, veio da região de Moçambique, no Sudeste, sobretudo depois que a Inglaterra passou a controlar mais rigidamente os portos de embarque na costa atlântica da África.

Presença feminina – A contribuição africana para a composição genética do brasileiro não foi desigual apenas do ponto de vista geográfico. Enquanto os homens africanos foram os braços e as pernas que movimentaram a economia açucareira do Nordeste, as mulheres exerceram um encanto especial, de cunho sexual, sobre os senhores de engenho de origem europeia, como o sociólogo pernambucano Gilberto Freyre registrou em 1933 em *Casa-grande & Senzala*, ensaio clássico sobre a formação do país. Por essa razão, o preto brasileiro guarda hoje em seu material genético uma contribuição maior das mulheres do que dos homens africanos, embora o volume do tráfico masculino tenha sido maior.

Essa desigualdade, que os geneticistas chamam de assimetria sexual, torna-se evidente quando se comparam dois tipos de material genético. O primeiro é o DNA encontrado nas mitocôndrias, usinas de energia situadas na periferia das células. Transmitido pelas mães aos filhos de ambos os sexos, o chamado DNA mitocondrial permite conhecer a origem geográfica da linhagem materna de uma pessoa. O segundo tipo de material genético estudado é o cromossomo Y, que os pais passam apenas para seus filhos homens e serve como indicador da linhagem paterna.

A equipe de Pena constatou que 85% dos pretos de São Paulo tinham DNA mitocondrial africano, enquanto apenas 48% apresentavam cromossomo Y característico da África. De modo semelhante, o grupo coordenado por Maria Cátira viu que, em 90% dos pretos do Rio e em 79% dos de Porto Alegre, o material genético africano era de origem materna. Do lado paterno, só 56% do Rio e 36% de Porto Alegre tinham material genético paterno típico da África. "Esses números comprovam a história de exploração sexual das escravas pelos brancos", comenta Pena, "uma história nada bela porque se baseava em relação de poder".

Essa assimetria sexual confirmada pela genética já havia sido antes documentada e detalhada pelo historiador Sérgio Buarque de Holanda, no livro *Raízes do Brasil*, pelo antropólogo Darcy Ribeiro, em *O povo brasileiro*, além de nos livros de Gilberto Freyre. Ela se tornou incontestável quando Pena e Maria Cátira começaram há cerca de dez anos, em trabalhos paralelos e complementares, a investigar a formação genética de brancos e pretos brasileiros com o auxílio do DNA mitocondrial e do cromossomo Y.

As primeiras evidências de que o brasileiro carregava em suas células o material genético de índios, africanos e europeus surgiram em abril de 2000, quando o país comemorou os cinco séculos da chegada do colonizador português a este lado do Atlântico ou os 500 anos do descobrimento do Brasil. Aproveitando a data oportuna, Pena publicou – primeiro na revista *Ciência Hoje*, de divulgação científica, e depois no periódico acadêmico *American Journal of Human Genetics* – o trabalho que chamou de "Retrato molecular do Brasil". Nesse estudo com 200 brasileiros das regiões Norte, Nordeste, Sudeste e Sul, o geneticista da UFMG constatou que, na realidade, 33% descendiam de índios por parte de mãe e 28% de africanos. Em outro estudo, publicado em 2001, mostrou que 98% dos brancos descendiam de europeus pelo lado paterno. Obviamente, a colaboração de índios e negros variava de acordo com a região do país.

Essa era a demonstração genética do que já se conhecia do ponto de vista histórico, sociológico e antropológico. Os primeiros grupos de colonizadores europeus que chegaram ao Brasil depois de 1500 eram formados quase exclusivamente por homens. Milhares de quilômetros distantes de casa, tiveram filhos com as índias. Mais tarde, com a chegada dos escravos durante o ciclo econômico da cana-de-açúcar, passaram a engravidar também as africanas.

A análise do material genético de pretos feita por Pena e Maria Cátira reforça esses resultados: 85% dos pretos brasileiros têm uma ancestral africana, mas os homens africanos estão representados em apenas 47% dos pretos – o restante tem ancestrais europeus em sua linhagem paterna. "É o outro lado da moeda", diz Pena.

Retrato molecular – Mas o que o DNA mitocondrial e o cromossomo Y de fato revelam? Depende. São ferramentas genéticas fundamentais para determinar a composição de uma população porque são blocos de DNA que não se misturam com outros genes e passam inalterados de uma geração a outra. Mas esse material genético contém muito pouca informação sobre as características físicas de um indivíduo. Ter DNA mitocondrial africano, por exemplo, indica apenas que em algum momento do passado – recente ou não – houve uma mulher africana na linhagem materna daquela pessoa. É por isso que alguém com cabelos louros e olhos azuis pode ter entre suas ancestrais uma africana de pele escura, assim como um homem de pele escura e cabelos encaracolados pode ser descendente de europeus.

Na tentativa de detalhar essa razão, Pena decidiu investigar um terceiro tipo de material genético: o chamado DNA autossômico, que se encontra no núcleo de quase todas as células do corpo. Pena e Flavia Parra selecionaram dez trechos do DNA autossômico típicos da população africana e criaram uma escala chamada índice de ancestralidade africana: quanto mais desses trechos uma pessoa possui, mais próxima ela estaria de um africano. Em seguida, foram procurá-los na população brasileira. Os pesquisadores mineiros testaram esse índice em 173 homens brancos, pretos e pardos de Queixadinha, interior de Minas Gerais, e viram que, em média, os três grupos apresentavam proporções semelhantes de ancestralidade africana, que era intermediária entre a de um português do Porto, em Portugal, e a de um africano da ilha de São Tomé, na costa Oeste da África.

Em outro estudo, Pena e a bióloga Luciana Bastos-Rodrigues analisaram 40 outros trechos de DNA autossômico e descobriram que eles são suficientes para distinguir um indivíduo africano de outro europeu ou de indígena nativo das Américas. Ao comparar esses mesmos trechos de 88 brancos e 100 pretos brasileiros com os de africanos, europeus e indígenas, Pena e Luciana observaram altos níveis de mistura gênica: tanto os brancos como os pretos apresentavam características genéticas de europeus e de africanos. Essa mistura foi ainda mais evidente entre os pretos, que, segundo Pena, "resultam de um processo de intensa miscigenação".

Com base nesses resultados obtidos em dez anos de investigação das características genéticas do brasileiro, Pena e Maria Cátira não têm dúvida em afirmar que, ao menos no caso brasileiro, não faz o menor sentido falar em raças, uma vez que a cor da pele, determinada por apenas 6 dos quase 30 mil genes humanos, não permite saber quem foram os ancestrais de uma pessoa.

O geneticista brasileiro Marcelo Nóbrega, da Universidade de Chicago, Estados Unidos, concorda, embora afirme que as diferenças genéticas entre populações de continentes distintos podem ser úteis na área médica – por indicar capacidades diferentes de metabolizar medicamentos – e usadas para definir raça. "Isso não significa que as raças sejam profundamente diferentes entre si nem superiores umas às outras", diz. Para ele, o aumento da miscigenação nos últimos séculos erodiu as divisões entre esses grupos, como no caso brasileiro, e deve tornar obsoleto o conceito genético de raças.

Como já disse Gilberto Freyre em *Casa-grande & Senzala*, "todo brasileiro, mesmo o alvo, de cabelo louro, traz na alma, quando não na alma e no corpo – há muita gente de jenipapo ou mancha mongólica pelo Brasil –, a sombra, ou pelo menos a pinta, do indígena ou do negro"[190].

Esse tipo de bobagem acadêmica, revestida do discurso do politicamente correto e legitimada pelo estigma científico, só reforça o já ultrapassado conceito de raça, agora não mais instalada no sangue, mas no DNA. Ao contrário do que afirmam, não só não torna obsoleto o conceito genético de raça como reafirma sua validade, uma vez que pela análise do DNA é possível estabelecer distinções não só entre brancos e negros, mas entre negros e negros, ampliando ainda mais as desigualdades já tão naturalizadas pelos procedimentos usuais da ciência, da política, da cultura.

Devemos voltar a ler a epígrafe deste capítulo no reconhecimento de que a ciência é, antes de tudo, um dos braços da política e do poder. Seus benefícios deletérios não podem ocultar a enormidade de infortúnios que ela trouxe e traz à humanidade. A ciência é a autêntica, legítima e verdadeira caixa de Pandora.

---

190 A África nos genes do povo brasileiro. Revista *FAPESP*, abril 2007 – edição 134. Análise de DNA revela regiões que mais alimentaram o tráfico de escravos para o Brasil.

A ciência, em suas mais perplexas variâncias, está submetida a múltiplos interesses. A pesquisa depende de resultados mercantis de médio e longo prazos. A indústria farmacêutica é a segunda maior fonte de riqueza do planeta, superada apenas pela indústria e o tráfico de armas. Pesquisas médicas são financiadas pelo Pentágono e por grandes corporações internacionais; *lasers* que podem fazer holografias de células e detectar precocemente um câncer também servem como armas precisas de utilização via satélite contra inimigos que ainda nem mesmo existem. Substituição de órgãos falhos por aparelhos mecânicos já existe, mas seu custo é exorbitante e proibitivo para quem não tem posses, ou seja, para noventa por cento das pessoas do planeta.

A ciência é política, não nos enganemos, senão, como explicar que a tuberculose seja ainda uma das doenças mais mortais deste século, sendo que no início do século passado ela quase fora extinta? Simples, porque é doença de pobre.

> Testemunhamos o surgimento das apologias do universalismo científico, a ciência como verdade, como o único modo significativo de compreender o mundo. O conceito das duas culturas – a diferença epistemológica fundamental entre a busca da verdade e a busca dos valores bons – foi a última volta do parafuso no processo de legitimação. Pode-se rejeitar o conceito de primitivo e pode-se ir além das reificações do Orientalismo. Mesmo assim, ao criar uma diferença epistemológica entre ciência e humanidades, permanecia a assertiva de que a verdade universal é aquela proposta pelos cientistas e não pelos humanistas. Havia mais um subtexto: embora todos pudessem ser "humanistas" e pudesse haver muitos humanistas, só seria possível existir uma única verdade universal. E, até hoje, aqueles com capacidade para descobri-la estão principalmente nas zonas poderosas do sistema-mundo.
>
> O conceito de uma ciência externa à "cultura", em certo sentido mais importante que a cultura, tornou-se o último terreno da justificativa da legitimidade da distribuição de poder no mundo moderno. O cientificismo foi o modo mais sutil de justificativa ideológica dos poderosos. Afinal, apresenta o universalismo como ideologicamente neutro, desinteressado da "cultura" e até da arena política, e extrai sua justificativa principalmente do bem que pode oferecer à humanidade por meio da aplicação do saber teórico que os cientistas vêm adquirindo[191].

---

191 WALLERSTEIN, Immanuel. *O Universalismo Europeu*. São Paulo: Boitempo, 2007, p. 116.

E essa forma perversa de política ganha quase que de imediato um território gigantesco. Nos anos vinte, a propaganda traduzia os princípios da eugenia, nos Estados Unidos, em termos higiênicos:

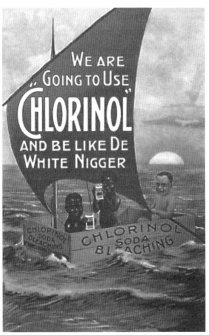

Uma cibalena não é mais suficiente para depurar nossas entranhas e arrefecer essa dor intensa em algum lóbulo novo de nossa cabeça, não é?

CAPÍTULO 20

ALGUMAS CIDADES DA ÁFRICA CONTEMPORÂNEA E OS RITUAIS E EXPERIÊNCIAS NO BIFRONTE TRADIÇÃO *VERSUS* MODERNIDADE: CIDADE DO CABO, ACCRA, KIGALI (MUTI, HAUCÁ, HUTU)

> *A fim de exercer adequadamente sua função, os historiadores precisam de uma capacidade de percepção imaginativa, sem a qual os ossos do passado continuam ressequidos e sem vida. Exercê-la é, e sempre foi, uma tarefa repleta de riscos.*
> Isaiah Berlim

Rastrear historicidades fugidias pode significar o encontro com surpresas inesperadas, com dinâmicas que ocultam, por detrás de seus ruídos, experiências potencializadoras cuja conexão com nossas próprias experiências dialoga intertextualidades do inusitado, revelando-nos mais de nós mesmos do que sua própria e peculiar revelação.

Experiências de rupturas, dessas cuja força extravasa em múltiplos paroxismos, anéis cujo escrúpulo deve ser quebrado se quisermos minimamente tocar a rede de complexidades desse tempo em que convergem, a todo instante, diacronias, sincronias, acronias e anacronias.

Nossos olhares buscam territorialidades ancestrais, alargam experiências de diásporas, transitam por redes que reviram o dentro e o fora, que misturam o eu, o tu, o isto e que logo diluem o eu, o tu, o isto em identidades desfeitas, refeitas, mutáveis, inconclusas, e logo em desidentidades, complexidades (*com plexus* – "*tecer juntos*", com o *plexus* da alteridade, da outridade, da diferença que aproxima) que se traduzem por encontros, sempre encontros. Finalmente concebemos em nossa medula a impossibilidade de vivermos sós. Nosso corpo necessita de outros corpos e com isso nossa mente se descoloniza, ligeira: eis o imperativo do encontro!

Mas tocar na experiência do encontro é antes de tudo reconhecer historicidades fracassadas de poder, experiências que nunca ficam impunes, que jamais adormecem no silêncio da história. O encontro das diferenças só é possível quando reconhece que o encontro das desigualdades, experiência moderna, confrontou finalmente os seus limites indenes.

Olhar para algumas das cidades da África contemporânea é enfrentar os desdobramentos de sua dilaceração colonial, é atentar para as repercussões que o poder, essa articulação dimensional da dominação, imprime naqueles em que toca. A proporcionalidade da resposta, da interação, está diretamente ligada à sua efusão. Tais vestígios são sempre contundentes, pois se inscrevem na carne como um pontiagudo arabesco de sangue, pus e baba. Ao desespero de sua emergência contrapõe-se em quase tudo, quase tudo, a racionalidade do poder que o encetou. Restarão fios delicados a nos lembrar que esses outros estão atentos às limitações racionalistas de seus algozes inspirados e que depois serão transpirados como suor, como sangue, como nervos.

Suas respostas não serão caricaturas simplesmente. Nem será como um martírio que "falarão" suas ações. Esses espetáculos macabros que seguiremos com cautela são muito mais que traduções corrompidas do passado recente africano: são rituais cuja experiência colonial emancipou após a parturiente carnificina de modernidades em fluxogramas geométricos, em riscos concêntricos de bisturis, em desenhos reconhecíveis contornados pelo plasma de todo um continente.

Fausto e Frankeinstein na pele endurecida pela extravagância colonial invocam seus antigos senhores nos sinais reconhecíveis de suas passagens, num êmulo travestido, numa entidade incorpórea, num órgão de criança, enfim, onde for possível encontrar esses arremedos de senhores, esses faustos enfiados em suas barbas, esses novos frankeinsteins alcançam, com suas mãos prenhes não de vingança, não, prenhes de história, de uma história impossível de ser esquecida e que não necessita ser elucidada, não precisa de explicação alguma, que jamais será edulcorada por nenhuma cerimônia de seu receituário. Sua vivência será no sangue da experiência que, invocada por seus novos *griots-frankeinstein*, confere sentido ao que já foi, ao que permanece, ao que muda.

Frisemos que pela ótica desses corpos históricos, receptáculos do projeto expansionista europeu, as razões da caça ao butim foram narcolepsias (mais que um distúrbio do sono, narcóticos que induzem à catalepsia, a uma primeira morte) preventivas, êxtases da morte, volúpia pelo poder absoluto sobre a vida e a morte de seus anfitriões, inversão de papéis pela vertigem da experiência do poder: de classes perigosas a laboriosos funcionários do poder, emissários apopléticos de uma aristocracia pomposa, eficientes matadores de negros, de árabes, de asiáticos, de muçulmanos, de todos aqueles que tinham na pele a distinção necessária ("selvagens", "incivilizados", "brutos", "exóticos" e sabe-se lá que outras denominações receberam para caracterizar sua "inferioridade").

A brutalidade de todo o processo chama a atenção para um cenário em que a dominação, projeto eurocêntrico tecido nos bastidores do concerto das nações, a antessala de Napoleão III, revelada a tempo por Maurice Jolie em seu satírico *Diálogos no inferno entre Maquiavel e Montesquieu*, essa joia esquecida em 1864 e que ganhará todo o sentido nos acordos de Berlim, concebe-se como Uroboru, capicúa, geometria circular, cobra perseguindo o próprio rabo. Se resolve um problema social interno, resolve igualmente um externo e transforma em lucro o objetivo do processo (muito embora a enorme devastação implementada pela Bélgica no Congo tenha, pela motivação econômica, a capacidade de provocar riso: o marfim era utilizado para a fabricação de teclas de piano, pentes e bolas de bilhar), que é conter o fervor revolucionário europeu.

Em grande medida, a materialização desses fenômenos se deu na prática urbana, na formação das modernas cidades africanas. E só para não nos esquecermos, ouçamos um eco ao menos desse conceito que é, em si, complexidade:

Sob a aparente desordem da velha cidade existe, onde quer que a velha cidade funcione com sucesso, uma maravilhosa ordem que mantém a segurança das ruas e a liberdade da cidade. É uma ordem complexa. Sua essência é a intimidade do uso da calçada, trazendo consigo uma constante sucessão de olhos. Esta ordem é toda composta de movimento e mudança e, apesar de ser vida, e não arte, podemos fantasiosamente chamá-la de arte da cidade e ligá-la à dança – não uma dança simplista e precisa em que todos pulam ao mesmo tempo, girando em uníssono e agradecendo, fazendo reverências em massa, mas um intricado balé no qual os dançarinos solistas e os conjuntos têm, todos eles, papéis específicos que milagrosamente reforçam-se mutuamente e compõem uma unidade ordenada[192].

Veremos, contudo, como é paradoxal e imprevisível essa dança!

Tratarei de três fenômenos convergentes em muitos pontos: a utilização de facões pelo poder Hutu em Ruanda e Burundi em 1994, assassinos Muti na África do Sul do pós-apartheid e uma cerimônia de incorporação e possessão na Costa do Ouro, em 1954, protagonizada pelos haouka. Hutu, muti, haouka, estes serão nossos anfitriões nesta surpreendente jornada pelo mapa de uma outra África que poderia não ter existido jamais.

Percorrer esse caminho inusitado tem como objetivo confrontar nossa sensibilidade, mais que nossa racionalidade; além disso, captura afasias e liga um continente por fios similares. Mas o mais importante é que opera com simulacros tangíveis: mais que antropófagos, mais que homens-cópia são divindades purificadas, ou, na feliz concepção do direito romano, *homo sacer* (AGAMBEN, 2002)[193], são como homens sagrados, homens matáveis, que esses novos *griots*[194] lançam

---

192 JOHNSON, Steven. *Emergência, a Dinâmica de Rede em Formigas, Cérebros, Cidades e Softwares*. Rio de Janeiro: Zahar, 2003, p. 37.

193 *Homo sacer* são homens que, julgados pela comunidade culpados do crime que cometeram, foram recusados para a morte. Ao tornarem-se sagrados, podem ser mortos por qualquer um sem que este incorra em penalização. São, portanto, homens matáveis, no sentido de que suas mortes são irrelevantes e não nos tocam ou emocionam.

194 *Griots*, os narradores da cultura oral de muitos grupos africanos. São observadores dos eventos para depois narrarem aos que não puderam presenciá-los. Memória viva da coletividade, os *griots* divulgam uma história sempre vivificada, sempre renovada. São mais que narradores, são sujeitos que fazem e se responsabilizam por lembrar a plenitude do sujeito histórico. Estão isentos tanto da amnésia quanto da anestesia, tão características de nossos próprios historiadores.

suas vidas no mergulho inebriante da experiência da transformação, sejam eles hutu, muti ou haouká.

Não negam o passado, não reproduzem o passado, vivem o passado de um modo absolutamente constrangedor para nossos olhos de pedra. Portanto já adianto: julgá-los é uma temeridade!

Diálogo, confronto, mutação, o histriônico rompante dos acordes finais que essas sonoridades emitem hão de, espero, patrocinar uma mudança em nossos olhos de pedra, pedra vítrea, endurecida por um complô de imagens de acalanto, de violências sem história, de histórias sem fim de violências, sem as devidas historicidades, que as tornariam visíveis.

Assisto ao filme *Hotel Ruanda*; de fato, é a primeira vez que me esforcei para entender os massacres que há muito deixaram os noticiários televisivos. Talvez pense que agora posso compreender, a uma distância segura de tempo, muito embora há muito deixei de temer qualquer possibilidade de envolvimento (num passado longínquo me inscrevi para colher café na Nicarágua recém-revolucionária). Quando o filme termina, estou tonto, algo atingiu a base do meu estômago: compreendo que o filme é apenas a ponta do *iceberg* ruandês. No outro dia tenho em mãos o ótimo livro de Philip Gourevitch, *Gostaríamos de informá-lo de que amanhã seremos mortos com nossas famílias*[195].

Empatia, simpatia, antipatia, apatia, *pathos*, todo o diagrama destes termos serão sinônimos das enormes sensações que experimentei na leitura voraz da obra jornalística de Gourevitch. Entender a importação de um milhão de facões pelas milícias hutu naquele início do ano de 1994 nos remete, agora o sei, ao mito hamítico, esse prosaico fundamento europeu.

Facões não são armas de fogo, não são assépticos nem tampouco silenciosos, não admitem distância: facões repercutem gritos, agonia, sofrimento, amputações, lacerações e dor, muita dor. Mas facões implicam uma quantidade enorme de sangue, plasmado como jorro com poucas vítimas e como oceano quando aquilatamos um milhão de mortos. Não são rápidos em sua operosa impostura nem desavisados em sua ruidosa aproximação: algoz e vítima se medem, se estudam e, por pura pedagogia, sabem no que vai dar. Caim avançou sobre Abel com um facão, Caim, o agricultor que teve sua oferenda recusada pelo

---

195 Edição de bolso da Editora Companhia das Letras de 2006.

Criador, sobre Abel, o pastor cujas ovelhas Deus recebeu com um sorriso. Suponho que Abel não sorriu; Deus ainda pode ouvi-lo em sua agonia lenta e final. Caim, lavado pelo despeito, pelo ciúme e agora pelo sangue do irmão, não tentou refugiar-se. Aceitou a condenação de viver eternamente vagando sobre a terra como adequada ao crime impetrado. Baixou a cabeça e pôs-se a caminhar. Tornara-se um *homo sacer*[196]. Pelo menos era assim que o "bondoso" monsenhor Leon Classe, primeiro bispo de Ruanda e grande defensor da cassação dos direitos civis dos hutu, euforicamente pregava de seu púlpito para uma audiência maciça de tutsi ainda nos anos 1930 (GOUREVITCH, 2006, p. 54)[197].

Eis o mito hamítico: haveria sido introduzida nessa parte da África uma raça descendente do rei Davi, vinda provavelmente do norte, altos, de nariz afilado, criadores de rebanhos, tribo caucasoide de origem etíope, absolutamente distinta dos "negroides nativos", na comprometida descrição de Speke, "descobridor" do Nilo. *In extremis*, o mito hamítico remetia à progenitura de Cam[198] e Sem, os filhos de Noé e de Caim e Abel, os filhos de Adão. Na África, ele ganharia *status* de história.

Difícil saber a história dessa região central da África anterior ao final do século XIX. A construção operada pela força da cultura escrita que demarca a chegada dos europeus em sua busca pela nascente do Nilo impôs-se severamente e refez o passado. Os europeus traziam em sua bagagem o mito hamítico e "viram" uma "imponente raça de reis guerreiros, cercada de rebanhos de longos chifres e uma raça subordinada de camponeses pequenos e escuros, desencavando tubérculos e colhendo bananas. Os homens brancos presumiram que essa era a tradição do lugar e a consideraram um arranjo natural" (GOUREVITCH, 2006, p. 48).

De fato, entupidos das teorias racistas de Gobineau e *quejanos* imprimiram ao ignoto sua epistemologia solipsista, já tão arraigada de certezas.

---

196 Importante notar que Ruanda é o país mais católico da África.

197 Sem o saber (?) estava decretando a forma com a qual esses mesmos tutsi seriam exterminados num futuro não muito distante.

198 Segundo as teses jesuíticas do século XVII, Cam, o filho maldito de Noé, não somente reencarna a trágica memória de Caim como dá origem aos negros. Segundo os leitores do século XIX, Cam teria sido o primeiro homem negro. Tal argumento, nos Estados Unidos, teria sido fartamente utilizado para justificar a instituição escravista e a segregação.

Ainda assim, não deve ter sido fácil construir uma identidade tutsi, aproximando-os do Abel bíblico, contraposta a uma identidade hutu, descendentes do maldito Caim. O difícil seria convencer esses povos que não se viam desiguais a vestirem suas novas funções ideológicas.

E até aproximadamente 1959, quando ocorre o primeiro confronto entre tutsi e hutu, todas as arquiteturas dessa nova realidade haviam sido infrutíferas.

> Nada define tão vividamente a partilha quanto o regime belga de trabalhos forçados, que requeria verdadeiros exércitos de hutu para labutar em massa nas plantações, na construção de estradas e na silvicultura, sob as ordens de capatazes tutsi. Décadas depois, um velho tutsi rememorou a ordem colonial belga a um repórter com as palavras: "você açoita um hutu ou nós açoitamos você" (GOUREVITCH, 2006, p. 55-56).

E isso depois de os belgas terem oficialmente construído identidades étnicas documentais, de seus "cientistas" terem vasculhado com suas ferramentas os corpos das pessoas atrás dos vestígios do mito hamítico. Os 14% de tutsi restante foram obrigados, não sem alguma adesão, a submeterem os 85% hutu a uma humilhante submissão pessoal e coletiva. Eram os mesmos anos 1930 da pregação do pastor Classe: Igreja e Estado Dominador tinham, então, uma estranha convergência de propósitos.

O Estado belga usufruiu bem de sua obra até 1957, quando um grupo de intelectuais lança o manifesto hutu, reivindicando "democracia". Esse manifesto se colocava fortemente contrário à abolição das identidades étnicas, chamados então de cartões de identidade étnica que, numericamente, daria a vitória para o acesso ao poder pelos hutu.

Em 1º de novembro de 1959, um grupo de ativistas políticos tutsi espancam até a morte um ativista hutu. Até então, nunca houvera registros de violências entre hutu e tutsi, exceto aquelas naturalizadas pelo dominador, a cotidiana e insistente violência da submissão. Estranhamente, quando se aproxima a autonomia de Ruanda, os belgas passam a apoiar os hutu nos confrontos e no seu direito "histórico" de justiçar os tutsi. Haviam criado a dominação bipolar e se fartavam até a derradeira gota de seu espetáculo (laboratório? vitrine? meros expedientes burocráticos?).

Nas palavras de um conhecido agente belga na passagem do poder tutsi ao poder hutu ficam claras as diversas e difusas ironias do poder dominador eurocêntrico:

> Logiest (coronel do exército belga Guy Logiest), que estava virtualmente comandando a revolução, via a si próprio como um campeão da democratização, cuja missão era corrigir o grande equívoco da ordem colonial que ele servia. "Eu me pergunto o que me levava a agir com tanta resolução", recordaria depois. "Era sem dúvida o anseio de devolver ao povo sua dignidade. E era provavelmente também o desejo de derrotar a arrogância e expor a duplicidade de uma aristocracia basicamente injusta e opressora (GOUREVITCH, 2006, p. 59).

Essa aristocracia eram os tutsis. Os opressores haviam sido transmutados e agora podiam ser extintos por uma revolução patrocinada justamente pelos criadores dessa mesma aristocracia. Em 1962, quando finalmente Ruanda conquistava sua independência, os hutus estavam livres para complementar sua obra.

Assim como Deus havia sido tolerante com Caim, os belgas haviam relegado aos hutus os anos seguintes para recriarem, a seu jeito, a pitoresca fábula bíblica. 1963, 1973, 1994, pela ação da Frente Patriótica Ruandesa e pelas milícias do poder hutu, mais de um milhão de pessoas foram mortas com facões importados da China. A mesma ação provocou a maior diáspora de toda a África: 3 milhões de ruandeses refugiaram-se em vários países da África central apenas em 1994. Notícias recentes apontam para mais um milhão de mortos nos confrontos de 2004 até hoje[199].

---

199 Tais digressões podem ser paradigmáticas para repensarmos uma teoria fartamente divulgada quanto à posição relativa ao colonialismo europeu que invade a África, domina, cria fronteiras artificiais para forjar estados nacionais espúrios e quando sai, as etnias "voltam" a se matar. Ora, o genocídio é a mais alta expressão da civilização ocidental em seu ponto máximo de racionalidade. A leitura acima exposta somente garante nossa adesão ao modelo, já que interpretamos que a "barbárie" já existia lá antes da chegada dos europeus e quando estes saem, os bárbaros voltam a se matarem. Ora, a construção das identidades étnicas, ou a ideologia que empoderou os países africanos em sua luta pela independência –outro tempo, outros argumentos – foi construída durante a estadia colonial na África e os massacres posteriores à sua saída são prova desse empoderamento, já que grande parte das lutas tinham por objetivo exterminar grupos inteiros de "ex-iguais".

Os massacres começaram em Kigali, a maior cidade de Ruanda, e se estenderam em trajetórias randômicas para as comunas de Kibungo, Kanzenze, H'tarama, chegando finalmente a Muyange (antiga Leopold) e Nyamata.

Os historiadores tiveram um papel fundamental nesses massacres:

> Quando Paris tomou conhecimento de que os anglófonos tutsis, deixando a anglófona Uganda, tinham invadido o território francófono de Ruanda, considerou ameaçadas as fronteiras da Francophonie.
>
> As colunas da Frente Patriótica Ruandesa já estavam próximas da capital e o clã e o governo de Habyarimana já tinham as malas prontas, quando paraquedistas franceses chegaram ao aeroporto de Kigali. Eram apenas duas companhias, mas bastaram. Os tutsis queriam combater o regime de Habyarimana, e não travar guerra contra a França, na qual não teriam a mínima chance. Interromperam, portanto, o avanço sobre a capital, mas permaneceram em Ruanda, ocupando, de forma permanente, os territórios a nordeste do país. Ruanda ficou dividida em duas partes, ambas considerando a situação como temporária, provisória. Habyarimana esperava fortalecer-se para poder expulsar os invasores, enquanto estes aguardavam a retirada dos franceses, com o que a queda do regime do clã Akaz seria questão de dias.
>
> [...] Entre a ofensiva de novembro de 1990 e a carnificina de abril de 1994, passaram-se três anos e meio. Uma violenta discussão irrompe entre os governantes de Ruanda, entre os que desejam fazer um acordo e compor um governo de coalizão (partidários de Habyarimana e membros das forças de ocupação) e o fanático e despótico clã Akaz, comandado por Agathe e seus irmãos. Habyarimana tergiversa, hesita, não sabe o que fazer e passa a ter cada vez menos influência no desenrolar dos acontecimentos. Em pouco tempo, a facção chauvinista do clã Akaz começa a ditar as regras do jogo. O clã tem seus ideólogos, intelectuais, estudiosos e professores de história e de filosofia da universidade de Ruanda, em Butare: Ferdinand Nahimana, Casimir Bazimungu, Leon Mugesira, entre outros. São eles os formuladores da teoria que justifica o genocídio como a única saída para a sobrevivência do clã. A teoria de Nahimana e de seus companheiros reza que os tutsis são simplesmente membros de uma raça que chegou a Ruanda vinda das margens do Nilo, derrotou os habitantes locais – os hutus – e passou a explorá-los, a escravizá-los e a semear a cizânia em seu meio. Os tutsis apropriaram-se de tudo o que era valioso em Ruanda: terras,

gado, mercados e, finalmente, o poder. Os hutus passaram à condição de povo derrotado e condenado a viver por séculos na fome, na pobreza e na humilhação. O povo hutu devia recuperar sua identidade e dignidade e ocupar seu espaço entre as nações do mundo.

No entanto, questiona Nahimana em suas incontáveis palestras, artigos e panfletos –, o que nos ensina a história? As experiências são trágicas e nos enchem de profundo pessimismo. Toda a história das relações entre hutus e tutsis é uma interminável sucessão de pogroms e matanças, extermínios mútuos, migrações forçadas e de ódio incontrolável. Ruanda é pequena demais para abrigar dois povos tão diversos e que se odeiam mutuamente. Além do mais, a população de Ruanda tem crescido em proporções assustadoras. Em meados do século XX, era de 2 milhões de habitantes e, agora, cinquenta anos depois, chega a 9 milhões. Qual é, portanto, a única saída dessse círculo maldito, aliás provocado pelos próprios hutus, como admite Mugesira numa autocrítica: "Nós cometemos um erro fatal em 1959, ao permitir que os tutsis fugissem. Devíamos ter agido, tê-los eliminado da face da Terra". O professor acredita que chegou agora a derradeira chance de corrigir aquele erro. Os tutsis devem voltar à sua terra natal, nos confins do Nilo. Vamos mandá-los para lá, conclama, "vivos ou mortos". Aos olhos dos sábios de Butare, essa é a única saída, a solução final: alguém tem de desaparecer, deixar de existir para sempre.

Iniciam-se, assim, os preparativos. O Exército, composto de 5 mil homens, é aumentado para 35 mil e reforçado pela guarda presidencial, unidades de elite com armamento caro e moderno; ela é treinada e armada pela França, e também recebe armas da República Sul-Africana e do Egito. Os maiores esforços, porém, dirigem-se à formação de uma organização paramilitar de massa, a Interahamwe (Juntos Atacaremos). É na Interahamwe que milhares de pessoas provenientes dos vilarejos e cidadezinhas, jovens desempregados, camponeses pobres, alunos em idade escolar, estudantes universitários e funcionários públicos recebem treinamento militar e ideológico. Formam uma imensa multidão, um movimento popular cuja função é promover o apocalipse. Paralelamente, os prefeitos e vice-prefeitos recebem a incumbência de fornecer listas de opositores do regime e de pessoas suspeitas, não confiáveis, descontentes, pessimistas, céticas e liberais. O órgão ideológico do clã Akaz é a revista Kangura, mas o verdadeiro meio de propaganda e de veiculação de ordens para a sociedade, analfabeta na maioria, é a Radio Mille Collines, que, depois, durante o massacre, lançaria, várias vezes por dia, o seguinte apelo:

"Morte! Morte! As valas com os corpos dos tutsis ainda não estão cheias. Apressem-se a enchê-las até a borda".

Em meados de 1993, os demais países africanos forçaram Habyarimana a entrar em entendimento com a Frente Patriótica Ruandesa, cujos membros deveriam fazer parte do governo e do Parlamento, bem como constituir quarenta por cento das Forças Armadas. Mas um compromisso de tal natureza era inaceitável para os membros do clã Akaz. Perderiam o monopólio do poder, e isso era algo que não admitiam. Chegaram então à conclusão de que havia chegado a hora da solução final.

No dia 6 de abril de 1994, "agentes desconhecidos" abateram com tiros de foguete o avião do presidente Habyarimana, que se preparava para pousar no aeroporto de Kigali. Habyarimana retornava de uma viagem ao exterior, desmoralizado por ter firmado um acordo com os inimigos. Era a senha para dar início ao massacre dos opositores ao regime – tutsis, em primeiro lugar, mas também o considerável número de hutus de oposição. O massacre da população indefesa, perpetrado pelo regime, durou três meses, ou seja, até o momento em que as tropas da Frente Patriótica ocuparam todo o país e puseram em fuga os adversários.

Não se sabe ao certo o número de vítimas. Uns falam em meio milhão, outros em 1 milhão. O mais assustador, porém, é o fato de pessoas ainda ontem inocentes terem assassinado pessoas também inocentes, e desnecessariamente, sem motivo. E mesmo que não houvesse sido 1 milhão de vítimas, mas que apenas um inocente tivesse morrido, não seria essa a prova definitiva de que o demônio vive entre nós e que, na primavera de 1994, encontrava-se em Ruanda?

Meio milhão ou 1 milhão de mortos, esse é, certamente, um número trágico. Contudo, se levarmos em conta o extraordinário poder de fogo do Exército de Habyarimana, seus helicópteros, metralhadoras pesadas, artilharia e tanques, o número de vítimas, após três meses de um sistemático tiroteio, poderia ter sido muito maior. Mas não foi. A maioria das vítimas não morreu abatida por tiros e bombas, mas massacrada por armas mais primitivas, como machetes, martelos, lanças e bastões. A intenção dos líderes do regime não era somente atingir o objetivo, a solução final. Para eles, também era importante a forma pela qual esse objetivo devia ser alcançado. Pretendiam que, na busca pelo Ideal Máximo (a eliminação total e definitiva do inimigo), houvesse uma comunhão de culpabilidade entre toda a nação; que através do envolvimento maciço de todos nos crimes, surgisse um sentimento generalizado de culpa que a todos unisse. Assim,

> cada indivíduo, tendo a morte de alguém na consciência, saberia que, a partir daquele momento, pairaria sobre ele o irrevogável direito de vingança, através do qual ele vislumbraria o espectro de sua própria morte[200].

A Europa fez a mesma coisa durante a segunda guerra, basta analisar o número exorbitantemente superior de vítimas civis e a metodologia nazista utilizada para produzi-las. Portanto já havia aprendido o método, que foi também instalado por aqui com a ocupação belga.

Seleciono apenas um dos muitos relatos pronunciados pelos assassinos na esperança de enquadrá-lo no universo da racionalidade urbana ocidental:

> Em 1994, entre as onze horas da segunda-feira 11 de abril e às catorze horas do sábado 14 de maio, cerca de 50 mil tutsis, de uma população de perto de 59 mil, foram massacrados com facões, todos os dias da semana, das nove e meia às dezesseis horas, por milicianos e vizinhos hutus, nas colinas da comuna de Nyamata, em Ruanda (HATZFELD, 2005, 18).

Um outro trecho da fala de um dos "trabalhadores" na carnificina:

> Leopord: Eu era o jovem responsável pelas matanças na célula de Muyange, o que, claro, era novidade para mim. Portanto, levantava-me mais cedo que os vizinhos para cuidar dos preparativos. Tocava o apito para a chamada, apressava o ajuntamento, repreendia os dorminhocos, contava os que estavam faltando, verificava as razões da ausência, distribuía as recomendações. Se fosse o caso de fazer um sermão ou uma declaração, em seguida a uma reunião dos comandantes, eu fazia sem rodeios. E dava o sinal de partida (HATZFELD, 2005, 24).

Levantavam-se cedo, tomavam o ônibus e iam para o trabalho. Trabalhavam das 9h, 9h30, paravam para o almoço e depois continuavam até as 16 hs. Tomavam o ônibus novamente e chegavam exaustos ao lar, tomavam uma Primus e se preparavam para o dia seguinte. Quem poderia estranhar que todo o seu cansaço consistia no esforço para matar ininterruptamente tutsis com seus facões afiados vindos da China?

---

200 KAPUSCINSKI, Ryszard. *Ébano*. São Paulo: Cia. das Letras, 2002, p. 199-203.

Alguns anos antes, a África do Sul acordava em meio a um pesadelo. Ressurgiam sinais inequívocos de bruxaria no campo político.

Desde 1985, inúmeras execuções pelo fogo apontavam para o uso de carne humana na composição de remédios, drogas e amuletos Muti (do Zulu, UMUTI, árvore, medicina, remédio) (FAURE, 1996, p. 481).

Proibida desde o século XIX pelos colonizadores holandeses, persistiu tanto em Lesoto quanto na Suazilândia a prática muti, assassinos feiticeiros que produziam remédios retirados de órgãos humanos para a invencibilidade de seus guerreiros.

Em meados dos anos oitenta, com a crescente atividade de resistência ao regime branco e ao *apartheid*, volta a ser utilizada pelos guerrilheiros do Inkata. No entanto, eminentemente ambígua, quando começaram a aparecer corpos com sinais reveladores do comércio de poções à base de órgãos humanos, uma polêmica teve que ser rapidamente silenciada. Foram, portanto, imediatamente condenadas como práticas bárbaras. A caça às bruxas que daí adveio foi correspondentemente espetacular em seu cenário de fumo e fogo, de volição e gritos, de euforia chamuscada pelas labaredas e dos signos da modernidade embrutecida e pirotécnica que encetavam.

Os anos 1990 trouxeram para a África do Sul os prosaicos problemas de outros congêneres pós-coloniais: urbanização descontrolada, "psicose do bunker" pela minoria branca, jovens negros que passam rapidamente da rebelião à criminalidade. Tais fenômenos não podem ser dissociados de certa fascinação exercida pelos assassinos muti.

Entre 1989 e 1993, mulheres e crianças, supostamente portadoras de mais essência vital e, segundo os analistas europeus, mais fáceis de serem capturadas, foram vítimas dos crimes muti, sem preferência cultural ou geográfica, revelando toda semana centenas de corpos mutilados.

Em 1990, após a libertação de Mandela, emergem milícias em feroz caça aos criminosos muti, procurando limpar suas comunidades das práticas antigas, "antirrevolucionárias e bárbaras".

Os pretensos culpados eram imediatamente imolados pelo suplício do pneu inflamado, em grandes e entusiasmadas manifestações coletivas.

Cabe uma questão importante: como distinguir os assassinos muti, deformação (*sic*) de práticas antigas, dos que alimentam o comércio de órgãos humanos para exportação e dos crimes políticos disfarçados de crimes rituais?

Fenômeno complexo, não está isolado de um crescimento assustador da delinquência e do suicídio entre os adolescentes negros e do crescimento das seitas satanistas entre os adolescentes brancos.

Ainda aqui, a impunidade das ações de dominação impetradas pelos europeus em sua busca para expandir um modelo ideal de sociedade (ideal, mas nem por isso justo) revela uma atitude do sujeito que deve ser submetido. Essa atitude não pode ser simplificada por seus epítetos, nem negligenciada por julgamentos morais. Tais camadas superficiais devem ser retiradas cautelosamente, qual palimpsesto, na esperança de uma explicação mais adequada ao respeito que sujeitos em ação merecem.

Assassinos médicos, órgãos humanos extraídos à revelia, medicamentos que levam à morte seus doadores involuntários, epifenômenos e placebos, títeres e ventríloquos, falas e silêncios constrangedores, este o cenário em que os assassinos muti se movem, na opacidade moderna, exclusivamente. Onde pensamos ver algumas coisas, vemos outras, onde julgamos ouvir um distúrbio, ouvimos alguma sinfonia, onde tateamos a sinestesia dos toques gélidos, tateamos, *in locu*, a pegajosa e ainda quente textura de um pulmão, de um rim infantil, de um cobiçado fígado humano, tão escasso pelas bandas da civilidade moral do ocidente. No tráfico de órgãos vitalizado para sustentar os afetos e a reprodução das elites globais, nenhuma das partes conserva sua cor. Vemos-nos pelo avesso e literalmente não nos interessamos de onde isso (esse órgão salvador) veio!

Ah! Mas os órgãos humanos extraídos pelos assassinos muti não chegam à Europa, aos Estados Unidos, aos novos Urais mafiosos. Não. São consumidos em remédios psicotrópicos para os jovens guerreiros da crueldade e do desperdício. Estimulam danças ferozes nas noites da periferia da cidade do Cabo da Boa Esperança. As crianças mortas pelos feiticeiros muti não servem ao tráfico, mas são seu contrapelo, seu antagonismo, seu espelho, seu simulacro, seu semblante, seu ídolo.

É significativo esse enfoque. Se há o apelo e o comércio infame, agora de órgãos, não mais de gentes e seus incômodos custeios, e se a África continua a cumprir seu papel de semente nutriz das loucuras dos dominadores de plantão, de cá e de lá, resistir não é ser o que se fora antanho, mas é ser o que se é hoje, a face esgazeada, o olhar fora das órbitas, o fogo de todos os incêndios como auréola dos cabelos, sem ser jamais o que quiseram e ainda queremos que fossem.

Mas se hutu e muti confundem seus dialetos próprios com a história da interferência das potências coloniais, os haouká serão sua consagração plástica, não pelo eufemismo de sua sonoridade, nem pela luxuriante força que se deixa mostrar no filme, mas sim em sua pressão em nossa genitália, com força suficiente a nos dobrar os joelhos, a nos arremessar no desconforto.

Nos inícios dos anos 1950, Jean Rouch, então um jovem antropólogo francês, desembarcava na Costa do Ouro, atual Gana, levando na bagagem uma sofisticada filmadora de 16 mm para registrar o encontro dos jovens habitantes dos confins da África com as emergentes cidades modernas do continente.

Em Accra, pode testemunhar a correria dos pedestres em sua disputa com os carros de aparência tão europeia, mas que ali, naquele colorido das tardes africanas, pareciam um estranho festival de *vaudeville*.

De fato, depois dos traficantes de várias origens, depois dos administradores coloniais franceses, depois de tantos burocratas europeus, dos militares ocidentais, da Cruz Vermelha, dos artistas em busca da exótica estamparia plural, chegavam os intelectuais, qual abutres, ansiosos para roer a carcaça exposta da cultura africana.

Dentre tantos intelectuais que acorreram para a África na primeira metade do século XX, Jean Rouch parecia disposto a criar escola. Partindo da premissa de que a pedagogia de toda tragédia tem sempre que encontrar um narrador, Rouch intuiu que a narrativa escrita seria incapaz de descrever tudo aquilo que via. Então resolveu filmar. Tornaria-se em breve tempo o papa da antropologia visual francesa.

Por uma limitação tecnológica, sua sofisticada câmera não registrava, juntamente com as imagens, o som. A solução foi genial: filmava e depois, em momento mais adequado, "colava" por cima ora sua narração (*Os Mestres Loucos*) e ora a narrativa dos próprios protagonistas documentados falando de memória (*Eu, um negro* e *Jaguar*).

Tudo o fascinava. Os limpadores de fossas, os traficantes do cais, os soldados vestindo sempre vermelho. Embrenhava-se pelos corredores escuros da cidade de Accra farejando a tensão por trás daqueles sorrisos inquebrantáveis; subia nas carrocerias dos caminhões apinhados de trabalhadores do Níger em busca da história de suas origens, do trânsito de suas rotas, do estranhamento nos olhos arregalados para a cidade.

Muitos haviam sido *efendis*, o mais alto grau a que um negro africano poderia alcançar nas fileiras dos exércitos coloniais britânicos.

Um dia do eterno verão de 1954, inesperadamente, trombou com um haouká disfarçado de gente. O convite para participar de um ritual de possessão foi tão prosaico quanto assustador. O registro desse ritual é tão impressionante que ainda hoje, meio século depois, sua mensagem reverbera em algum ponto adormecido de nossa psique.

Os Mestres Loucos, nome mais que apropriado, exibe, no entanto, interpretações renovadas. Camada sobre camada, a cada ano podemos testemunhar sua mutação. As imagens, como que por mágica, esgarçam seus limites e revolvem a tela à nossa frente. Sem o querermos, somos tocados pela força energética da possessão, somos sugados de nossa ocidentalidade confortável para aquele terreiro familiar dos arredores de Accra. Somos nós que incorporamos aqueles corpos negros, nós, as entidades comprometidas com todos os crimes de nosso passado euro-cêntrico, tributários de nossos ancestrais brancos e europeus e adesistas de seu modelo criminoso. Somos nós os mestres loucos! Uma vez mais nos vemos como num espelho, espéculo, ídolo. Pouco importa que não o saibamos disto. Pela magia, o documentário de Jean Rouch operou um caminho inverso: virou a lente e amaldiçoou o mecanismo – filmou as nossas almas culpadas, sombras elétricas diretamente conectadas a nossa convivência e aos benefícios que auferimos com nossos silêncios, com nossas cumplicidades cotidianas.

Análise precoce, ânsia da redenção. É preciso, contudo, descrever o ritual: afastado da cidade, num terreiro cercado por precárias habita-ções, há um altar inescrupuloso e obsceno. Nele podemos notar peda-ços de metais que já foram um dia um motor de caminhão, podemos discernir lápides funerárias, podemos nos surpreender com bonecas de plástico brancas com um só olho de vidro azul. E mais, muito mais. Tudo amalgamado por um monturo de cal branco, aqui e ali calcinado de um fogo antigo, salpicado de sangue velho e restos de carne e penas. Essas coisas são tão familiares para nossos olhos que parece que nos encontramos em algum ferro velho de qualquer cidade das Américas. O meio do altar lança para o céu uma seta do mais enferrujado aço de engrenagem e placas balançam em seu reflexo[201].

---

201 Esse texto baseia-se na leitura muito pessoal do documentário *Os Mestres Loucos*, de Jean Rouch.

Em táxis e caminhões fretados, chegam os homens ainda sob os primeiros raios da manhã. É fim de semana e não muito distante dali Accra ainda dorme.

Os homens conversam e se espalham pelo terreiro e arredores, atrás de arbustos, dentro do barracão. Os que ainda não foram iniciados confessarão seus pecados. Só os pecadores podem ser possuídos pelos haouká. Vão até o centro do terreiro três jovens assustados. Dizem alto seus crimes: fornicadores, absenteístas do asseio e da urbanidade, negadores da existência dos haouká. Agora podem também ser *homo sacer.*

Pouco depois, as entidades começam a se manifestar nos iniciados: o maquinista da ferrovia, o chefe da guarda, a mulher do médico, o governador. Trajando faixas vermelhas como os administradores e soldados coloniais franceses, com seu chapéu característico, uma a uma as entidades incorporam seus "cavalos". Os olhos reviram-se nas órbitas e uma baba espessa, mais que mero perdigoto, começa a se acumular no queixo, nas faces, no peito. Empertigados, todos demonstram grande nobreza de movimentos, subitamente inflados de um poder histórico e visto então em qualquer cerimônia ocidental pela África ocupada.

Pela narrativa extemporânea de Jean Rouch, sabemos o que dizem os haouká: emitem ordens e vociferam funções. Todos querem mandar:

— Façam isto!

— Façam aquilo!

— Ninguém me obedece!

Todos juntos, numa cacofonia de ordens e de interjeições de comando. Reuniões se sucedem no palácio do governo, simbolizado pelo altar do poder acima descrito. Em dado momento, esses poderosos títeres ousam derrubar o mais forte tabu. Alguém traz um cão vivo fortemente preso nos braços.

Para demonstrar todo seu poder, resolvem matar e comer o animal. Reúnem-se uma vez mais no palácio do governo. Devem decidir quem vai matar o cão.

Exasperam-se.

— Ninguém me escuta!

— Ninguém me obedece!

— Estou mandando, estou mandando!

Essa verdadeira confraria de mandantes, de condutores, de chefes, esse ritual em que apenas os poderosos atuam, fervorosamente emitindo ordens entre si, incapazes, portanto, de cumpri-las, assume o apogeu quando o tabu do consumo do cão é devassado.

O sangue jorra na pedra sacrificial, o palácio do governo; os haouká debruçam-se sobre o altar e o bebem, o lambem, lambuzam-se até se fartarem da iguaria proibida, fervor descarado de seu poder absoluto. Depois cozinham o animal em postas e, enfiando a mão no caldeirão fervente, devoram a cabeça, as tripas, os quartos, numa orgia em que todo o êxtase que o poder contém vem à tona.

— Ninguém me escuta! Ninguém me obedece! Estou mandando! Estou mandando!!!!!

Um a um os haouká vão deixando os corpos dos homens, sob o anúncio da noite. Os chapéus coloniais, as faixas vermelhas da distinção do haouká, o olhar desorbitado, a baba misturada com o sangue, tudo vai repentinamente voltando ao normal e desaparecendo da cena. O exorcismo foi tão surpreendente quanto a possessão.

No dia seguinte, Jean Rouch encontra os mesmos homens em seus afazeres diários. Estão irreconhecíveis em sua "normose" (WEIL, 2003), esta sim, a doença da normalidade.

Fanon, o psiquiatra, detecta aí uma canalização provisória da verdadeira violência que o colonizado devota ao colonizador e que mais adiante deveria se manifestar como revolução e libertação. Diz ele:

> Em outra vertente, veremos a afetividade do colonizado esgotar-se em danças mais ou menos extáticas. É por isso que um estudo do mundo colonial deve, obrigatoriamente, dedicar-se à compreensão da dança e da possessão. O relaxamento do colonizado é precisamente essa orgia muscular, durante a qual a agressividade mais aguda, a violência mais imediata são canalizadas, transformadas, escamoteadas. E o círculo da dança é um círculo permissivo. Ele protege e autoriza. Em horas fixas, em datas fixas, homens e mulheres se encontram em lugar determinado e, sob o olhar sério da tribo, se lançam numa pantomima de aparência desordenada, mas na verdade muito sistematizada, na qual, por múltiplas vias, denegações da cabeça, curvaturas da coluna, movimento para trás de todo o corpo, decifra-se facilmente o esforço grandioso de uma coletividade para exorcizar-se, libertar-se, expressar-se. Tudo é permitido... nesse círculo. O montículo onde se subiu como que para ficar mais perto da lua, a margem para onde se deslizou como que para manifestar a equivalência da dança e da ablução, da lavagem, da purificação, são lugares sagrados.

Tudo é permitido, pois, na realidade, as pessoas só se reúnem para deixar que a libido acumulada, a agressividade impedida, jorrem vulcanicamente. Execuções simbólicas, cavalgadas figurativas, assassinatos múltiplos imaginários, é preciso que tudo isso saia. Os maus humores escorrem, ruidosos como correntes de lava.

Um passo a mais e caímos em plena possessão. Na realidade, são sessões de possessão-despossessão que são organizadas: vampirismo, possessão pelos espíritos, pelos zumbis, por Legba, o Deus ilustre do vudu. Essa desagregação da personalidade, esses desdobramentos, essas dissoluções cumprem uma função econômica primordial na estabilidade do mundo colonizado. Na ida, os homens e as mulheres estavam impaciente, inquietos, com nervos à flor da pele. Na volta, a calma, a paz, a imobilidade voltam à aldeia.

Durante a luta de libertação, veremos um desinteresse singular por essas práticas. Posto contra a parede, com a faca na garganta ou, para ser preciso, o eletrodo nas partes genitais, o colonizado vai ser intimado a não contar mais fábulas para si mesmo[202].

Um eco das poucas vozes europeias que se insurgem (lucidez, cegueira) vem à baila:

A perspectiva do poder só tem um horizonte: a morte. E tão frequentemente a vida caminha para esse desespero que no fim nele se afoga. Onde quer que a fresca água da vida cotidiana se estagna, os traços do afogado refletem o rosto dos vivos; o positivo, se olharmos bem de perto, mostra-se negativo, o jovem já é velho e aquilo que se constrói atinge a ordem das ruínas. No reino do desespero, a lucidez cega tanto quanto a mentira. Morre-se por não saber, atingido pelas costas. Por outro lado, a consciência da morte que espreita aumenta a tortura e precipita a agonia. O desgaste que freia, que entrava, que proíbe os nossos gestos, corrói mais do que câncer. Mas nada espalha o "câncer" como a consciência clara desse desgaste. Estou convencido de que nada poderia salvar da destruição um homem a quem incansavelmente se fizesse a pergunta: "Reparaste na mão que, com todo o respeito, te mata?". Avaliar o impacto de cada agressão, estimar neurologicamente o peso de cada coação, seria suficiente para submergir o indivíduo mais forte num único e absorvente sentimento, o

---

202 FANON, Franz. *Os Condenados da Terra*. Juiz de Fora: UFJF, 2005, p. 74-5.

sentimento de uma fraqueza atroz e de uma impotência total. A podridão das coações é gerada no fundo da mente, e nada de humano resiste a ela. (VANEIGEM, 2002, p. 57)

Quando acaba o documentário, ainda estou balbuciando, como um ventríloquo:

— Ninguém me escuta! Ninguém me obedece! Estou mandando! Estou mandando!!!

Me dou conta de que sou um dos mestres loucos, um dos haouká que, por uma espécie singular de tubo epocal, foi abduzido pela rodilha humana de um terreiro da Costa do Ouro africana, cinquenta anos atrás.

— Ninguém me escuta! Ninguém me obedece! Estou mandando! Estou mandando!!!

—... *Dèjá Vu, Saravá*!!!

ENFIM...

Obviamente, o aparecimento de gangues e grupos armados urbanos não é um privilégio africano. Em Porto Rico detecto a presença de *Los Ticos*; no Japão, do Exército Vermelho Japonês; em São Paulo, do PCC; em Los Angeles *The Cripis* e *The Bloods*; a gangue *Mara Salvatrucha* congrega 70.000 membros e se espalha por El Salvador, Honduras, Guatemala, México e Estados Unidos. No Quênia, a mais importante gangue são os Mungiki:

> Os Mungiki são um dos muitos bandos étnicos armados com machados que existem no Kenia: outros têm nomes como "Garotos do Kosovo" ou "Os Talibãs", um bando cristão que se autodenominou dessa maneira talvez pela dureza reconhecida dos guerreiros afegãos. Nos últimos anos, os Mungiki, cujo nome significa "multidão" na língua kikuyu, converteram-se numa verdadeira força política, controlando desde eletricidade ao transporte público. Há pouco, tiveram um papel crucial na violência e no caos que assolou o país nos períodos anteriores e posteriores às eleições presidenciais. Sete meses antes dos comícios de dezembro, começaram a aparecer em Nairóbi cabeças cortadas sobre postes, o pior momento de uma espiral de violência Mungiki que os analistas atribuem ao aumento da desconfiança entre os líderes do bando e os políticos kikuyu. A polícia keniana reagiu

detendo ou matando numerosos membros do grupo. Porém, depois da controvertida eleição de 27 de dezembro, em que o presidente kikuyu Mwai Kibaki proclamou uma vitória suspeita de seu rival, Raila Odinga, o bando reapareceu com toda força e começaram a matar brutalmente mulheres e crianças dos grupos étnicos partidários da oposição. Nesse momento o Kenia está em paz, depois que Kibaki e Odinga chegaram a um acordo pela partilha do poder. Não obstante, se voltar a instabilidade, os Mungiki poderão submergir novamente o país num mar de violência[203].

Com muito mais visibilidade, mas fruto do mesmo movimento (Hobsbawn considera o terrorismo contemporâneo muito mais um caso de polícia, a despeito da utilidade política que os regimes de poder global lhe confere), se evidenciarmos o terrorismo contemporâneo, devemos nos afastar das leituras tradicionais da imprensa formadora de opinião que se esforça na denúncia fácil da "barbárie":

> John Gray faz uma interpretação original e ousada do terrorismo contemporâneo em *Al Qaeda and what it means to be modern* (Al Qaeda e o que significa ser moderno), um livrinho com pouco mais de 120 páginas (há uma edição brasileira, lançada pela Record). Na contracorrente dos que enxergam em Bin Laden e nos atentados de 11 de Setembro uma regressão a valores medievais e um ataque à civilização ocidental, o autor defende a tese, algo polêmica, de que a Al Qaeda – tanto quanto os cartéis internacionas de drogas e as corporações de negócios virtuais – é um produto da modernidade e do Ocidente, da desregulamentação dos fluxos de capital e da globalização, fenômenos sem os quais sua existência seria inviável.
>
> Além disso, o fundamentalismo islâmico contemporâneo compartilha com outros projetos radicais de transformação social do passado recente algumas características básicas. Gray lembra que os horrores do Nazismo e do Stalinismo foram cometidos em nome da crença numa sociedade melhor e na emancipação total do homem. Foram, desnecessário dizer, experiências desastrosas, com um custo monstruoso em vidas e sofrimento. Mas, o autor argumenta, da mesma forma que os Gulags e as câmaras de gás foram acontecimentos tipicamente modernos (inconcebíveis antes do projeto iluminista), a crença dos neoliberais no livre mercado como pana-

---

203 http://www.taringa.net/posts/imagenes/4873672/Megapost-buscados-vivos-o-muertos. html

ceia para todos os males da humanidade também pode ter consequências terríveis. E o fundamentalismo islâmico teria em comum com o evangelho neoliberal a convicção de conhecer o caminho para a superação dos conflitos, o caminho para o fim da História. Desta forma, o Islã radical é, como o Nazismo, como o experimento soviético, como o liberalismo globalizado, um fenômeno tipicamente moderno.

Gray é particularmente convincente ao analisar o comunismo. O totalitarismo de Lênin e Stálin, afirma, não foi um desvio ou uma deformação do projeto marxista, mas sua realização levada às últimas consequências. A utopia bolchevique virou um pesadelo por se basear numa premissa equivocada do marxismo: a de que a principal fonte de conflitos entre os homens é a luta de classes, quando na verdade esses conflitos têm raízes mais profundas e complexas, ligadas a diferenças étnicas e religiosas, à escassez de recursos e ao permanente choque de valores entre diferentes culturas.

Em relação ao nazismo, Gray afirma corajosamente algo que a maioria dos historiadores escamoteia: apenas em retrospecto as ideias nazistas parecem absurdas e hediondas; na época, elas representavam a encarnação extrema de crenças, práticas e valores muito difundidos. O antissemitismo era lugar-comum na Europa dos anos 30 – na Polônia e na Áustria, por exemplo, mais até do que na Alemanha. Cientistas e intelectuais respeitáveis, como H. G. Wells e G. B. Shaw, brincavam com a ideia de que a ciência poderia aprimorar a espécie humana.

Paradoxalmente, o sonho de revolucionar a sociedade e moldar uma nova humanidade está na raiz das maiores trágedias da modernidade.

Mas os problemas eurocentristas na África se espalharam por todo o continente. Na Somália, o contrabando de armas vindas tanto das empresas norte-americanas quanto europeias e russas principalmente estimula um conflito de décadas, com forte incidência de pirataria marítima para resgate, cujo dinheiro serve para a aquisição de mais armamentos.

No Sudão, ao norte, um estado muçulmano profundamente ortodoxo abriga campos de treinamento militar para todo tipo de extremismo, enquanto ao sul, tanto em Darfur quanto nas regiões vizinhas, o petróleo adquirido pela China para alavancar o seu desenvolvimento tem como moeda uma quantidade inesgotável de armamentos oriundos daquele país, alimentando os diversos grupos para garantir a longevidade da extração.

Angola e Moçambique ainda não se recindiram da guerra civil entre a direita e a esquerda que se estendeu do pós-independência quase até os dias atuais, sendo campeãs de mutilações em todo o mundo.

Na África do Sul, depois do fim do *apartheid*, o modelo capitalista empoderou uma pequena parcela dos antigos segregados e mantém um sistema de exclusão extremamente oligopolista fundamentado quase exclusivamente na exploração das minas de diamantes e das minas industriais de ouro.

Mas o setor de serviços... pensemos no *telemarketing*!

Quanto às suas populações, aos habitantes das cidades africanas, aos trabalhadores formais e informais, aos vendedores de seguros e bancários, aos jovens desempregados, aos *motoboys*, vivem mais ou menos como nós, herdeiros da mesma matriz eurocêntrica, consumindo produtos baratos como celulares e automóveis descartáveis e comidas entupidas de conservantes químicos, adquirindo as mesmas doenças crônicas que mantêm a indústria farmacêutica mundial no topo da cadeia alimentar do lucro e seguindo a moda global da cultura de massas segmentada, que abriga sob o mesmo teto expressões da cultura local sem perder a vitalidade do mercado global de negócios, com suas lojinhas de produtos chineses e seus tênis de marca produzidos no Haiti com mão de obra absolutamente desumanizada, fazendo *hip hop* de protesto contra a polícia repressora ou contra o imperialismo cultural dos Estados Unidos. Lá também, como aqui, o mesmo apelo salvacionista pela educação, como condição essencial para superar o subdesenvolvimento crônico de todos os herdeiros do espólio eurocêntrico. De fato, nos sentiríamos em casa em quase todo canto da África moderna.

Por vezes, nos surpreendemos com certas posições que, diga-se de passagem, não são exclusivas da África:

Da cantora *pop* Juli Endee: **Bush, nós te amamos!**

Juli Endee, a cantora mais popular da Libéria, gravou uma música para homenagear George W. Bush na visita que o presidente dos EUA fará ao país na semana que vem, informou a *Associated Press*. A letra da música diz: "Obrigado, George Bush. Obrigado pela democracia. Obrigado pelo império da lei. Obrigado pelo perdão da dívida".

O lugar do mundo que mais aprecia os americanos é justamente a África, segundo pesquisas. Não é à toa: desde que Bush chegou ao poder, a ajuda dos EUA ao continente triplicou. Na Libéria, país fundado por escravos libertos dos EUA, essa popularidade é particularmente significativa. Endee, autora de músicas que pedem paz num lugar marcado pela guerra civil, é taxativa: "Se você fizer uma sondagem, descobrirá que não há liberiano que não goste de George Bush"[204].

Portanto, não sei se faz sentido o apelo do doutor Georges Niangoran Bouah, antropólogo e diretor do Centro de Pesquisas de Abidjan, na Costa do Marfim, que aponta as feridas causadas pelo colonialismo e as urgentes medidas que devem ser tomadas para que a África possa afirmar seu próprio progresso, em seu discurso intitulado "abanddonez-nous", gravado em 2001 pelo cineasta francês Marc Garanger.

Eis um trecho de seu desabafo com o qual encerro este livro:

> A África é hoje a lata de lixo da humanidade. Aquilo que não querem nos outros lugares, mandam para a África. Aquilo que não dá certo em outros lugares, levam-nos para a África. O continente inteiro junto com seu povo é tido como lixo. Alguns até acham que se pode eliminar a África, que se pode riscar uma cruz sobre a África.
>
> Porém, eu acho que é a Europa que nos atrasa, é a Europa que não nos deixa progredir, é a Europa que nos atrapalha. Aliás, desde sempre, desde o tempo do tráfico negreiro até hoje, se tivessem nos deixado em paz, se tivessem nos abandonado, teríamos encontrado nós mesmos uma via para o desenvolvimento.
>
> No entanto, o desenvolvimento não pode ser concebido num só sentido, só na ótica europeia.
>
> Ainda não chegamos, estamos todos no meio do caminho!
>
> Aqueles que hoje acham que são desenvolvidos, amanhã podem estar atrás de nós. Não estamos nem um pouco desanimados.
>
> Se a Europa pudesse nos deixar livres, mesmo nos abandonar, isso seria melhor do que estarmos sempre acorrentados, porque somos acorrentados.

---

204 Que os americanos não são muito populares no mundo, todo mundo sabe. Mas o último levantamento do Pew Research Center sobre o assunto mostra uma curiosa coincidência entre os países que mais admiram os EUA: dos 11 primeiros da lista, nove são africanos – Costa do Marfim, Quênia, Gana, Mali, Etiópia, Nigéria, Senegal, Uganda e África do Sul.
Entre os antiamericanos, mais curiosidades. A Turquia, aliada de Washington, é o lugar do mundo que mais odeia os EUA, seguido de perto pelos territórios palestinos. Já o país latino-americano que mais detesta os EUA não é a Venezuela, mas a Argentina. http://blog.estadao.com.br/blog/index.php?blog=1&cat=283

Toda vez que queremos fazer nós mesmos algo para nos desenvolver, dizem que é preciso perguntar para a Europa. Será que a América está de acordo? Será que a comunidade do Oriente Médio está de acordo?

Não precisamos disso!

Se hoje a América é desenvolvida é porque teve a coragem de tomar suas próprias decisões, sem consultar ninguém. O mesmo ocorreu na Europa. Foi assim que construíram seus países.

Quando queremos construir uma ponte, nos dizem que "vocês não podem construir uma ponte porque custa caro demais"; quando queremos construir uma escola, "vocês não podem construir porque vocês não terão professores". Então, se somos infantilizados, quando você é tratado como criança, você não cresce.

Deixem-nos em paz!

Então podemos afirmar que essa é uma conta de soma zero? Não, absolutamente, pois, como vimos, onde quer que o poder eurocêntrico se instale com seu discurso do desenvolvimento como uma fatalidade a que estão condenados todos os homens e mulheres da Terra, ele degenera as relações em estruturas hierárquicas e se conserva na erradicação de outras formas de vida. O único vencedor é o poder que ele transporta!

BIBLIOGRAFIA
E INDICAÇÕES DE LEITURA

ALENCASTRO, Luiz Felipe de. *O Trato dos Viventes*. São Paulo: Cia. das Letras, 2000.
APPIAH, Kwame Anthony. *Na Casa de meu Pai*. Rio de Janeiro: Contraponto, 1997.
BÂ, Amadou Hampâté. *Amloullel. O Menino Fula*. São Paulo: Palas Athena, 2003.
BASTIDE, Roger. *O Candomblé da Bahia*. São Paulo: Cia. das Letras, 2001.
BATTESTINI, Simon. *Écriture et Texte: Contribuition Africaine*. Paris: Presence Africaine, 1997.
BHABHA, Homi. *O Local da Cultura*. Belo Horizonte: Ed. UFMG, 1998.
BLACK, Edwin. *A Guerra Contra os Fracos*. Rio de Janeiro: A Girafa. 2003.
BOXER, Charles, R. *A Igreja e a Expansão Ibérica*.
CASTILLO, Daisy. *Reyita, Sencillamente (Testimonio de una Negra Cubana Nonagenária)*. Instituto Cubano Del Libro, La Habana, 1997.

CHALHOUB, Sidney. *Visões de Liberdade*. São Paulo: Cia. das Letras, 1998.

COSTA, Emilia Viotti da. *Coroas de Glória, Lágrimas de Sangue*. São Paulo: Cia. das Letras, 1998.

CRÔNICAS DA GUINÉ, Zurara e Sundjata: *A Epopeia Mandinga*.

DAVIS, Mike. *Apologia dos Bárbaros*. São Paulo: Boitempo, 2008.

DAVIS, Mike. *Holocaustos Coloniais*. Rio de Janeiro: Record, 2002.

DOCUMENTOS: O perfil do axé Ile Oba, mãe Silvia (Egidio) de Oxalá.

ELIAS, Norbert; SCOTSON, John L. *Os Estabelecidos e os Outsiders*. Rio de Janeiro: Zahar, 2000.

ELLA, Shoahat; STAM, Robert. *Crítica da Imagem Eurocêntrica*. São Paulo: Cosac Naify, 2006.

FANON, Frantz. *Os Condenados da Terra*. Juiz de Fora: UFJF, 2005.

FLORENTINO, Manolo. *Em Costas Negras*. São Paulo: Cia. das Letras, 1997.

FRAGINALS, Manuel Moreno. *O Engenho*. Vols. I, II e III. São Paulo: Unesp, 1988-9.

FROBENIUS, Leo; FOX, Douglas. *A Gênese Africana*. São Paulo: Landy Ed., 2005.

GILROY, Paul. *O Atlântico Negro: Modernidade e Dupla Consciência*. São Paulo: Ed. 34, 2001.

GLISSANTE, Edouard. *Introdução a uma Poética da Diversidade*. Juiz de Fora: Ed. UFMG, 2005.

GLUCKSMANN, André. *O Discurso do Ódio*. Rio de Janeiro: Difel, 2007.

GONZÁLES, Mytha; ROSA, Gabino. *Cazadores de Esclavos. Diários*. Havana: La Fuente Viva. Fundación Fernando Ortiz, 2004.

GOUREVITCH, Philip. *Gostaríamos de Informá-lo de que Amanhã Seremos Mortos com nossas Famílias*. São Paulo: Cia. das Letras, 2006.

GUSTAVUS VASSA. *Los Viajes de Equiano*. Havana: Ediciones Huracán, 2002.

HALL, Stuart. *A Identidade Cultural na Pós-Modernidade*. Rio de Janeiro: DP&A, 2006.

HALL, Stuart. *Da Diáspora*. Belo Horizonte: Ed. UFMG, 2006.

HATZFELD, Jean. *Uma Temporada de Facões*. Cia. das Letras, 2005.

HOBSBAWN, E. *A Invenção das Tradições*. Rio de Janeiro: Paz e Terra, 1997.

HOBSBAWN, Eric. *Globalização, DemocraCia. e Terrorismo*. São Paulo: Cia. das Letras, 2007.

HOCHSCHILD, Adam. *O Fantasma do Rei Leopoldo*. São Paulo: Cia. das Letras, 1999.

ILIFE, John. *Os Africanos: História dum Continente.*

JACOBS, Harriet A. *Incidentes da Vida de uma Escrava*. Rio de Janeiro: Campus, 1988.

JAMES, C. L. R. *Os Jacobinos Negros*. São Paulo: Boitempo, 2000.

KI-ZERBO, Joseph. *História da África Negra*. Lisboa: Publicações Europa-América. 1972.

KURZ, Robert. *O Colapso da Modernização*. Rio de Janeiro: Paz e Terra, 1999.

LA VALLÉE, Chalés Le Breton. *Jounal de la Traite des Noirs*. Paris: Editions de Paris, 1957.

LARA, Silvia Hunold. *Fragmentos Setecentistas*. São Paulo: Cia. das Letras, 2007.

LAS CASAS, Bartolomé de. *Brevíssima Relação da Destruição de África*. Lisboa: Antígona, 1996.

LEIRIS, Michel. *A África Fantasma*. São Paulo: Cosac Naify, 2007.

LEON, Argeliers. *Trás las Huellas de las Civilizaciones Negras em América*. Havana, La Fuente Viva, Fundación Fernando Ortiz, 2001.

LINEBAUGH, Peter. Todas as montanhas atlânticas estremeceram. In: *Revista Brasileira de História, ANPUH*, Porto Alegre, Marco Zero, 1984.

MACHADO, Maria Helena P. T. *Crime e Escravidão*. São Paulo: Brasiliense, 1987.

MAFFESOLI, Michel. *A Parte do Diabo*. Rio de Janeiro: Record, 2004.

MEILLASSOUX, Claude. *Antropologia da Escravidão*. Rio de Janeiro: Zahar, 1995.

MEMMI, Albert. *Retrato do Colonizado, Retrato do Colonizador*. Rio de Janeiro: Civilização Brasileira, 2007.

MENDES, Luiz Antonio Oliveira. *Memórias a Respeito dos Escravos e Tráfico da Escravatura entre a Costa d'África e o Brazil*. Porto: Escorpião, 1977.

MOURA, Clovis. *Injustiças de Clio: O Negro na Historiografia Brasileira*. Belo Horizonte: Oficina de Livros, 1990.

MOURA, Roberto. *A Casa da Tia Ciata.*

MUNIZ, Sodré; LIMA, Luis Felipe. *Um Vento Sagrado.*

OLIVER, Roland; FAGE, J. D. *Breve História de África*. Lisboa: Livraria Sá da Costa Ed. 1980.

PÉLISSIER, René. *História da Guiné*. Lisboa: Ed. Estampa, 1997.

PRANDI, Reginaldo. *Mitologia dos Orixás*. São Paulo: Cia. das Letras. 2003.

RAMOS, Arthur. *As Culturas Negras no Novo Mundo*. Rio de Janeiro: Cia. Ed. Nacional, 2004.

REIS, João José; GOMES, Flávio dos Santos. *Liberdade por um Fio*. São Paulo: Cia. das Letras, 1996.

REIS, João José; SILVA, Eduardo. *Negociação e Conflito*. São Paulo: Cia. das Letras, 1989.

REIS, João José. *Rebelião Escrava no Brasil: a História do Levante dos Malês em 1835*. São Paulo: Cia. das Letras, 2003.

RICE, Edward. *Sir Richard Francis Burton*. São Paulo: Cia. das Letras, 1993.

RISÉRIO, Antonio. *A Utopia Brasileira e os Movimentos Negros*. São Paulo: Ed. 34, 2007.

RODRIGUES, Jaime. *De Costa a Costa. Escravos, Marinheiros e Intermediários do Tráfico Negreiro de Angola ao Rio de Janeiro (1780-1860)*. São Paulo: Cia. das Letras, 2005.

RODRIGUES, Nina. *Os Africanos no Brasil*. Brasília: UNB, 2006.

SALGADO, Sebastião. *Exodus*. São Paulo: Cia. das Letras, 2000.

SCHWARTZ, Stuart B. *Segredos Internos*. São Paulo: Cia. das Letras, 1995.

THOMAZ, Omar Ribeiro. *Ecos do Atlântico Sul*. Rio de Janeiro: Ed. UFRJ, 2002.

THORNTON, John. *A África e os Africanos na Formação do Mundo Atlântico*. Rio de Janeiro: Ed. Campus, 2004.

WALLERSTEIN, Immanuel. *O Universalismo Europeu*. São Paulo: Boitempo, 2007.

WILSON, Peter Lamborn. *Utopias Piratas*. São Paulo: Conrad, 2001.

WRIGHT, Richard. *Filho Nativo*. São Paulo: Best Seler, 1987.

ZEA, Leopold. *Discurso desde a Marginalização e a Barbárie*. Rio de Janeiro: Garamond, 2005.

············

Este livro, composto nas tipologias
Warnock Pro, Imprint e Impact,
foi impresso pela Imprensa da Fé
sobre papel offset 75g/m² para a
Ícone Editora em maio de 2011

············